U0518158

全球价值链下中国制造业
外包升级研究

Research on the Upgrading of China's Manufacturing
Outsourcing in the GVCs

中国财经出版传媒集团

经济科学出版社
Economic Science Press

图书在版编目（CIP）数据

全球价值链下中国制造业外包升级研究/张秋平著.
—北京：经济科学出版社，2018.8
ISBN 978 - 7 - 5141 - 9680 - 1

Ⅰ.①全⋯ Ⅱ.①张⋯ Ⅲ.①制造工业 - 对外承包 -
研究 - 中国 Ⅳ.①F426.4

中国版本图书馆 CIP 数据核字（2018）第 195769 号

责任编辑：何　宁
责任校对：靳玉环
版式设计：齐　杰
责任印制：王世伟

全球价值链下中国制造业外包升级研究
张秋平　著
经济科学出版社出版、发行　新华书店经销
社址：北京市海淀区阜成路甲 28 号　邮编：100142
总编部电话：010 - 88191217　发行部电话：010 - 88191522
网址：www. esp. com. cn
电子邮件：esp@ esp. com. cn
天猫网店：经济科学出版社旗舰店
网址：http：// jjkxcbs. tmall. com
北京季蜂印刷有限公司印装
710 × 1000　16 开　14.25 印张　270000 字
2018 年 8 月第 1 版　2018 年 8 月第 1 次印刷
ISBN 978 - 7 - 5141 - 9680 - 1　定价：48.00 元
（图书出现印装问题，本社负责调换。电话：010 - 88191510）
（版权所有　侵权必究　打击盗版　举报热线：010 - 88191661
QQ：2242791300　营销中心电话：010 - 88191537
电子邮箱：dbts@ esp. com. cn）

摘　　要

随着经济全球化步伐加快，国际分工格局正发生着由产业间分工到产业内分工再到产品内分工的变化；随之相对应的是价值链也由国内价值链演变为全球价值链，不同国家和地区在全球价值链下发挥着自身优势来参与这种新型国际分工。在全球价值链演变过程中，发达国家始终扮演着重要角色，由最初完整产品生产到今天占据价值链上战略环节将非核心环节发包出去的部分产品生产，而发展中国家由于自身具有要素禀赋优势，如廉价的劳动力资源、丰富的自然资源等，接包全球价值链上某些产品的生产和加工环节，这样一种新的产品内分工模式，即外包在全球范围内形成。改革开放40年来特别是加入WTO后，中国努力实施对外贸易发展战略，积极参与国际分工并融入全球价值链体系中。中国扮演着"世界加工车间"的角色，大量的跨国公司将其生产制造的非核心环节转移到中国，中国成为世界上最大的"接包商"。所以在此情况下，如何将中国由"世界加工车间"转变为"世界工厂"，完成制造业外包转型升级势在必行。目前，对于外包研究的学者主要关注于服务外包，而对于制造业外包研究较多的主要集中在加工贸易方面。当前制造业外包正由初级代工生产向功能单位外包转变，不同国家参与外包的形式和内容变得多样化；同时，一些研究表明由产品内分工而带来的制造业外包成为国内外学者关注的主要课题之一。所以，进一步分析中国制造业外包发展现状、作用及存在的问题，探讨影响中国制造业外包升级的因素，并在此基础上设计制造业外包升级路径及构建制造业外包升级机制既具有理论意义也具有实践意义。

本书利用理论分析与实证分析相结合的方法分析了中国制造业

外包发展现状及制造业外包对中国制造业发展的作用；通过查阅大量统计数据探讨了全球价值链演变对中国制造业外包升级的影响；通过构建固定效应模型分析了影响中国制造业外包升级的内在和外在因素，并在此基础上分行业设计了中国制造业外包升级路径，并构建了促进中国制造业外包升级的机制。

本书研究内容主要分为九个方面：第一，绪论。第二，关于全球价值链与制造业外包的文献综述，一方面为本书寻求有力的理论基础；另一方面为本书寻求新的切入点，即中国制造业外包在全球价值链演变背景下的升级。第三，分析了中国制造业外包发展现状、作用及存在的问题，通过建立 VAR 模型分析制造业外包对中国制造业发展长期和短期的作用，并在此基础上分析了中国制造业外包升级存在的主要问题。第四，主要探讨了全球价值链下影响中国制造业外包升级的因素分析，提出了要素适宜是制造业外包升级的关键，深入分析了全球价值链演变对制造业外包升级的影响，通过建立固定效应模型寻求影响制造业外包升级的主要因素。第五，主要是全球价值链下中国制造业外包升级路径研究，包括技术跨越、"切片外移"、全球价值链内横向拓展及纵向深化等，并为中国制造业外包15 个行业分别设计了外包升级路径，并在此基础上探讨了促进中国制造业在全球价值链下外包升级及治理的机制，如协调与合作机制、激励机制、运行机制等方面的构建和完善，并为本书从企业、行业和政府三个层面提出了自主创新、财政支持、人才培养、技术升级等建议，为制造业外包升级献计献策。第六，论述了全球价值链下促进中国制造业外包升级的机制构建，包括合作与协调机制、激励机制、外部动力机制、资源整合机制、内生增长机制、产业集群推动机制、治理机制等方面。第七，全球价值链下实现中国制造业外包升级的保障措施。第八，GVC 下制造业外包发展的国内外经验借鉴。第九，结论与展望。

在理论与实证研究基础上本书主要创新点为：全球价值链动态演变的背景下系统研究中国制造业外包发展水平及作用，为研究中国制造业外包升级奠定夯实的基础；首次将"要素异质性"和"要素适宜度"引入制造业外包研究领域，认为"要素适宜度"是影响制造业各行业外包升级的重要因素；将制造业行业细化，认为制造业外包在全球价值链体系内的升级路径不能一概而论，应依据各行业在全球价值链中的地位及自身发展特点选择适合的升级路径；并分别为制造业外包各行业升级设计了最佳路径，最后构建了制造业外包升级的实现机制。

目　录
Contents

第 1 章　绪论 ……………………………………………… 1

1.1　课题背景 …………………………………………… 1

1.2　本书问题的提出 …………………………………… 2

1.3　选题的目的与意义 ………………………………… 3

1.4　基本概念界定 ……………………………………… 4

1.5　研究思路和基本逻辑框架 ………………………… 14

1.6　研究方法与可能的创新点 ………………………… 16

第 2 章　关于全球价值链与制造业外包的文献综述 ……… 18

2.1　国际分工理论演进 ………………………………… 18

2.2　关于全球价值链的研究 …………………………… 21

2.3　关于制造业外包的研究 …………………………… 32

2.4　与中国制造业外包全球价值链下升级相关的研究 … 39

2.5　研究现状评述 ……………………………………… 43

第 3 章　中国制造业外包发展现状、作用及存在的问题分析 …… 45

3.1　国际外包发展概述 ………………………………… 46

3.2　中国制造业外包发展现状 ………………………… 49

3.3　中国制造业承接外包企业的特征分析 …………… 62

3.4　制造业外包对中国制造业发展的作用 …………… 65

3.5　中国制造业外包发展过程中存在的问题分析 …… 79

第4章　全球价值链下影响中国制造业外包升级的因素分析 ······ 94

4.1　影响中国制造业外包升级的内在因素 ·············· 95

4.2　影响中国制造业外包升级的外部因素 ·············· 101

4.3　中国制造业外包升级影响因素的动态分析 ·············· 130

第5章　全球价值链下中国制造业外包升级路径研究 ·········· 138

5.1　全球价值链下中国制造业外包的定位选择 ·············· 138

5.2　中国制造业外包升级的技术跨越路径 ·············· 140

5.3　沿着全球价值链跟进和攀升的转型升级路径 ·············· 143

5.4　全球价值链下中国制造业外包升级自主成长路径 ······ 146

第6章　全球价值链下促进中国制造业外包升级的机制构建 ······ 150

6.1　全球价值链下外包企业间的合作与协调机制 ·············· 151

6.2　全球价值链下制造业外包升级的激励机制 ·············· 153

6.3　全球价值链下制造业外包升级的外部动力机制 ·············· 153

6.4　全球价值链下制造业外包升级的资源整合机制 ·············· 157

6.5　全球价值链下制造业外包升级的内生增长机制 ·············· 158

6.6　全球价值链下制造业外包升级的产业集群推动机制 ······ 161

6.7　以全球价值链为依托中国制造业外包升级的治理机制 ·········· 163

第7章　全球价值链下实现中国制造业外包升级的保障措施 ······ 166

7.1　全球价值链下实现制造业外包升级的
　　　保障措施——基于政府层面 ·············· 166

7.2　全球价值链下实现制造业外包升级的
　　　保障措施——基于企业层面 ·············· 177

7.3　政府、行业、企业"三位一体"推进制造业外包升级 ·········· 182

第8章　GVC下制造业外包发展的国内外经验借鉴 ·············· 185

8.1　美国制造业外包的发展 ·············· 185

8.2　墨西哥制造业外包的发展 ·············· 188

8.3　印度外包产业的发展及经验借鉴 ·············· 192

第9章 结论与展望 ·· 199

  9.1 中国制造业外包在发展过程中对制造业发展的
促进作用并不稳定 ·· 199

  9.2 中国制造业外包在融入全球价值链分工过程中
仍存在许多问题 ·· 199

  9.3 中国制造业外包升级受到企业内部以及外部因素的
共同影响 ·· 200

  9.4 为实现中国制造业外包蜕变和升级必须建立适合不同
行业发展的路径并构建制造业外包升级机制 ·············· 200

  9.5 政府、企业及行业"三位一体"实现全球价值链下
中国制造业外包升级 ·· 201

参考文献 ··· 202

致谢 ··· 217

第1章

绪　　论

1.1　课 题 背 景

随着经济全球化脚步加快，国际分工格局发生显著变化，即由传统的产业间分工发展到产业内分工，而今又发展到产品内分工，且这种分工开始不断依托于价值链进行。这种变化意味着以生产工序为依托的国际分工和以生产制造业外包为主要特征的全球生产分工体系的形成并逐步发展壮大。从全球价值链角度观察，不同国家和地区的企业在全球价值链上各个生产工序中扮演不同角色，不同国家的企业承担着产品生产链条上的研发设计、生产制造、管理以及销售等某个环节，彼此之间完成相互合作，最终实现产品价值的增值。从生产链条增值角度分析，这种以生产工序为依托的国际分工和以生产制造业外包为主要特征的全球生产分工体系实质上是一个跨国生产供应链，即创造价值的全球价值链。随着全球竞争加剧，以美国、德国为代表的发达国家开始实施"再工业化"战略，同时各个国家之间又通过各种方式寻求合作，以期创造价值增值。在此，生产工序空间可分性为以价值链为依托的国际产品内分工创造了条件，产品内分工在全球范围内不断扩大，全球性制造业外包便形成并在全球范围内发展壮大。

改革开放 40 年来，中国对外贸易额由 1978 年的 206.40 亿美元增加至 2013 年的 41589.93 亿美元再到 2016 年的 3.685 万亿美元，虽然没有保持持续上升，但已表明中国正从贸易小国不断成长为贸易大国，但是从价值增值的角度考虑，中国仅为贸易大国却不是贸易强国；因为在参与全球产品内分工的国家和地区中，中国扮演"世界加工车间"角色，大量跨国公司将其生产制造的某个环节转移至中国，而这些环节创造的价值在整个价值链中所占比例非常之低；近些年来，中国在制造业外包转型升级方面取得了一定进展，中国先后建立了"珠江三角洲全国加工贸易转型升级示范区"、在苏州和东莞相继建立了"转型升级试点城市"等，中国各级政府积极采取各种措施促进外包企业向价值链两端延伸，其中在部分地区已经实现了从设计到生产的"半链"外包，极大地实现了价值增值，但是大部分地区的制造业外包的发展仍需积极推进。可见，在中国经济发展进入新常态之时，中国经济特别是中国制造业将会迎来新的竞争和挑战，而对于中国制造业外包企业而言参与到国际产品内分工体系中并努力向全球价值链两端攀升不仅是一次挑战，更是一次机遇。

1.2　本书问题的提出

根据《中国制造 2025》的规划思想可见，中国正努力将制造业从生产型制造业向以"互联网＋"为依托的服务型制造业转变，而制造业外包是完成此种转变的重要途径，也是中国制造业企业参与全球价值链上产品内分工的重要途径之一。但是随着制造业外包业务的增加，越来越多的问题油然而生，例如，部分中国制造业外包企业在全球价值链体系中被外国发包企业紧紧"套牢"并处于"微笑陷阱"，从而不能完成企业自身的转型升级；还有部分中国制造业外包企业在发展过程中更多注重"量"的积累，而忽视了"质"的飞跃，将永远成为跨国公司的"加工车间"，从而缺少动力而不能实现自主成长；中国制造业在中国经济发展中的地位已经受到服务业挑战，"互联网＋"所带来的新型制造业发展给中国制造业外包企业转型带来巨大困难。因此，对于中国制造业外包企业目前存在一系列问题急需解决，例如，中国制造业承接外包可否推动中国制造业产业转型升级？哪些因素会影响制造业外包业务扩大及转型升级，这些因素影响程度如何？中国如何从"世界加工车间"转变为"世界工厂"以完成制造业发展的蜕变？因此，在全球价值链下探讨中国制造业外包升级势在必行。

为更好发展中国制造业外包，本书以全球价值链为依托来分析中国制造业外包发展现状及对制造业发展的作用，探讨全球价值链演变对中国制造业外包升级的影响，深入研究影响中国制造业外包升级的因素，构建中国制造业外包的升级机制以及实现途径等。这对于推进中国制造业外包转型升级及全面融入全球价值链，促进制造业外包全面升级十分必要，从而推动中国制造业的全面发展。

1.3 选题的目的与意义

1.3.1 研究目的

制造业外包成为促进中国制造业产业升级及经济发展的重要途径之一。本书通过分析制造业外包发展现状，以及全球价值链下中国制造业外包发展水平及其在全球价值链体系中的地位，建立 VAR 模型分析制造业外包对于中国制造业发展的作用，目的在于清晰认识当前中国制造业外包发展在全球价值链体系内的状况；并在全球价值链分工体系下探讨全球价值链演变对中国制造业外包升级的影响，并建立固定效应模型全面分析影响中国制造业外包升级的因素，其目的在于寻求影响制造业外包升级的主要因素以制定升级战略；结合制造业发展水平、人力资本存量、对外贸易额等相关数据，设计中国制造业外包升级路径并构建中国制造业外包升级的实现机制，并从企业、行业、政府三个层面提出促进制造业外包升级的对策建议，目的在于为中国制造业外包向全球价值链两端攀升并实现转型升级提供理论依据与决策参考。

1.3.2 研究意义

1.3.2.1 理论意义

国际贸易理论发展经历了由宏观层面向微观层面不断演进的过程，即从亚当·斯密国家层面的绝对优势理论开始到当今克鲁格曼以产品内分工为基础的新贸易理论；产业经济理论也经历了产业间分工到产业内分工再到产品内分工的发展。本书既结合了相关的价值链理论、产业发展理论，又结合了传统及现代的国际贸易理论，从理论上深入分析制造业外包升级的理论基础，所以在全球价值链下探讨制造业外包升级具有以下理论意义：

（1）立足已有研究成果，基于全球价值链演变研究中国制造业外包升级

3

为研究产品内分工提供了新的视角。

（2）丰富了产业经济学研究内容，为系统研究外包产业发展提供了新的分析框架，对丰富和发展制造业外包的研究领域具有重要参考价值。

（3）为中国制造业外包升级的研究提供了借鉴，为政府部门制定相关政策提供了可操作性政策建议，为制造业外包企业成长和转型升级提供了理论依据。

（4）制造业外包理论可谓国际贸易分工理论的新发展，为国际贸易的研究提供了新的思维和坐标。

1.3.2.2 现实意义

全球性经济危机频频发生，中国制造业外包企业在此环境下能够从容应对危机，维持持续稳定发展十分关键；同时，后危机时代中国制造业企业摆脱跨国公司在全球价值链上的霸主地位，实现自身向全球价值链两端攀升并完成转型升级势在必行。本书的现实意义可归纳为以下几点：

（1）有助于中国制造业外包企业在现行经济发展环境下进行外包定位，寻求有效发展路径并实现外包业务扩大。

（2）有助于中国制造业企业全面融入全球价值链体系，并在全球价值链分工体系中扮演不可或缺的角色，实现从价值链低端向价值链两端攀升，完成从"加工车间"向自主成长模式的蜕变。

（3）有助于中国制造业企业通过外包业务获得先进技术及企业管理、营销理念，使其在本领域内健康成长和发展，获得广阔的价值增值空间。

（4）有助于中国制造业完成转型升级。中国制造业外包发展及转型升级为中国制造业全面转型升级提供借鉴。

1.4 基本概念界定

1.4.1 与全球价值链相关的概念界定

1.4.1.1 价值链与制造业价值链

"价值链"一词，第一次出现是在美国战略管理学家迈克尔·波特所著的《竞争优势》（1985）。价值链是企业创造价值整个过程构成的链条。企业价值创造过程主要包括两个层面，一个层面是基本活动，其包括，生产、销售、物流和服务等；另一个层面为辅助活动，也称支持活动，包括，原材料采购、技术开发、人力资源管理等。上述这些活动在企业创造价值过程中相辅相成、相互联系。① 图1-1是由基本活动和辅助活动构成的价值链，其中任何一个活动仍可继续细分，例如，生产活动可以继续细化为，核心部件的生产、辅助部件的生产以及部件的组装活动等。这两个方面的活动共同组成了价值链条，这一观点成为全球价值链理论的基础。

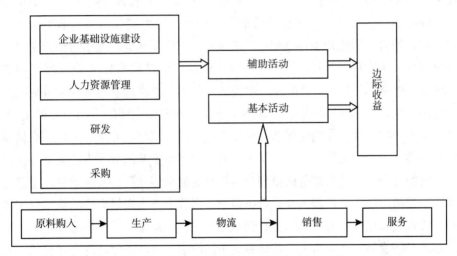

图1-1 价值链上企业的基本活动及辅助活动

不同企业参与价值增值活动过程中，每一个环节创造价值多少存在差异。企业将价值链上创造价值最多的环节视为"战略环节"，其也成为企业发挥竞争优势并保持核心竞争力的关键所在。企业为了发挥竞争优势并保持核心竞争力，必须整合外部第三方资源和技能，将自己不擅长的或无价值创造的活动外包出去。

制造业价值链在价值链基础上提出，即包括产品概念提出、研发设计、不同阶段的生产制造、加工装配、产品的销售及售后服务以及废物处理再循环等环节在内的整个价值创造过程。② 制造业价值链内各生产环节依据分布地域不

---

① ［美］迈克尔·波特：《竞争优势》，华夏出版社2002年版。
② 杨书群、汤虹玲：《基于全球价值链视角的中国制造业国家价值链的构建》，载于《中国发展》2013年第1期，第31~37页。

同分为国家价值链、区域价值链和全球价值链。本书中论及的价值链为全球制造业价值链。

1.4.1.2 全球价值链的含义

库格特（Kougut）于1985年在《设计全球战略：比较与竞争的的增值链》中把价值链的观点从企业层次向着更高的国家和区域层次进行了扩展，推动了全球价值链观点的形成。他通过研究认为，一个国家或者企业的竞争优势不可能体现在商品生产的每一个环节，只能体现在某个或者某些环节。格里菲（Gereffi, 2003）首次提出了全球价值链的概念，即为实现商品或服务价值而将生产、销售、回收处理等过程连接起来的全球性企业间的网络组织。全球价值链（Global Value Chain, GVC）作为专业性词汇是联合国工业发展组织在《2002～2003年度工业发展报告》中提出，即在全球视角下为实现某种商品或服务的价值而形成的网络组织，该网络组织将不同国家间的不同企业的生产、销售以及一些其他企业的生产活动链接在一起进行原材料开采、运输、仓储及中间产品、制成品的生产制造。学术界普遍采用格里菲的分类方法来划分全球价值链的类型，即将全球价值链划分为生产者驱动型和购买者驱动型。生产者驱动型是指由生产者投资来推动市场需求，形成本地生产供应链的垂直分工体系。投资者可以是拥有技术优势，谋求市场扩张的跨国公司，也可以是力图推动地方经济发展，建立自主工业体系的本国政府。生产商驱动的全球价值链在汽车和飞机制造、计算机、电子、通信等资本和技术密集型的产业中普遍存在。生产商驱动的全球价值链网络结构是垂直的，主导企业日益倾向于将低利润的经济活动外包给上游的供应商。该类全球价值链的进入壁垒是规模经济和高技术的生产设备，其利润也主要来源于规模经济和技术进步。购买者驱动是指拥有品牌和销售渠道优势的大型采购商，它们组织、协调和控制针对发达国家和发展中国家目标市场的生产、设计和营销活动。采购商驱动的全球价值链所在的典型产业是发展中国家的纺织、服装、玩具、家具等劳动密集型产业。

随着经济全球化及对外直接投资（FDI）发展，部分企业对特定行业或部门的控制能力不断加强，同时劳动力跨国移动存在障碍，导致国际分工超越原有模式，转向产品内分工。依据全球价值链，附加值较低的劳动密集环节主要集中于发展中国家，而技术、资本以及服务密集环节主要集中于发达国家和地区，不同国家和地区的制造业企业在全球价值链体系内构成有效、有序、有利的价值创造网络。

　　不同国家和地区的企业寻找自身比较优势和竞争优势时，以全球价值链作为企业全球生产网络构建的基础，将价值链分割成不同的价值创造环节（如图1-2所示），企业基于此选择自身的生产环节，将自身不能创造较高价值部分进行外移，从而形成了制造业外包。

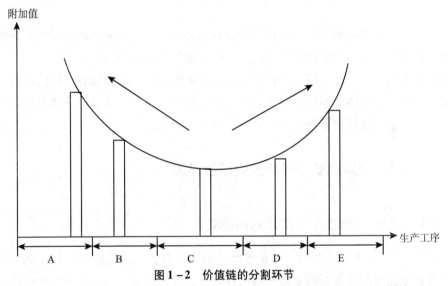

图1-2　价值链的分割环节

　　注：A为技术环节，主要进行产品研发；B为生产环节，主要进行产品零部件生产；C为组装环节，主要进行产品加工组装；D为销售环节，主要进行产品营销；E为管理环节，主要负责产品的售后服务以及产品管理。

1.4.1.3　全球价值链分工

　　全球价值链分工是产品内分工的重要形式之一。随着工序分割、分工细化，每个国家在全球价值链特定环节中表现出不同的自身优势，然后参与分工。价值链分工是一种要素合作型分工，一个国家的要素禀赋决定了它在当代国际分工中的地位与作用。资本、技术、管理和高素质劳动力等高级生产要素具有较高的流动性，一般加工型劳动力的流动性很低，而且高级生产要素往往是相对稀缺的。要素的相对稀缺度决定了其相对收益。发达国家拥有流动性强的高级要素，发展中国家则只有流动性较差的生产要素，这就决定了价值链分工中发达国家与发展中国家的收益是不均衡的。全球价值链分工主要表现为价值链分割和价值链联系两个特征。

价值链分割指将价值链的不同阶段因所投入要素及生产工序存在差异而进行的时间上划分和空间区位分割。价值链分割不同于垂直型投资，因为不同类型企业可依据产品价值链分割情况，在价值链上寻找适合自身生产制造的环节，获得在此环节生产中的利益。位于不同国家的企业可根据自身所处的区位优势和要素禀赋情况参与到价值链分割后的不同生产环节中来，而垂直型投资是企业自身将价值链分割后的不同生产环节投资于不同国家，最终完成产品生产制造。

价值链联系强调不同产品价值链间的联系情况。生产工序的交叉将不同价值链联系在一起。价值链间联系加强，使全球价值链向模块化方式演变，形成全球价值网。所以，价值链分割是价值链联系的基础，价值链各个阶段进行分离融入其他价值链，不同价值链相互交织、制约、补充。所以，全球价值链分工是在全球价值链分割后又彼此联系在企业的分工过程。

1.4.2 与制造业外包相关的概念界定

1.4.2.1 外包与国际外包的界定

"外包"是有选择地将一些业务转交给第三方供应商来围绕其核心能力进行的企业间重新安排。就企业外包内容分析，若外包某一生产环节为生产性外包，若是某项服务则为服务外包。本文论及的为生产性外包，并将其称为制造业外包。

依据发包方和承包方的企业空间和国别分布关系差异，本书把外包分为国内外包和国际外包。国内外包是指在保留某种产出前提下，依据合约企业或其他机构把过去自我从事的某些生产环节、区段、工序以及生产性服务活动，转移给本国的外部企业来承担。国际外包，又称国外外包（foreign outsourcing）、离岸外包（offshore outsourcing）或全球外包（global outsourcing）。全球外包（global outsourcing）指在保留某种产出前提下，依据合约，企业或其他机构把过去自我从事的某些生产环节、区段、工序以及生产性服务活动，转移给外国的外部企业来承担。外包与国际外包的关系主要体现如表 1 - 1 所示。

表1-1 外包与国际外包的关系

	国家的内部	国际外包
企业内部	**内部供应** 定义:一国的企业将内部的某些生产或服务活动转移到国内自己的附属机构来完成,例如,福特公司将底特律工厂的零部件设计交给自己在克莱夫兰的工厂来完成	**企业内贸易** 定义:一国的企业将内部的某些生产或服务活动转移到自己的国外附属机构来完成。例如,IBM公司把某个软件开发任务交给自己在印度的子公司来完成
企业外包	**国内外包** 定义:一国的企业将内部的某些生产或服务活动外包给国内的独立企业来完成。例如,福特公司将底特律工厂的零部件设计交给另外一家美国零部件生产企业来完成	**国际外包** 定义:一国的企业将内部的某些生产或服务活动外包给其他国家的外部企业来完成。例如,IBM公司把某项软件开发任务交给印度的一家软件公司来完成

1.4.2.2 制造业外包界定及特征

对于制造业外包(manufacturing outsourcing)的界定尚未形成完整概念,大多数学者都是从制造业企业承接外包的目的及模式角度阐述。本书对制造业外包的论述从中国制造业外包业务角度进行探讨,所以对制造业外包的定义从宏观和微观(即产业和企业)两个层面进行论述。从宏观角度分析,制造业外包是指作为第二产业一部分的制造业以其产业在某区位的特有优势来承接其他国家部分生产工序,或者参与外资在华生产的某个阶段。从微观角度分析,制造业外包是指企业利用其拥有的核心竞争力在价值链上发挥其最大功能获得收益,完成产品生产的过程。制造业外包具有空间的可分性、合作的事前性、合作对象的持续性、布局网络的广泛性等特征。例如,汽车制造企业仅设计和生产少量的零部件在大约15000个零部件中,其中仅30%~40%的零部件由制造企业自己生产及承担最终产品的总装;其他大多数零部件生产和中间装配通过合约,外包给有能力的零部件供应商。汽车的生产,利用法国或意大利制造商提供的轮胎,德国企业提供的发动机,马来西亚企业提供的计算机芯片以及美国研发的软件,等等。以美国福特公司Escort型轿车为例,该汽车的生产遍布15个国家。

当前中国制造业外包主要以承接外包的形式为主,而对外发包的形式则还处于起步阶段。故本书着重研究中国制造业承接外包的升级发展,即从原始部件生产(OEM)到原始品牌制造(OBM)和原始设计生产(ODM)的转变,从而实现中国由承接价值低端业务向高端发展，也使中国制造业企业将低价值阶段外包给其他发展中国家。为了论述方便，均以"制造业外包"代替"制造业承接外包"。制造业外包的特征主要体现在以下几个方面：

（1）空间的可分性。空间的可分性是指制造业外包在空间上可以不局限某一个地区，而是将生产的不同阶段在全球进行分配生产，使不同地区的生产制造企业发挥其自身独特的优势，完成某种产品的生产制造。这样使得产品的生产不仅在时间维度上可以同时进行产品不同部件的生产，同时可以完成空间维度的合理布局以及资源的合理利用。进而形成今天所谓的"离岸外包"，或者国际分工合作。

（2）合作的事前性。制造业外包与以往的分工合作有所不同，制造业外包首先是基于双方签订的外包合同而进行的进一步的分工协作活动，受到合同约束。而传统的分工合作则是首先将自身具有优势的产品进行生产制造然后基于市场完成产品交换转移的过程。也就是说，在外包前就已经清晰定下各自企业的优势所在，然后进行分工生产的；而传统分工则是各自企业基于自身优势进行生产，然后进行合作完成整个产品的生产。

（3）合作对象的持续性。合作对象的持续性是指在制造业外包的过程，各个企业之间一般是建立长期的合作伙伴关系，他们经常共同完成产品的配套升级及技术的更新换代。这样要求在瞬息万变的市场上选择合作伙伴时，要从长远的角度出发，否则一些企业为仅进行一次的外包而建立的生产设备在以后将毫无价值。所以合作对象的持续也对所有在价值链上参与制造业外包的企业能够不断更新技术设备，顺利地完成接包任务提供了保证。

（4）布局网络的广泛性。随着企业全球化的发展，各个企业都根据自身资源禀赋特点选择最适宜自己的生产位置，并着眼于全球的资源进行合理分配以及分工协作。所以，制造业外包企业打破了原有生产网络布局，而是不断地扩张其生产链条，同时也不断地细化其生产环节，使整个生产网络的结点不断增加，区域不断扩充，形成一个布局合理、相互依托的生产网络。

1.4.2.3 制造业外包与加工贸易、产品内分工的关系

（1）制造业外包与加工贸易的关系。在《中华人民共和国海关对加工贸易货物监管办法》中，加工贸易是指我国国内企业从国外进口全部或者部分原辅材料、元器件，经过加工企业的加工和装配后，出口国外的活动。总结各种加工贸易的定义可以发现，加工贸易是一种出口行为，一国向另一国家进行的出口活

动，加工贸易涉及原料的进口。本书中所涉及的加工贸易是指东道国免税从国外进口中间产品、进行加工并最终再出口的一种生产与贸易活动，其实质是根据各国的生产要素禀赋和比较优势情况，在不同的国家完成不同性质的生产工序，以实现资源的优化配置，降低产品生产成本的一种贸易方式。加工贸易与制造业外包的主要区别在于，加工贸易更多的在于赚取加工费用，对于产品价值的增值加工企业很少关注；而制造业外包除了外承接外包赚取外包费用外，还可以以参与产品内分工的形式与价值链上的其他企业合作，以产品价值增值部分作为外包企业的利润回报。故此，加工贸易仅相当于制造业外包中的代工生产。

（2）制造业外包与产品内分工的关系。产品内分工由于其形成于其空间的可分性，使企业在生产制造过程中将其非核心部分的生产制造外包给其他国家的生产制造商进行生产，通过分工合作完成相应产品的生产制造。这种产品内分工的实质就是在可分的空间内将价值链上各个创造价值的阶段进行有效的分工协作，然后由起主导作用的制造商将其非核心的部分转移给价值链上的其他制造商，共同完成该产品的生产制造。所以从某种意义上来说外包是产品内分工的一种说法，区别在于所占角度的不同，即从某一参与分工的制造商的角度来说，特别是起到主导作用的制造商就是外包；而从全局着眼，则为产品内分工。

1.4.2.4 制造业外包企业及制造业外包产业

制造业外包企业在价值链中存在相互联系的利益关系并扮演不同分工角色。制造业外包企业的经营对象和经营范围围绕同类产品展开，他们构成一个价值链条。外包企业具有生产性、商品性、求利性和组织性等特征，只有具备这些特征，外包企业才具有生产能力并可形成规模，或者形成提供某种特定劳动服务的能力及生产规模。

制造业外包产业是制造业外包企业共同组成的业态总称。制造业外包产业规模越大，相互联系程度越高，外包产业内部构成有机性就越强，组织也会越严密，制造业外包企业间联系和制约就越复杂和强化。

1.4.2.5 中国制造业行业分类

本书为了分行业分析制造业外包发展并为不同行业的制造业外包发展设计升级路径，对中国制造业进行行业分类。依据《投入产出表》对中国制造业进行行业分类，将制造业分为15大类，具体如表1-2所示，为了论述方便，本书将各行业仅用行业代码表示。

表1-2 制造业行业分类

行业代码	行业名称	行业代码	行业名称
01	食品制造及烟草加工业	09	金属冶炼及压延加工业
02	纺织业	10	金属制品业
03	服装皮革羽绒及其制品业	11	通用、专用设备制造业
04	木材加工及家具制造业	12	交通运输设备制造业
05	造纸印刷及文教用品制造业	13	电气机械及器材制造业
06	石油加工、炼焦及核燃料加工业	14	通信设备、计算机及其他电子设备制造业
07	化学工业	15	仪器仪表及文化办公用机械制造业
08	非金属矿物制品业		

1.4.3 制造业外包模式

制造业外包模式是指制造业外包企业在承接外包过程中所采用的主要方法和手段。基于外包内容不同，一般将制造业外包共分为国际代工生产、配套生产和功能单位外包三种模式，具体如表1-3所示。

表1-3 外包模式

外包模式	主要方式	主要目的
国际代工生产	零部件加工	成本节约、容量补偿
配套生产	包装、辅助配件生产	成本节约、质量提高
功能单位外包	信息体系外包	提高核心竞争力

（1）国际代工生产。国际代工生产指不同国家或地区的分包企业依据彼此之间签订的委托生产合同，承接相应订单来组织生产或者进一步进行转包给下一个层次的接包企业来完成合同订单生产的过程。国际代工生产因接包企业在价值链上创造价值不同，可分为初级代工生产、中级代工生产和高级代工生产。[1]

---

[1] 杨立强：《中国制造业的代工发展模式：国际比较与发展路径》，载于《经济问题探索》2011年第10期，第5~9页。

初级代工生产一般为价值链低端的加工组装，如简单的零部件生产和组装。在初级代工阶段，接包企业创造附加值低，同时所承接的生产部分不是产品生产的核心环节。

中级代工生产主要指接包企业或者代工企业能够依据与发包企业签订的外包合同负责价值链上完整产品的生产工作，之后由发包企业负责生产之后的所有工作，其与初级代工的主要区别在于生产内容是产品的一部分还是制成品本身。

高级代工生产，主要指设计、研发的代工，位于价值链前端。设计代工指由专门从事设计、研发的企业通过承接制造业企业的外包合同来完成某种没有特定品牌名称的产品设计等工作。设计代工企业虽仍承接发包企业订单，没有自己的品牌，但企业创造的附加值已经得到提高。

就初级代工和中级代工生产而言，在中国其实质就是指加工贸易，只是由于承接生产程度不同而进行了进一步划分。

（2）配套生产。配套生产是指，一国制造企业建立的与外资企业相配套的生产工序，这种配套工序可位于外资企业的上游，也可在下游。但在价值链中外资企业占主导地位，掌握产品生产的核心环节。就制造业外包企业建立配套生产的资产专用性程度不同，可划分为简单配套生产和专用配套生产两种类型。

简单配套生产指配套生产企业所提供的产品不针对某一特定外资企业，只是生产大多数企业生产所需的共性产品，该类产品生产不需要特别技术，附加值不高。由于资产专用程度低，企业进入和退出外包市场相对容易。

专用配套生产指配套生产企业的产业配套投入的资产专用性程度较高，所生产的产品仅供某特定外资企业使用，产品具有针对性、专用性。配套生产企业需具备独特的生产技术，创造的附加值相对高。

（3）功能单位外包。功能单位外包指制造业企业在全球价值链上依据自身的优势开展广泛的、专业的生产服务活动。以轮胎生产企业米其林为例，其在掌握技术后充分发挥其核心能力来承接不同汽车制造商的各式轮胎生产，即所谓的"私人定制"。功能单位外包的发展最初来源于服务外包，大部分以银行、保险、咨询等为经营内容的企业都在实施功能单位外包，而在制造业外包中能够开展功能单位外包的制造业企业多来自于发达国家。从全球价值链角度出发，功能单位外包会给外包企业带来巨大的增值空间。

1.4.4　制造业外包升级

制造业外包升级指制造业外包企业经历孕育、产生、成长、成熟、蜕变，进入一个高级化状态的整个过程。当前中国制造业外包已经产生，实现制造业外包由成长成熟到自主成长的蜕变是中国制造业外包升级的主要内容。制造业外包升级一般包括以下几种形式。

首先为产品升级，指价值链上从事某种生产经营活动的企业通过重组生产体系或投入技术，提高生产流程的效率，提高某一加工环节的附加值；或者通过技术或工艺流程更新，使生产加工简单产品向复杂产品升级，使产品不断升级，产品创造的附加值不断增加，如服装生产由简单无牌生产向高端自主知名品牌生产转变，从而使企业在成本不变的情况下创造的附加值增加。这需要企业通过重新组织企业的生产系统或引进先进设备及技术来提高企业在价值链上的生产效率以降低生产成本。

其次是跨部门升级，也称为企业嵌入式升级，指价值链上外包企业从某一产品生产领域进入另一种类似的产品生产领域，但产品所创造的附加值有所增加。跨部门升级主要包括两种方式：一种是梯级跨越式，即外包企业进行生产技术更新，将所控制的核心资源嵌入不同价值链的高端环节，完成企业在不同价值链上的跨越升级；另一种是平行跨越式，即外包企业通过将原有价值链上的生产技术或者所控制的核心资源嵌入不同价值链的低端环节，虽然外包企业在新的价值链上地位没有改变，仍处于价值链低端，但却进入一个新的价值链，使外包企业所从事的生产业务量有所增加，为企业升级提供契机。

最后是功能升级，指外包企业在价值链上所从事的生产活动范围扩大或是企业从低附加值活动转向高附加值活动的过程，也就是从 OEM 到 ODM 和 OBM 的转变。外包企业在价值链上的生产活动范围扩大是企业在不断提高自身市场势力和技术实力的过程，功能升级对企业而言是质的突变，是制造业外包企业在全球价值链下实现升级的重要途径。

因此，制造业外包升级的实质是将制造业外包出口产品中的劳动密集型产品用资本和技术密集型产品所替代，完成制造业外包企业在全球价值链上的增值。

1.5 研究思路和基本逻辑框架

1.5.1 研究思路

本书通过以外包嵌入全球价值链的中国制造业为研究对象，以产品内分工下的制造业外包理论为框架，结合全球价值链理论，探讨全球价值链下中国制造业外包升级的理论依据；使用 FH 指标和加工贸易增值率两种方法对中国制造业外包水平进行测度，并对中国制造业外包发展现状进行进一步分析，通过构建 VAR 模型分析制造业外包对中国制造业的作用，并通过相关数据及理论分析中国制造业外包在全球价值链中的地位及发展过程中存在的问题；通过构建固定效应模型及自回归模型分析影响中国制造业外包升级的内外因素，探求影响制造业外包升级的主要因素；最后为各行业制造业外包在全球价值链下升级设计路径并构建外包升级的实现机制，基于各行业的升级路径和制造业外包升级的实现机制提出发展建议和对策。

1.5.2　基本逻辑框架

本书基本逻辑框架如图 1－3 所示。

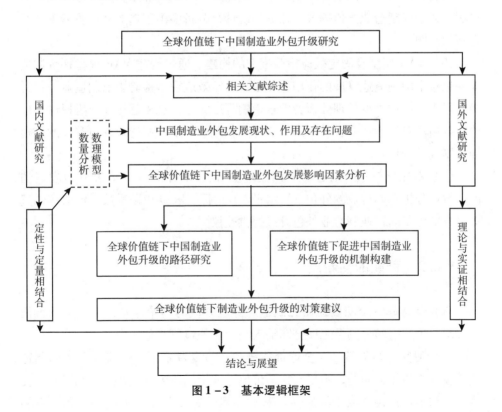

图 1－3　基本逻辑框架

1.6 研究方法与可能的创新点

1.6.1 研究方法

为了系统分析中国制造业外包升级的相关问题并探讨制造业外包升级的影响因素，构建制造业外包升级机制及实现路径，本书研究方法主要有：

（1）理论演绎法。通过对价值链及制造业外包的相关理论分析演绎，分析全球价值链体系内中国制造业外包升级的必要性和可行性。

（2）统计分析法。通过查阅联合国网站、WTO 官网、国家统计局官网、中国海关官网以及中国统计年鉴等相关数据库，对中国加工贸易、分行业进出口额、各地区制造业产值等方面数据的统计，分析中国制造业外包发展现状及存在的问题。

（3）VAR 模型及固定效应检验模型的构建。通过构建 VAR 模型评价制造业外包对中国制造业发展的作用，并通过固定效应模型检验影响制造业外包升级的因素，简化模型处理分析各因素影响程度大小，利用超边际分析探讨全球价值链演变对制造业外包升级的影响。并在此基础上对制造业外包升级的路径与机制进行分析。

（4）对比分析法。通过将中国制造业分为 15 个行业来研究外包发展情况，对比分析不同行业的外包发展水平、L 指标、区位基尼系数、价值链位置等，分别为不同行业制造业外包升级提供建议。

1.6.2 可能的创新点

（1）构建起一个完整地研究制造业外包升级的理论体系，并将全球价值链分割、生产空间分割及工序分割纳入制造业外包研究范式中。

（2）研究内容创新。在全球价值链动态演变背景下系统研究了中国制造业外包升级的相关问题，不仅丰富了价值链理论，还为制造业外包发展研究提供了广阔平台；将"要素异质性"和"要素适宜度"引入制造业外包研究领域，认为"要素适宜度"是制造业外包各行业外包升级的重要影响因素；通过将制造业外包行业细化，认为制造业外包在全球价值链体系内实现升级不能一概而论，应依据各行业在全球价值链中的地位及自身发展特点选择适合的升级路径；为制造业外包升级设计了较优的实现路径。

（3）研究方法创新。采用固定效应模型对制造业外包升级影响因素进行实证研究，将模型层次化、动态化。制造业外包升级受到众多因素影响，通过分析确定主要影响因素与制造业外包升级之间的相关性和因果关系，有助于寻求有效的外包承接模式，以促进制造业外包升级。利用超边际分析探讨了全球价值链演变对中国制造业外包升级的影响，即利用国际分工理论的分析工具分析全球价值链分工体系中制造业外包升级的原因，研究方法较为得当。

第 2 章

关于全球价值链与制造业
外包的文献综述

2.1 国际分工理论演进

国际分工理论是制造业外包形成并得以发展的基础，无论是产业间分工还是产业内分工以至于新兴的产品内分工，国际分工理论对于充分认识和分析制造业外包的发展都起着至关重要的作用。

2.1.1 产业间与产业内分工理论

传统国际分工理论主要集中于产业间分工和产业内分工理论。产业间分工主要论及不同产业间进行分工的原因，代表性理论有绝对优势原理、相对优势理论、赫克歇尔—俄林定理以及产品生命周期理论；而产业内分工理论主要论证同一产业内不同国家间进行分工的原因，代表性理论为规模经济理论、不完全竞争理论以及新贸易理论。

（1）产业间分工理论。1776 年，亚当·斯密出版了第一部古典经济自由主义理论著作——《国民财富的性质和原因的研究》，斯密在著作中指出交换是一种利己行为，是人们为了自己某种目的而进行的；分工的原则是具有绝对优势。他在抨击重商主义思想基础上提出了绝对优势理论，认为分工可以极大地提高劳动生产效率，若每个人都专门生产自身具有绝对优势的产品，然后通过交换，每个人都可以获得比原来更大的利益，这说明亚当·斯密将绝对优势视为分工的基本原则；[①] 大卫·李嘉图（1817）提出了著名的比较优势原理，该理论以绝对优势理论为基础并进行发展，认为即使一国没有绝对优势，仍可参与国际分工。李嘉图指出，两个国家应专业化生产其具有比较优势的商品并出口，进口其处于比较劣势的商品，在资源不变的情况下，两国均能从贸易中获得利益，即两国按比较优势进行分工来参与国际贸易，依据"两利相权取其重，两害相权取其轻"的原则，两国均可以提升福利水平；[②] 1933 年俄林出版了《域际贸易与国际贸易》一书，该书被视为新古典国际贸易理论最重要的著作，认为一个国家应出口密集使用本国相对丰裕要素生产的那些物品，进口该国密集使用相对稀缺要素生产的那些物品。H－O 理论并没有解释各国间生产效率的重要差异，而是探讨了各国要素供给差异所引起的成本差异是国际贸易产生的根本原因；[③] 1966 年雷蒙德·维农提出了著名的产品生命周期理论，简称 PLC，即通过创新引入的产品进入市场后，经历成长、成熟、标准化直到衰退被市场淘汰的整个过程，他认为不同国家间技术差距是产生国际贸易的重要原因之一，并指出产品在创新国要经历创新引入、成长成熟、标准化和衰退四个阶段，模仿国也会经历这样四个阶段，但是两国之间存在时差，国际贸易由此产生。该理论结合市场营销理论和国际贸易理论探讨产品的生命周期，认为在生命周期不同阶段各个国家所产生的不同比较优势会带来国际贸易，该理论将国际贸易理论动态化。[④]

（2）产业内分工理论。20 世纪 60 年代早期，部分经济学家开始使用计量工具分析国际贸易的发展模式和变化。德雷泽（1961）、沃顿（1966）和巴拉萨（1965）在实证研究中发现，工业制成品贸易部分出现于同一产业内部，且这种贸易模式呈上升趋势，不断地扩大经济尺度。克鲁格曼于 1979 年构建了具有平均成本递减特征的对称差异化产品贸易模型，模型中生产者可以通过扩大生产规模实现产品多样化和规模经济，生产者并从中获益；[⑤] 1980 年兰卡斯特提出了不完全竞争理论，认为由于产品差异化而形成的市场不完全性是两国能够进行产业内分工的主要原因，差异化产品可以满足消费者不同偏好；而

[①]　李汉君：《国际贸易》，科学出版社 2009 年版，第 35~41 页。

[②]　大卫·李嘉图：《政治经济学及赋税原理》，华夏出版社 2013 年版。

[③]　李汉君：《国际贸易》，科学出版社 2009 年版，第 55~59 页。

[④]　Vernon，"International Investment and International Trade in the Product Cyele"，*Quarterly Journal of Economics*，1966（80）：190－207.

[⑤]　Krugman，"Increasing Returns，Monopolistic Competition and International Trade"，*Journal of International Economics*，1979（9）：469－479.

后保罗·克鲁格曼（2008 年获得诺贝尔经济学奖）对国际贸易理论发展做出了极大贡献，他将新地理经济学和国际贸易理论进行有机结合提出了新国际分工理论，认为规模经济效应导致产业内分工及产业聚集，每个国家将产业集中于自身优势进行生产。该思想在探讨贸易自由化、经济全球化以及城市化动因方面形成了一套新理论，被称为新贸易理论，从此产业内贸易备受关注。[①]

古典贸易理论核心是国际贸易结构取决于国家间差异性，即国际贸易应主要发生在生产效率、要素禀赋或技术存在差异的国家之间；新古典贸易理论则认为即使各国生产效率、要素禀赋及技术水平相同，产品差异以及规模经济也会带来贸易，这也解释了发达国家之间贸易占主导地位的原因。

2.1.2　产品内分工理论

产品内分工是指将产品生产程序分为若干环节、工序或区段，将其重新分散于不同国家进行专业化生产加工的过程，产品内分工也可称为垂直型产业内贸易。[②] 比较有代表性的学者有：安迪和迪尔多夫（Ardnt and Deardorff）以及国内学者卢峰。

安特（Sven. W. Arndt）在 2000 年出版的 *Preference Areas and Intra - product Specialization* 一书中对产品内贸易理论进行了归纳和总结。安特于 1997 年首次基于 H - O 理论框架研究全球外包和转包，并提出产品内分工这一概念，他认为产品内分工可提高资源使用效率，增进社会之福利。[③] 琼斯（Jones，2001）对产品内分工的基本原则和产生原因进行深入研究，分析了美国生产片段化对美国收入分配产生的影响，认为由于联结各生产环节的服务成本不断降低，即使各生产环节规模报酬不变，随着生产规模扩大也会使边际成本不断下降。因此，当生产片段化跨越国界即使联结性服务成本会提高，只要存在规模报酬递增且要素禀赋差异，产品内分工则为有效分工模式。[④] 日本一桥大学教授小岛

①　Krugman，"Scale Economies，Production Differentiation，and the Pattern of Trade"，*The American Review*，1980，70（5）：950 -990.

②　田文：《产品内贸易的定义、计量及比较分析》，载于《财贸经济》2005 年第 5 期，第 79 ~ 81 页。

③　Arndt，S. W.，"Globalization and the open economy"，*North American Journal of Economics and Finance*，1997（8）：71 -79.

④　Arndt，Sven W，Kierzkowski，and Henruk，"*Fragmentation：New Prodution Patterns in the World Economy*"，Oxford University Press，2001.

清提出边际优势理论，认为日本对丧失优势的产业，可以通过其他国家获得中间品而重新获得优势。迪尔多夫（2001）在已有研究基础上研究了产品内分工对各国生产要素价格以及福利产生的影响，认为产品内分工可以推动各国间要素价格均等化。① 海帕曼（Helpman，1984）对垂直型外商直接投资形成的国际生产垂直分离现象进行了理论研究指出，跨国公司为了降低生产成本，将低技能的劳动密集型生产、加工和装配活动配置到劳动力工资较低的发展中国家，形成垂直型的外商直接投资，而将高技能型的总部服务留在了本国完成。琼斯（2000）将产品内分工的主要动因归结为技术的进步；高拉（Golub，2007）指出，如果各国之间的运输成本降低，那么产品内分工的规模就会更高。易（Yi，2003）指出，关税或非关税贸易壁垒的削减可以在很大程度上促进中间品贸易的增长，因为特定产品的一体化生产现在被分成了很多工序，安排在要素禀赋和生产效率不同的国家和地区，而生产最终产品所需要的零部件或中间产品需要多次跨越不同国家的海关。哈森（Hanson，2003）在对中间品的进口与子公司所面临的贸易成本之间的关系进行研究发现，贸易成本每下降1%，子公司用于进一步加工的中间产品数量就会增加2%～4%。国内学者卢峰（2004）认为，产品内分工是国际分工进一步细化的结果，虽以相对优势和规模经济进步为分工基础，但决定产品内分工强度的因素还应包括不同生产环节的空间可分性、要素投入比例、规模报酬以及交易成本等。② 安特（Arndt，2006）认为区域经济一体化消除了贸易壁，降低了运输和通信成本，加快了产品内分工的发展，使国际分工延伸至零部件的层面，对参与国的劳动力工资水平和就业都有促进作用。其他诸如政治稳定性、法律体系的不确定性、汇率风险程度等环境特征也会影响产品内分工和贸易。

2.2 关于全球价值链的研究

马克思通过人类社会必要劳动时间阐述价值的真谛，即凝结在商品中无差别的一般人类劳动，其中价值增值指一个企业的产品价值与其从其他企业购进的原材料、能源等价值之间的差额。由于马克思所处的时代，工业化水平低，马克思

---

① Deardorff, Alan V., "Rich and Poor Countries in Neoclassical Trade and Growth", *The Economic Journal*, 2001 (111): 277–294.

② 卢锋：《产品内分工》，载于《经济学季刊》2004年第1期，第55～82页。

虽然对价值及价值增值进行了科学界定，但却没有对增值链条进行分析。

2.2.1 价值链形成及发展的研究

2.2.1.1 价值链与供应链之间的关系

价值链是以价值创造为核心，但以供应链的发展为基础；供应链是指由多个企业构成，但仅围绕核心企业通过对产品、信息以及资金的管理和控制，完成原材料采购、中间品合成、制成品生产制造以及通过销售网络将产品送到客户终端的过程。供应链将原料供应企业、产品制造企业、销售企业以及最终消费者连成一个整体的功能性链型结构。全球供应链系统则是对于供应链中的信息、产品、资金、业务等进行统筹、协调和管理等，在全球范围内为各个企业寻求构建一体化的战略合作伙伴关系，以增强链条上企业的应变能力并实现链条上所有参与者效率与收益的最大化过程。[①]

随着需求环境变化，曾经一度被排斥在供应链外的最终客户端受到了供应商的重视，也成为供应链的一部分，供应链由简单生产链条演变为涵盖了产品整个生产制造过程的价值增值链，价值链由此产生。价值链与供应链相比较而言，价值链注重在链条上能够使产品的价值增加的环节以及价值增加的程度有多大，有效率的供应未必带来大幅度的价值创造，所以价值链和供应链之间存在一定区别。[②]

首先，价值链的主要目的是如何来创造更多价值以及如何来提高经济效益，所以创造价值是价值链上企业进行管理的永恒目标，供应链中运作效率的提升仅为价值链在某一特定时期的反映；其次，价值链虽以供应链为基础，但是其为企业深层次的内容，涉及战略、竞争等方面内容，也会涉及企业文化、理念等方面元素。

2.2.1.2 价值链升级理论

所谓价值链升级就是指处于价值链上的企业不断使得自己所从事的经济活动的附加值不断增加的一个过程，这样企业就能获得更多的经济效益。价值链的升级一般包括以下几种形式。

---

① 赵奎、张蓉、姜胜利：《论当代全球供应链下的中国制造》，载于《全国商情》2011年第9期。
② 向吉英、危旭芳：《国际经济一体化背景下跨国供应链的发展与应对策略》，载于《中共云南省委党校学报》2013年第3期。

　　首先为产品升级，就是在价值链上从事某种生产经营活动的企业通过技术或工艺流程的不断更新，使得产品不断升级，进而产品所创造的附加值不断增加。这就需要企业通过重新组织企业的生产系统或引进先进的设备及技术，来提高企业在价值链上的生产效率，降低生产成本。对于企业的产品升级，其方法主要是通过引进新的产品或者所改进的已有产品，使之在一定程度上效率比其他竞争企业有所提高。企业通过对技术或工艺流程的不断更新，虽然其仅能够带来产品的升级，不能够改变原有企业在价值链上的位置，但是其可以为企业在价值链上进一步升级提供坚实的基础。

　　其次是跨部门升级，是指价值链上的企业的生产活动从某一产品生产领域进入另一种类似的产品生产领域，但产品所创造的附加值有所增加，如中国台湾企业由生产收音机，转向生产电视机、计算机、笔记本电脑，再到生产 WAP 电话的过程，如图 2 - 1 所示。有的学者也将这种跨部门升级的方式称为企业嵌入式升级，这种嵌入式升级主要包括两种方式：一种是梯级跨越式，即企业将原有的生产技术或者所控制的核心资源嵌入不同价值链的高端环节，这也就完成了企业在不同价值链上的跨越升级；另一种是平行跨越式，即企业通过将在原有价值链上的生产技术或者所控制的核心资源嵌入不同价值链的低端环节，虽然企业在新的价值链上的相对地位没有改变，仍处于价值链的低端，但是却进入了一个新的价值链，这会使企业所从事的生产活动的附加值有所增加，为企业快速地完成升级提供了一定的契机。部分学者认为亚洲四小龙的崛起就是企业由最初的简单装配（original equipment assembling，OEA）生产向原始部件生产（original equipment manufacturing，OEM）、原始设计制造（own design manufacturing，ODM），再向原始品牌制造（Own brand manufacturing，OBM）发展的过程。

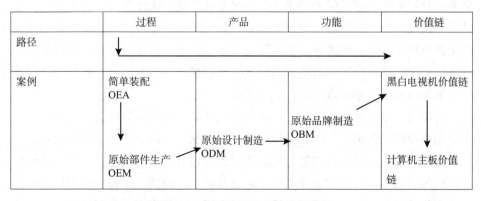

	过程	产品	功能	价值链
路径				
案例	简单装配 OEA / 原始部件生产 OEM	原始设计制造 ODM	原始品牌制造 OBM	黑白电视机价值链 / 计算机主板价值链

图 2 - 1　全球价值链中的升级路径

最后是功能升级，是指企业在价值上所从事的生产活动范围的扩大或者是企业从低附加值活动转向附加值较高的经济活动的一个过程，这种情况的升级对于企业而言也是一种质的突变，也是价值链升级的一种重要形式。对于企业在价值链上的生产活动范围的扩大从某种意义上讲就是企业在不断地提高自身的市场势力和技术势力，而这些不仅可以提高产品的市场竞争力，还可以提高企业在全球的资源整合能力，为企业在价值链上的升级打好坚实的基础，如图 2 - 2 所示。

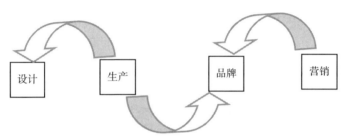

图 2 - 2　全球价值链的功能升级

2.2.1.3　价值链分割理论

价值链分割不是指将价值链中的各个阶段进行分离，使其不再具有相互制约、相互补充的联系。而是指将价值链的不同阶段因所投入的要素以及设计的生产工序存在差异而进行的时间上的划分和空间上的区位分割。价值链分割理论实质上是将要素禀赋理论、直接投资理论与价值增值理论进行综合运用的一个结果。企业在生产过程中将其生产的不同环节依据价值增值的变化情况进行分割，然后依据不同区位的要素禀赋情况来寻求成本优势进行垂直型投资。制造业企业之所以选择价值链分割的模式进行生产，其中最主要的一个原因就是位于价值链不同环节所需要的要素类型和要素投入比例存在差异，又由于不同地区的要素禀赋情况不同所造成的要素价格存在差异，制造业企业在全球资源优化配置的基础上来寻求其生产成本优势。

价值链分割在某种程度上又不同于传统意义上的垂直型投资，原因在于不同类型企业可以依据某一产品的价值链分割情况，在价值链上寻找适合自己生产制造的环节而进行生产制造，从而获得在此环节生产中的利益所得。这样位于不同国家的不同类型的企业都可以根据自身所处的区位优势和要素禀赋情况参与到价值链分割后的不同生产环节中来。而传统的垂直型投资则是一家企业完成价值链上各个环节的生产，最终完成某种产品的生产制造。

2.2.1.4 价值链联系理论

价值链联系理论在某种程度上强调不同产品之间的价值链的联系情况。一般的理论研究都是将单一产品的价值链进行分析，但实质上，不同产品的价值链之间是存在一定的联系的，其联系主要通过价值链之间的生产工序的交叉而形成。生产工序的交叉是现代科学技术发展的必然结果，其意味着不同产品在某种程度上存在着相同或相似的部分，这部分就将不同的价值链联系在一起。而价值链上不同的生产环节之间又存在着上下游之间的拉动和推动效应，例如，若某两个产品加工制造环节相同，其中一个产品的研发设计出现更新，其必然带动下游加工环节的改变，而加工环节的改变势必会对另外一种产品的设计也带来一定的影响。所以价值链的联系理论说明了不同产品之间也存在相互促进、相互制约的影响。

2.2.2 全球价值链形成的研究

2.2.2.1 全球价值链概念产生的文献梳理

1985年，迈克尔·波特（Michael Porter）提出价值链理论，认为价值链是每一个企业进行产品设计、生产、销售、发送及其他辅助活动的集合。[①] 科格特（Kogut，1985）认为价值链是一个过程，这个过程从企业着手产品设计开始，延续到中间品生产，直至完成制成品生产并销售到最终客户端结束。[②] 施振荣（1992）认为每个企业在价值链上各个环节创造价值并不相同，并依据不同环节价值增量多少提出了价值链"U"型曲线，即微笑曲线。

全球价值链由格里芬（Gereffi，2003）首次提出，即处于不同国家和地区的企业为实现产品价值增值而将产品设计、生产、销售、配送等活动连接起来的网络组织。[③] 斯特恩（Sturgeon，2001）从地理分布、组织规模和生产性主

---

① ［美］迈克尔·波特：《竞争优势》，华夏出版社2002年版。

② Kogut，B.，"Designing Global Strategies: Comparative and Competitive Value added Chains"，*Sloan Management Review*，1985，26（4）：15－28.

③ Gereffi Gary，Humphrey and Sturgeon Timothy，"The Governance of Global Value Chains"，*Review of International Political Economy*，2003，11（4）：5－11.

体三个维度界定全球价值链。[①] 联合国工业发展报告（2003）指出：全球价值链指为实现产品或服务的价值增值而连接设计、生产、销售、配送、管理等活动的跨国性网络组织，涉及产品设计→原料采购→半成品和成品的生产加工→成品的销售→成品最终消费和回收利用等整个过程。张辉（2004）指出，全球价值链不仅涵盖参与研发、生产、销售等环节的组织，还应涵盖这些组织之间的关系，如价值或利润分配等。[②]

2.2.2.2　全球价值链的形成

克鲁格曼（Krugman，1995）首次提出企业价值链不同环节可进行分割，形成片段后分布于不同区域，空间上仍同属一个价值链。[③] 安特（2000）认为企业价值链片段化分布若跨越国界形成新的生产网络，就会形成生产垂直一体化或贸易一体化模式，随着一体化模式不断加深，某些掌握先进技术的企业会将非核心业务剥离给发展中国家的企业，来自不同国家的企业在同一个价值链上进行生产、合作，真正的全球价值链从此形成。[④] 格里芬及全球价值链的其他研究者从价值链演变角度分析了全球化过程，认为价值链形成的过程也是企业不断获得必要技术和全面服务的过程。格里芬又指出，全球价值链形成主要通过生产者驱动和购买者拉动得以实现。海帕曼（2006）从劳动生产效率角度分析，认为各国企业之间劳动生产效率异质性会使企业通过 FDI、外包等策略使其部分业务外移，促进了全球价值链形成。[⑤] 海帕曼指出，全球价值链形成必须满足三个条件，如表 2 - 1 所示。[⑥] 归纳总结全球价值链理论的演进过程大体如表 2 - 2 所示。

---

① Sturgeon, T. and Lee, J., "Industry Co - Evolution and the Rise of a Shared Supply Base for Electronics Manufacturing", paper presented at Nelson and Winter Conference, Aalborg, 2001: 5 - 7.

② 张辉：《全球价值链下地方产业集群转型和升级研究》，经济科学出版社 2006 年版。

③ Krugman Paul, Anthorny Venaables, "Globalization and Inequality of Nation", *Quarterly Journal of Economics*, 1995, (12): 19 - 22.

④ 参见前引：Arndt. S, and Kerzkowski H., "Fragmentation: New Production Patterns in the World Economy", Oxford: Oxford University Press, 2001.

⑤ Helpman E. Trade, "FDI and the Organization of Firms", NBER Working Paper No. 12091, 2006.

⑥ Hummels, D., Jun Ishii, Kei - MuYi., "TheNature and Growth of Vertical Specialization in World Trade", *Journal of Intemational Economics*, 2000 (54): 75 - 96.

表 2 - 1 　　　　　　　　　　全球价值链形成的三个条件

条件	关键点	内　容
1	生产可分性	一种商品的生产可分为多个生产阶段
2	价值链跨域增值	两个或两个以上经济体在该种产品生产过程中能够提供价值的增值
3	区域联系	被增值的部分通过国际贸易完成最终产品的生产

表 2 - 2 　　　　　　　　　　全球价值链理论的演进过程

价值链理论	企业价值链理论	"片段化"价值链理论	全球商品链理论	全球价值链理论
代表人物	波特	科古特	格里芬等	联合国工业发展组织（UNIDO）、英国 Sussex 大学等
提出时间	20 世纪 80 年代中期	20 世纪 80 年代中期	20 世纪 90 年代中期	20 世纪 90 年代末
主要观点	企业与企业的竞争，不只是某个环节的竞争，而是整个价值链的竞争，此为全球价值链概念的基础	生产过程的"片段化"，价值链组成环节在全球空间范围内的配置，对全球价值链观点的形成至关重要	围绕某种产品的生产形成的一种跨国生产组织体系，在全球价值链研究中起到了里程碑的作用	以产品为轴线的全球性跨企网络组织。看重研究产品的增值环节、价值链内企业关系与利益分配

2.2.2.3　全球价值链形成的动力机制

全球价值链形成的动力机制继承了全球商品链条形成的二元机制，即格里芬（2001）提出的生产者驱动机制及消费者拉动机制。[①] 生产者驱动机制是指通过生产者的投资导向影响市场消费需求，形成以生产供应链为基础的垂直分工体系。生产者在价值链上拥有特定的生产技术优势，不断谋求市场扩张，与此同时也在推动整个产业发展。而消费者拉动机制是指大型批发商或者知名零售商所领导的具有较大品牌效应的消费链条。这些消费群体并非最终客户端，他们对于商品的控制、调配具有较强能力，甚至可以影响生产厂商的生产、设计以及营销等活动。可见，生产者驱动的全球价值链，生产者占据核心环节，在价值链上起主导作用，并通过跨国投资等形式来实现对价值链上其他环节的

---

① Gereffi Gray, Humphrey John and Sturgeon Timothy, "The Governance of Global Value Chains", *Review of International Political Economy*, 2005, 12（1）: 78 - 104.

控制；而消费者拉动的全球价值链，具有影响力的"商家"在价值链上占据主导地位，生产在其支配下完成，有时会分包给发展中国家的合约商。

基于以上两种驱动机制，我国学者张辉（2006）提出一种"混合型"驱动机制，其位于消费者拉动与生产者驱动之间。他认为全球价值链形成的驱动机制取决于企业在价值链上的价值增值，而不是单单地就其角色考虑，提出了"混合型"驱动机制的价值链，指出价值链的边际价值增值率存在先增后减再增这样一个过程，这正好与"微笑曲线"相吻合。[①]

综上所述，全球价值链形成的动力机制无论是生产者驱动机制，还是消费者拉动机制，甚至是"混合型"驱动机制，其实质都是以价值增值为动力机制。

2.2.3 全球价值链分工与演变的研究

2.2.3.1 全球价值链分工的研究

对价值链分工下静态贸易利益的分析主要是从出口收益（体现了分工利益）角度展开的。全球价值链各环节产生的附加值是有很大差异的，从而造成企业分工利益的差异（迈克尔·波特，1992；施振荣，1992），而发达国家和发展中国家因技术等的差距，在价值链分工中的地位不同，利益获取也有很大差异或呈现出不公平分配（Kaplinsky and Readman，2000；Kaplinsky，2001；Giuliani et al.，2005；李翀，2005；朱廷珺，2007；李晓钟和张小蒂，2007）。章江益、张二震（2003）和朱廷珺（2006）指出，在现有分工条件下，国际贸易利益的分配主体多元化，不再由出口国独享。而且，属于东道国的部分利益会因与跨国公司利益的不一致性而难以顺利实现。曹明福和李树民（2005）认为全球价值链分工下的贸易利益分为"分工利益"和"贸易利益"，每个参与国都能直接获得"分工利益"，但却不一定能获得"贸易利益"。

全球价值链分工产生的影响主要包括以下几个方面：张明志和李敏（2011）提出，在全球价值链分工中，制造业升级通常包括两方面的内容：一是制造业产业结构的改善，也称为产业间升级；二是制造业产业效率的提高，也称为产业内升级。莫瑞森（Morrison，2001）认为，全球价值链分工有助于

---

① 参见前引：张辉：《全球价值链下地方集群转型和升级》，经济科学出版社 2006 年版。

发展中国家的企业获得和学习先进技术，并有利于技术创新。弗兰克斯
（Francoise，2002）提出，价值链分工催生了中国新的出口导向型制造业部门
产业链，虽然并不是完整的一体化生产链。艾米尼（Amighini，2005）提出中
国信息通信产业通过参与价值链分工，获取了技术扩散的利益，从而对整个国
家的产业升级都产生了积极影响。哈莫非（Humphrey，2000）指出，发展中
国家在价值链分工中，试图实现高附加值的价值链环节升级时，会受到发达国
家的阻碍和控制。思科迷兹（Schmitz，2004）也指出，价值链分工有助于发
展中国家实现起飞或低端阶段的工业化进程，但是在进行到高端工业化进程
中，却广泛地出现了被"俘获"现象。

2.2.3.2   全球价值链演变的研究

全球价值链演变在某种程度是由于信息化和网络化发展。罗仲伟（2000）
指出，信息流动模糊了原有企业边界。[①] 韩太祥（2002）指出，全球价值链片
段化分割及其所带来的外包是制造业企业生产范围边界变化的结果，也使全球
价值链向模块化方式演变。[②] 李（Lee，2001）指出，生产网络模块化实际是
价值链模块化发展的结果，从而形成新的全球价值网。[③] 吕文栋和张辉
（2005）指出，全球价值链形成是价值链空间布局不断演变过程，即为企业内
部价值链→地方价值链→国内价值链→跨国价值链→全球价值链的区域空间演
变过程。[④] 思兰特那（Svetlana，2005）指出，全球价值链演变过程为全球价值
链升级过程，即将原有价值链通过改善效率、改变区域分布范围以及改进所生
产的产品等转换为新的价值链过程。

全球价值链演变主要体现为价值链全球分割但又存在联系，并实现价值链
升级。琼斯（1990）指出，企业在生产过程中将其生产不同环节依据价值增
值变化情况进行分割，然后依据不同区位要素禀赋情况来寻求成本优势进行垂
直型投资。制造业企业之所以选择价值链分割模式进行生产，最主要原因是价
值链不同环节所需要素类型和要素投入比例存在差异；又由于不同地区要素禀
赋不同造成要素价格存在差异，制造业企业在全球资源优化配置基础上寻求生

---

①   罗仲伟：《网络组织的特性及其经济学分析（上）》，载于《外国经济与管理》2000 年第 6 期。

②   韩太祥：《企业成长理论综述》，载于《经济学动态》2002 年第 5 期。

③   Sturgeon，T. and Lee，J.，"Industry Co - Evolution and the Rise of a Shared Supply Base for Elec-
tronics Manufacturing"［R］. Paper Presented at Nelson and Winter Conference，Aslborg，2001：5 - 7.

④   吕文栋、张辉：《全球价值链下的地方产业集群战略研究》，载于《中国软科学》2005 年第
2 期。

产成本优势。① 杜卓君等（2005）指出，随着全球价值链演变，不同价值链之间形成互补关系。② 实质上，不同价值链间存在的互补关系主要通过价值链间生产工序交叉而形成。

2.2.4　全球价值链治理的研究

格里芬（1994）提出全球价值链治理，并以交易理论、企业网络及企业能力学说作为全球价值链治理的理论渊源。③ 哈莫非（2000）对价值链治理进行了界定，即对价值链中的经济主体进行关系及制度的协调处理，对经济活动与价值的非市场化调节；同时，他们又对治理结构进行分类，具体如表 2－3所示。④

表 2－3　　　　　　　　　　　全球价值链治理结构

条件	名称	内　　　容
1	网络型	两家企业能力互补，且均占据价值链重要环节并进行分工，共同决定生产内容
2	准层级型	一家企业在价值链上具有高度控制权，对共同完成生产的产品规定其特征及生产流程
3	层级型	在全球价值链上处于主导地位的企业对于某些运行环节采取直接投资控股
4	市场关系型	位于同一价值链上的企业仅存在贸易关系，而不存在任何控制与被控制关系

网络型治理关系中，主要是平等主体之间的合作；供应商与购买商共同参与定义产品，以形成能力互补，特别是当双方均是创新者，接近技术源或市场

---

① Jones R. and Kierzkowski H. The Role of Services in Production and International Trade: A Theoretical Framework ［M］. Oxford: Basil Blackwell. 1990.

② 杜卓君、石小平、何英捷：《基于多角化战略的并购整合——一直价值链整合模式》，载于《经济体制改革》2005 年第 1 期。

③ 参见前引：Gereffi, G: Humphrey, J, Sturgeon, T., "The Governance of global value chains", *Forthcoming in Review of International Political Economy*, 2003, 11 (4): 5–11.

④ Humphrey, J., Schmitz, H., "Governance and upgrading: Linking Industrial cluster and global value chain research," IDS Working Paper 120, Bright on: Institute of Development Stodies, 2000.

前沿的时候；供应商具备的较高水平的竞争力能有效降低交易风险；同时如果
网络成员均具备较高的竞争力，便能使网络及其成员均受益。

准层级型治理关系中，购买者对供应商有较高的控制能力，且定义产品，
如果供应商的绩效低下将会损害购买商的利益，同时购买商对供应商的能力持
谨慎态度；当并非所有的供应商都具备较高的竞争力的时候，购买商会有选择
的向某一供应商投资使其依附于该链条。

层级型治理关系中，由于产品较复杂，因此生产标准难以编码，加上供应
商能力较低，生产过程只能在企业内部完成。同时这样也可以将显性知识控制
在网络内进行交换，并对复杂的生产网络进行有效管理，对资源实施有效控
制，尤其是对知识产权的控制。此时领导厂商参与的显性协调活动较多，领导
厂商与供应商的权力地位也是极为不对称的。

市场型治理关系中，企业面临相对自由的环境，与其他企业的关系较易建
立，很少需要领导厂商与供应商之间的显性协调。在市场上很容易买到自己所
需要的产品，信息经过标准化处理后在价值链中很容易传递，关于在市场型价
值链治理下发展中国家制造商的升级机会问题，目前学术界还没有形成一致的
结论。

格里芬（2003）又指出，全球价值链治理应从动态角度考虑。莫里斯
（2003）基于全球价值链分析不同企业如何维持相互稳定关系来进行全球生产
和贸易，指出全球价值链上的企业应制定一定规则和标准，才能将不断趋于
"片段化"的企业有效联系起来；而全球价值链治理规则主要通过规范、监
督、裁决及执行体现；全球价值链治理标准不仅包括产品相关标准，还包括环
境、劳工及其他一些工业标准。莫里斯（2003）指出，全球价值链治理需要
治理主体，而治理主体衡量标准为：企业在全球价值链上价值增加份额、企业
在全球价值链上所占利润份额以及企业在全球价值链上所占购买力份额等。[1]
王益民和宋琰纹（2009）通过协同演化，利用交易成本、能力构型和全球价
值链治理模式构建了一个全新的内生全球价值链治理模式。[2] 综上所述，全球
价值链治理主要从整体角度出发进行分析，而对于单一行业依据自身在全球价
值链上位置制定治理机制的学者少之要少。

---

① Kaplinsky R and Morris M., "Govenance Matters in Value Chains", *Developing Alternatives*, 2003,
9（1）: 11 – 18.

② 王益民、宋琰纹：《能力构型、交易成本与治理模式的协同演化——一个内生性全球价值链治
理模式的分析框架》，载于《中南大学学报》2009 年第 2 期。

2.3 关于制造业外包的研究

制造业外包是中国制造业发展的重要方式之一，对中国制造业成长及转型升级起重要作用，成为学者广泛关注的现实问题之一。

2.3.1 外包与制造业外包的提出

2.3.1.1 外包内涵的研究

科斯（Coase，1937）认为，若企业间交易费用足够低就可以通过交易进行分工协作生产。[①] 威廉姆森（Williamson，1975）提出混合治理结构，认为若企业交易频率高但资产专用性水平低，契约式双边治理则为优化选择，外包则为这种情况。[②] 美国学者泊拉哈拉德和哈默尔（C. K. Prahalad and Gray Hamel，1990）认为，企业的核心能力具有创造高附加值且相对稀缺、其他企业难以模仿等特点，在此企业还可进一步拓展核心能力以提高竞争优势，这种核心能力正是企业进行承接外包的优势所在。不同学者对于外包概念的界定存在差异，表2-4对国外学者对外包概念的界定进行梳理。

表2-4　　　　　　　　　　外包概念界定的梳理

外包界定	研究者
企业核心能力应具有创造高附加值且相对稀缺、其他企业难以模仿等特点，在此种情况下企业还可以进一步拓展其能力以提高竞争优势，而这种核心能力正是企业进行承接外包的优势所在	泊拉哈拉德和哈默尔（1990）
外包是一种程序方法，生产成本考虑主要通过对技术和战略因素考虑	威尔斯（Welch，1992）
在零部件加工和附加值增加活动中对外包资源的依赖	雷（Lei，1995）
一个公司雇员所执行的任务以前由另一家公司的雇员来完成	派瑞（Perry，1997）

[①] Ronald Coase, "The Nature of the Firm", *Economica*, 1937（4）: 386 – 405.

[②] Williamson O. E., "Transaction – cost Economics: The Governance of Contractual Relations", *Journal of Lawand Economics*, 1975, 22（2）: 230 – 256.

续表

外包界定	研究者
将核心竞争力之外的生产活动分配给其他供应商	夏普（Sharpe, 1997）
基于交易成本理论，通过分析战略资产性质以及专业水平，做出购买决定来产生最大收益	沃克（Walker, 1988）
作为一个辅助生产购买决策，主要考虑增加竞争优势的重要性，为内部生产创造更多机遇	西林（Sialian, 2000）
将公司的某些业务程序转移给那些在这方面更为专业的第三方，而让自己的职员完全专注于自身核心竞争力的提高	威尔斯（2005）
在不同国家之间重新分配生产业务活动过程	施莱德简斯（Schnieder-jans, 2005）
外包是一种战略决策，将非战略性活动或业务程序进行外包合约化，转移给那些具有更高能力的企业去从事这些生产活动，提高自身竞争优势	埃斯皮诺（Espino – Ro-driguez, 2006）

　　国内学者也从不同角度对外包进行探讨。郑如霞（2001）认为，"外包"是企业的战略调整，将外部资源"内部化"以完成本应由企业内部资源承担的任务。[①] 李芊蕾（2004）指出，"外包"指将企业内部非核心任务外移，由包部优势资源完成此项任务的过程。[②] 严勇和王康元（1999）认为，随着市场竞争加剧，"外包"已成为企业普遍使用的核心战略。[③] 吕巍和郑勇强（2001）认为，外包作为企业战略，是企业在价值链上对自身的重新定位，虽然在价值链上占据范围变小，但可将自身优势资源集中于企业能发挥核心能力的环节。[④]

　　目前学术界对外包定义较普遍的为："由于企业内部资源不足，但又要提高竞争力，企业仅保留其有价值的核心资源，借助外包将外部资源进行整合，以达到专业化、低成本以及高绩效的效果。外包不仅可以提高企业核心竞争力，还可以增强企业对外部的应变能力。"

---

　　① 郑如霞：《外包：现代企业经营的新理念》，载于《商业经济与管理》2001 年第 12 期。
　　② 李芊蕾：《IT 业国际外包趋势与中国 IT 服务业发展》，载于《上海工程技术大学学报》2004 年第 4 期。
　　③ 严勇、王康元：《业务外包的迅速发展及其理论解释》，载于《南方经济》1999 年第 9 期。
　　④ 吕巍、郑勇强：《外包战略：企业获得竞争优势的新途径》，载于《经济理论与经济管理》2001 年第 8 期。

2.3.1.2 制造业外包内涵的研究

国外学者对制造业外包界定主要着眼于进口国外原料经过生产加工出口的过程。哈森（1994）认为，制造业外包是指生产企业所销售和生产的产品蕴含的中间投入包括进口部分。[1] 海帕曼（2004）指出，制造业外包建立在契约关系基础上，不仅需要中间品供应，还需要特定的专项服务。[2] 奥尔森（2006）认为，制造业外包是将某一生产工序转移至国外而发生的一项业务。[3]

国内学者对制造业外包界定主要从生产方式出发。隆国强（2003）通过调研指出，加工贸易迅速发展是全球经济不断深化的结果，加工贸易成为中国在经济全球化背景下实现工业化的捷径。[4] 江霈和王述英（2005）认为，中国制造业企业选择外包生产模式，是为了追寻利润最大化，上下游企业会根据自身资源优势选择有竞争力的生产位置，企业之间不存在高低贵贱之分；同时指出，对于自身不具备资本、技术比较优势的中国制造业企业，应选择初级代工生产的外包模式，而对于有实力的中国制造业企业，应努力提高代工生产水平，向高级代工生产转移。[5] 刘志彪（2005）认为，中国制造业通过"国际代工生产"参与国际分工是一种自发趋势，这种方式使中国制造业企业可以以最低成本获得技术、管理等能力。[6]

2.3.2 制造业外包形成的研究

2.3.2.1 交易理论

外包形成的理论基础可追溯到科斯和威廉姆森的思想。交易成本理论，即以

① Helpman, "Elhanan. A Simple Theory of International Trade with Multinational Corporation", *Journal of Political Economy*, 1984 (92): 451 –471.

② Feenstra, Robert C. and Gordon H. Hanson, "Foreign Outsourcing and Relative Wages", The Political Economy of Trade Policy: Papers in Honor of Jagdish Bhagwati, MIT Press, 1996.

③ Karsten Bjerring Olsen, "Productivity Impacts of Offshoring and Outsourcing: A Review", STI Working Paper, 2006.

④ 隆国强、张丽平、胡江云：《加长产业链：外商投资机电产品出口企业中间投资品采购行为研究》，载于《国际贸易》2001 年第 2 期。

⑤ 江霈、王述英：《外包生产模式及其对市场结构影响的分析》，载于《中国工业经济》2005 年第 6 期。

⑥ 刘志彪：《全球化背景下中国制造业升级的路径及品牌战略》，载于《财经问题研究》2005 年第 5 期。

交易成本最小的交易结构来完成，使得交易在企业内部和外部均存在。而威廉姆森（1985）在此基础上进一步指出，资产专用性决定了企业是从外部购买还是通过内部交易获得产品，这种资产专用性进一步决定了企业核心竞争力。

企业寻求利益最大化、降低成本是进行外包的关键，外包以交易成本节约为基础。惠滕和威克菲尔德（Whitten and Wakefield，2006）结合交易成本节约理论和社会交换理论，探讨了信息产业外包中成本转换问题，并解释了企业为何在外包中会调换供应商。可见，外包是企业从成本节约带来利益最大化角度出发而形成的，外包成为企业的重要生产战略模式。[①]

外包形成是企业交易行为的变革。由于政府行政机构在通过相关法律、法规对企业行为进行干预过程中改变了企业或者消费者等经济个体的决策行为，使企业对于自身生产、配置、管理等失去部分控制权，严重影响企业自身的生产行为。企业为规避政府规制，外包成为企业新的生产模式。维尔克斯（2001）以信息产业外包为例探讨了交换与交易的关系，认为政府规制行为会影响企业外包模式构建。[②]

2.3.2.2　核心竞争力理论

核心竞争力理论是外包形成的重要理论依据，对企业核心能力的界定，本书采纳了廖红兵（2010）的定义方法，即企业在完成研发、计划、生产、销售及管理活动时充分利用各种资源，保持企业竞争优势并持续获得超额利润的能力。核心竞争力是企业独占资产、技术与管理机制的有机融合，成为企业成长与发展不可或缺的条件。[③] 企业核心竞争力具有以下特点：创造高附加值、独特且无法模仿、无法交易且不能取代，决定着企业未来和整体发展水平。故此，企业核心竞争力有利于企业将各种技术、技能重新整合，成为企业竞争优势的源泉。企业核心竞争力理论可概括为：企业实质上是一个竞争能力集合的单位；企业核心竞争力是企业保持长期竞争优势的基础；积极提高和运用核心竞争力是企业的核心战略。在信息经济时代，企业若想保持竞争优势，单靠某项或某几项职能战略则难以实现，唯有不断提高企业核心竞争力才是良

① Jacob Toring，"Path – Dependent Danish Welfare Reforms：The Contribution of the New Institutionalisms to Understanding Evolutionary Change"，*Scandinavian Political Studies*，2010，24（4）：277 – 309.

② Kern，T. and Willcocks，L.，"The Relationship Advantage：Information Technologies，Sourcing and Management"，*European Journal of Information Systems*，2003，12（2）：161 – 162.

③ 廖红兵：《略论业务外包与核心竞争力》，载于《江西行政学院学报》2010 年第 3 期。

方妙药。

核心竞争力成为企业战略调整的重要基础。企业只需保留具有战略重要性的生产服务环节，通过外包将其他环节转移给外部企业或组织。外包形成的实质是企业将全部资源集中到最具竞争能力的业务上，在价值链上占据价值增值最大环节以追求高额利润。企业为发展核心业务将非核心业务外包给其他企业，这种业务外包成为企业不断提升自身核心竞争能力的根本性经营管理策略。

2.3.2.3　契约理论

维纳菲尔德（1984）指出，企业是将各种资源进行有效组合的组织，企业从战略角度重新整合"资源"而非传统"产品"。[①] 企业将大量相互关联的资源、特殊资源以及现有资源进行转换调整，需以企业资源异质性为前提。为促进企业最主要的资源长期积累（能给企业创造潜在价值的、独占的、不可替代的资源），企业需要找出与自身发展相匹配的关键资源以谋求利润最大化，这会促进外包形成。

皮建才（2005）利用采购契约理论解释外包形成的原因。采购契约理论将采购契约分为两种情况：一种为成本加成契约，其一定程度上等同于企业自身完成产品生产制造，企业生产产品的时间可得到保证，但对成本不能准确把握；另一种为固定价格契约，即在规定产品完备性条件下，企业可得到保证性的明确价格，但会使企业付出高额成本。两种情况均存在一定弊端，促使企业更多选择外包模式完成生产，某种程度上外包可将上述两种情况得到有效结合利用。[②]

博弈关系基础上为实现利润最大化而进行的委托—代理是一种契约行为。图2-3为外包契约决策流程，其中代理人拥有不被他人占有的信息、技术，使其在生产、管理以及运营方面具有超出其他企业的优势，而且其他企业根本无法获得这些信息。所以企业选择外包模式来构建有效代理模式，实现企业利益最大化。[③]

---

①　Birger Wernerfelt, "A Resource – Based View of the Firm", *Strategic Management Journal*, 1984, 5 (2): 171 – 180.

②　皮建才：《企业理论的进展：交易成本与自生能力》，载于《经济社会体制比较》2005年第2期。

③　王建军：《企业信息系统外包机理研究》，载于《大连理工大学学报》2006年第9期。

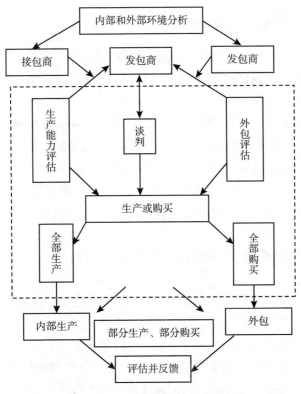

图 2 - 3　外包契约决策流程

2. 3. 2. 4　政府规制论

　　政府规制理论，即政府机构为了有效地治理市场失灵，保证经济的有效运营以法律作为依据，颁布一定的规制、政策等，从而使企业在不完全竞争市场的交易行为受到直接或间接的控制或干预。企业外包模式的构建在一定程度上就是企业交易行为的变革，其变革的原因在于政府的行政机构在通过相关法律、法规对企业的行为进行干预的过程中改变了企业或者消费者等经济个体的决策行为。使得企业对于本身的生产、配置、管理等失去部分控制权，从而严重影响了企业本身的生产行为，这从某种角度上来讲也属于一种社会交换理论。肯和库克（Kern and Will Cocks，2000）从社会关系角度出发，通过理论与实证相结合的方法考察了信息产业外包关系的特征，指出交换或交易是外包关系的焦点问题。所以，政府的规制行为影响到企业外包模式的构建。

2.3.2.5　资源依赖理论

企业为获得自身利益最大化，不断协调与周边组织环境的关系，选择最佳外包模式来获取利润。但企业选择何种外包模式既受到企业内部资源约束，又受到外部资源的控制。安格和斯特夫（Ang and Straub，1998）指出，若企业拥有比较成本优势，对资源的依赖程度决定了该企业选择何种适用的外包模式。古特（2006）指出，资源对于企业外包模式影响程度决定了企业对外部资源的依赖程度。对于外包而言，企业内部资源和外部资源同等重要，资源依赖程度决定企业外包模式选择。[①] 王建军（2006）综合运用资源依赖理论分析了信息系统外包，认为资源依赖理论可以解释信息系统外包模式构建。[②]

2.3.3　产品内分工下的制造业外包升级研究

产品内分工形成于产品生产空间可分性，企业在生产制造过程中会将非核心生产环节外包给其他国家生产制造商进行生产，通过分工合作完成产品生产制造。产品内分工实质就是在可分空间内将价值链上各个创造价值的阶段进行有效分割，由起主导作用的制造商将其非核心部分外移给价值链上其他制造商，共同完成产品生产制造。所以制造业外包是产品内分工的一种形式，但制造业外包具有事前性，即制造业外包是基于双方签订的外包合同进行产品内分工，受到合同约束。随着产品内分工深化，制造业外包工序在全球价值链上实现专业化，进而推进制造业外包升级。在全球价值链中，制造业外包企业的升级影响因素既来其自身，也来自价值链治理方，这些影响都可能发生在促进和阻碍升级两个方面，如表2-5所示。

表2-5　　　　　　　　　　全球价值链中升级的影响因素

	阻碍	促进
企业内部	中层管理对新工作方式抵制； 高层管理对新产品开发投入的错误决策； 技能的缺乏	CEO 对升级的决心； 有效的 R&D 投入； 连贯的升级战略

---

① Ang, S., and Straub, D., "Production and Transaction Economics and IS Outsourcing: A Study of the U. S. Banking Industry," MIS Quarterly, December, 1998, 22 (4): 535 -552.

② 参见前引：王建军：《企业信息系统外包机理研究》，载于《大连理工大学学报》2006 年第 9 期。

续表

	阻碍	促进
企业外包	购买者对供应商自行设计的阻碍； 知识产权； 不完善的 IT 基础设施	价值链治理方对链节企业升级的推动； 健全高校的商业服务机构和政府支持项目； 推动企业升级的相关政策法规； 投入成本上升和竞争程度增加

国内外学者对产品内分工研究涉及的内容框架主要在于产品内分工对各国经济福利及贸易结构的影响，而产品内分工下的外包升级并未得到广大学者关注。查阅浩繁的文献，仅能在菲斯特拉（Feenstra，1999）、西姆（Sim，2004）、唐海燕与张会清（2009）的研究中找到对产品内分工下的外包升级的论述。菲斯特拉（1999）认为，产品内分工深化带来的直接投资可以使发展中国家在价值链中的位置得到提升。西姆（2004）通过实证分析指出，人力资本和制度环境会影响不发达国家在产品内分工下的价值链提升。唐海燕与张会清（2009）认为，发展中国家参与产品内分工对于提升其在价值链中的位置具有促进作用。故此，可总结到直接投资、人力资本、制度环境以及参与产品内分工程度都会对制造业外包产生影响。

2.4　与中国制造业外包全球价值链下升级相关的研究

部分学者从制造业外包的作用及影响制造业外包水平的因素角度分析，还有部分学者从全球价值链对中国制造业外包发展及全球价值链下制造业外包升级角度进行研究。

2.4.1　中国制造业外包发展水平及作用的研究

宫颖（2009）以辽宁省制造业外包为研究对象，分析了制造业外包竞争力，认为中国制造业外包竞争力主要集中于劳动密集型生产环节及行业。[①] 鲍晓华和张莉（2011）对中国制造业 16 个行业的外包水平进行了测度，指出中

---

① 宫颖：《辽宁省制造业外包的竞争力研究》，载于《商业经济》2009 年第 22 期。

国制造业外包水平一直保持上升趋势但各行业外包水平存在较大差异，同时资本密集型产业外包水平增长速度快于劳动密集型产业；中国制造业外包活动主要集中在中国贸易伙伴间；他们又对影响中国制造业外包发展的因素进行分析，认为国家整体特征、国家间关系以及行业类型是影响制造业外包发展的关键因素；[1] 陈青萍（2012）对国内可能影响制造业外包发展水平的因素进行了分析，认为技术密集度、劳动就业、生产技术水平、研发、出口等都不同程度地影响着中国制造业外包发展。[2]

张强（2003）通过对全球信息通信领域的制造业外包发展动向进行考察，指出制造业外包是降低成本的有效手段，中国企业应着眼于国外制造业外包发展，通过接包自身具有竞争力的业务，提升企业乃至整个行业的综合实力。[3] 哈森（2003）通过建立国际外包模型对中国加工贸易发展进行实证分析，结果显示外商投资企业在中国从事加工贸易的主要模式为：外商投资企业掌握加工企业所有权，中国企业仅负责采购原料。[4] 隆国强（2003）通过调研指出，加工贸易将成为中国在经济全球化背景下实现工业化的捷径。[5] 黄庆波和姜丽等（2009）认为，制造业外包发展对于经济发展、产业结构优化和升级以及第三产业发展都有促进作用。[6] 徐春祥和宫颖（2010）以辽宁省为研究对象分析制造业外包对经济发展的作用，研究表明制造业外包对经济发展的拉动程度较高。[7]

2.4.2 全球价值链对中国制造业外包影响的研究

伯尼（Jay Barney，1996）及杰克（Jacke Cukrowski，2003）指出，发展中国家通过从事组装加工业可以获得技术，从而推动本国产业升级。夫西卡

---

[1] 鲍晓华、张莉：《中国制造业外包的水平的测度》，载于《统计研究》2011 年第 4 期。

[2] 陈清萍：《我国制造业外包的影响因素分析——来自 15 个行业的数据》，载于《国际贸易问题》2012 年第 12 期。

[3] 张强：《全球信息通信制造业外包市场动向及启示》，载于《世界电信》2003 年第 4 期。

[4] Feenstra, Robert C. and Gordon H. Hanson, "Foreign Investment Outsourcing and Relative Wages", The Political Economy of Trade Policy: Papers in Honor of Jagdish Bhagwati, MIT Press, 1996.

[5] 隆国强等：《加工贸易——工业化的新道路》，中国发展出版社 2003 年版。

[6] 黄庆波、姜丽、王柏玲：《辽宁承接制造业外包对产业结构影响的实证研究》，载于《东北大学学报》2009 年第 6 期。

[7] 徐春祥、宫颖：《承接制造业外包对辽宁经济增长的贡献研究》，载于《社会科学辑刊》2010 年第 3 期。

（Fonseca，2002）认为，发展中国家企业嵌入全球价值链不仅可以使技术进步还给其向全球价值链高端转移提供机会。肯多干（2003）研究了加工贸易的产业关联作用，指出加工贸易所产生的技术溢出效应能够促进所在区域技术进步。安特（2004）通过对新加坡零配件产业的研究，发现融入全球价值链对其生产效率提高有较大推动作用。斯达姆（2004）以"干中学"理论为分析基础，认为发展中国家融入全球价值链能够实现技术进步。罗迪克（2006）指出，中国等发展中国家在全球价值链下分工使其出口产品的技术复杂度相比以前有所提高。[①] 莫里斯（2008）提出发展中国家企业融入全球价值链有助于学习到先进技术，不仅有利于产品革新还有利于技术进步，进而推进产业升级。[②] Yun Kai Yang（2006）认为，当本土企业嵌入全球价值链体系后，通过向国际化公司学习可以提升企业全球价值链地位。[③]

王洛林、江小娟（2001），刘似臣（2005），张小蒂、张景蔚（2006），杨丹辉（2009），张桂梅、张平（2011）对全球价值链对发展中国家产业发展的影响持相同观点，即全球价值链能够促进产业升级及技术进步。[④] 张明志和李敏（2011）认为，中国制造业融入全球价值链不仅有利于其产业结构改善，还有利于制造业产业效率提高。[⑤] 吴解生（2005）提倡通过大规模产业吸纳推进中国制造业全面融入全球价值链体系，在一段时期内这种方式将成为促进中国经济发展的有效方式之一。[⑥] 王爱虎和钟雨晨（2006）通过分析中国 1992 ～ 2005 年之间吸引外包的情况，得知中国外包业务量的年平均增长速度达 29.37%，垂直专门化占出口比重达 23.20%，认为虽然中国仅融入全球价值

[①]　Rodrik，D.，"What Is So Special about China's Exports?"，China and World Economy，2006，14 (5)：1 – 19.

[②]　Morrison，A，Pietrobelli，C，and Rabellotti，R.，"Global value chains and Technological capabilities：A framework to study industrial innovation in developing countries"，Oxford Development Studies，2008，36 (1)：39 – 58.

[③]　Yang Yung kai.，"The Taiwanese Notebook Computer production Network in China：Implication for Upgrading of the Chinese Electronics Industry"，Personal ComPuting Industry Center Working Paper（The Paul Merage Sehool of Business，University of California，Irvine），2006.

[④]　张平：《全球价值链分工与中国制造业成长》，经济管理出版社 2014 年版。

[⑤]　张明志、李敏：《国际垂直专业化分工下的中国制造业产业升级及实证分析》，载于《国际贸易问题》2011 年第 1 期。

[⑥]　吴解生：《中国制造业的全球价值链融入及其区位优势提升》，载于《国际贸易问题》2005 年第 4 期。

链低端，但却加速了中国融入全球化的进程。[①] 李平（2006）认为，制造业外包过程中的中间品进口会使国外技术扩散和溢出。[②] 王洪庆（2006）通过对制造业外包中的加工贸易进行实证分析指出，中国加工贸易确实存在技术溢出效应。

但部分学者对全球价值链对制造业外包产业发展的影响所持观点并不乐观。哈姆菲（2000）指出，发展中国家在融入全球价值链时，试图向价值链两端攀升，但会受到来自发达国家企业的阻碍和控制；思科米兹（2004），卓越、张珉（2008）认为，发展中国家的企业向全球价值链高端攀升过程中，不仅受到控制，还会出现被"俘获"现象。[③] 徐和陆（Xu, B and J. Y. Lu, 2008）认为，跨国公司进入与中国制造业出口的技术含量没有相关性。王伟（2008）对此持有相似观点，即跨国公司进入及加工贸易发展对改善中国出口结构没有作用。刘志彪（2008）认为，中国制造业融入全球价值链体系对中国产业升级没有起到必然的推动作用。[④] 文东伟和冼国明（2009）研究发现，全球价值链体系内发展加工贸易对中国产业升级及技术进步的作用并不明显。[⑤]

2.4.3 全球价值链下中国制造业外包升级研究

联合国工业发展组织（UNIDO）在2002～2003年度工业发展报告《通过创新和学习来参与竞争》中指出，全球价值链产业升级路径为："全球价值链扩散功能和工艺流程为发展中国家企业提供了改善各种能力的机会。对于发展中国家企业或企业集群而言，当务之急是将其融入更广泛的系统中去。这就要求有步骤地采取行动，使企业治理达到世界水准。另外，还必须通过有意识的创新和学习获得必要的技术能力。鉴于未来获得市场进入和先进技术的前景，

---

① 王爱虎、钟雨晨：《中国吸引跨国外包的经济环境和政策研究》，载于《经济研究》2006 年第8 期。

② 李平、鲁婧颉：《进口贸易对我国各地区全要素生产率增长的实证分析》，载于《经济问题探索》2006 年第2 期。

③ 卓越、张珉：《全球价值链中的收益分配与"悲惨增长"——基于中国纺织服装业的分析》，载于《中国工业经济》2008 年第7 期。

④ 刘志彪：《生产者服务业及其集聚：攀升全球价值链的关键要素与实现机制》，载于《中国经济问题》2008 年第1 期。

⑤ 文东伟、冼国明：《垂直专业化与中国制造业贸易竞争力》，载于《中国工业经济》2009 年第6 期。

上述努力是值得的。"刘志彪（2005）以中国制造业企业"国际代工生产"模式为例，提出了中国制造业外包必须完成革命性升级跳跃才能在国际竞争中立于不败之地。① 张幼文（2005）认为，全球价值链下完成制造业外包升级必须培育企业在某些稀缺要素方面的优势，改变现有分工模式。赵文成和赵红（2008）探讨了全球价值链下制造业产业升级的路径，认为产业升级不能仅限于产业价值链内部的升级，还要注意价值链空间分割以及将部分生产环节"剥离"的协调机制。孙文远（2006）认为，全球价值链分工背景下推进中国制造业产业升级的路径应来自于企业、政府以及产业三方面的共同作用。② 张学敏（2008）对全球价值链下制造业升级持有相同观点，并提出企业、政府及产业不仅可以共同作用完成制造业外包升级，其还可以通过各实体努力创造制造业外包升级的多元化路径。③ 高传胜（2008）和吴曙光（2009）认为，生产性服务业的发展对制造业外包升级具有促进作用。赵文成和赵红（2008）指出，提升制造业外包在价值链中的主导地位是制造业外包升级的有效路径。④

2.5　研究现状评述

通过对国内外文献梳理可见，国际分工理论特别是产品内分工理论成为制造业外包形成和发展的基础。国内外学者对于全球价值链、制造业外包以及全球价值链下中国制造业外包发展等方面的研究已经取得了较大成就，为中国制造业外包在全球价值链演变背景下发展提供了理论借鉴。

国际分工理论由产业间分工理论发展到产业内分工理论再发展到产品内贸易理论，是对国际分工不断深化的理论解释，为进一步研究新形势下国际分工发展及国际分工结构提供了清晰的研究思路。国内外学者对于价值链及全球价值链形成和演变进行了系统论述，同时又对全球价值链演变过程中如何对全球价值链进行治理进行了分析，并提出了综合治理方案，其成果主要表现在以下

---

① 参见前引：刘志彪：《全球化背景下中国制造业升级的路径及品牌战略》，载于《财经问题研究》2005 年第 5 期。

② 孙文远：《产品内价值链分工视角下的产业升级》，载于《管理世界》2006 年第 10 期。

③ 张学敏、王亚飞：《我国制造业企业价值链升级对策研究》，载于《现代管理科学》2008 年第 8 期。

④ 赵文成、赵红：《基于产业价值链的我国制造业竞争战略研究》，载于《中国工程科学》2008 年第 9 期。

几个方面：（1）提出了价值链及全球价值链的概念，系统分析了价值链形成的动力机制及全球价值链演变的动态化过程；（2）对全球价值链治理结构从分类治理到协同治理进行了详尽研究；（3）对全球价值链下发展中国家及中国参与全球价值链的影响进行了分析。国内外学者对全球价值链的研究为本书研究全球价值链下中国制造业外包升级提供了理论基础和研究视角，所以本书在国内外学者的研究基础上进一步分析全球价值链演变对中国制造业外包升级产生的影响，并以全球价值链为依托构建中国制造业外包升级的实现机制。

国内外学者对于外包及制造业外包的内涵进行了详尽研究、系统论述了制造业外包形成的理论基础。同时，国内外学者对于全球价值链下中国制造业外包发展的研究取得了一定进展：（1）对加工贸易以及全球价值链下中国制造业发展进行了系统研究；（2）对中国制造业外包发展的现状及影响制造业外包发展的因素进行了实证分析，并分析了中国制造业外包升级的路径；（3）研究了制造业外包（如加工贸易）对经济发展、技术进步、产业集群形成及发展的影响，并进行了实证分析。国内外学者将全球价值链下的制造业发展纳入研究范式，特别是国内学者结合本国制造业发展实际情况给出了制造业发展路径并提出发展建议，为本书提供了基本研究框架。但是随着全球价值链不断演变，中国制造业外包企业仍处于全球价值链低端，如何提升中国制造业外包在全球价值链中的地位，对于制造业外包升级影响因素的动态分析，升级路径研究以及外包升级实现机制构建等关系到实现制造业外包转型升级的关键问题需要进一步探讨。所以，本书在现有研究基础上将进一步探讨中国制造业外包在全球价值链下的升级，旨在为中国制造业外包健康发展提供建议。

第 3 章

中国制造业外包发展现状、
作用及存在的问题分析

中国制造业在新中国成立初期相对封闭条件下就开始发展，为中国经济长足发展奠定了良好基础。改革开放后，中国制造业随着中国经济体制调整开始从封闭走向开放，尤其是在中国开始大量承接外国企业投资之后，中国制造业进入一个快速发展时期，取得了显著成就。改革开放 40 年来，中国制造业企业在技术水平、生产能力以及管理水平等各个方面都得到了较大提升，大量标有"Made in China"的产品开始出口到国外，进入国际市场。中国制造业发展具备了一定国际竞争力，在某些方面具有世界制造业中心的雏形，这说明中国制造业在各个方面已经基本接近世界标准，给中国制造业承接国际外包奠定了夯实基础。

制造业外包在中国经济发展中并不是一种新模式，中国制造业企业的外包承接活动已取得了不小成绩，但中国制造业企业国际分工地位不高。首先，从分工层次看，中国制造业企业主要集中在附加值低的劳动密集环节；其次，中国制造业企业长期处于全球价值链低端；最后，国外发包商在发包过程中要求使用进口原材料和零部件，这反映了国外发包商对国内企业外包承接能力的质疑。因此，中国制造业企业应清晰认识到自身的外包水平以及在外包中存在的问题，从而努力制定有效的发展策略来推进外包成长。

在 2001 年中国加入 WTO 后，中国制造业发展速度不断提升，同时一些跨国公司也开始调整企业生产战略，将其部分生产制造工序转移到中国。原因在于，中国制造业与其他国家相比在劳动力成本及原材料成本等方面都具有优势，同时还具有广阔市场。这些都给中国制造业提高国际竞争力、深入参与国际分工提供了契机，也使中国制造业外包业务扩大。然而中国制造业外包水平如何、哪些行业在中国制造业外包中所占比重较大、制造业外包对中国制造业发展的作用有多大、中国制造业外包发展过程中存在哪些问题，等等，这些需要进一步思考。

3.1 国际外包发展概述

随着国际分工的进一步深化，新的贸易格局正在全球形成。这主要表现在随着经济全球化，生产也将实现全球化的过程。在这个过程中，全球价值链在空间和时间的二维空间内被重新分割，使得价值链上的不同生产环节可以在不同的地区、不同的时间进行。若从全球分工及专业化的角度进行分析，这就是所谓的国际专业化分工生产。然而从某个国家的角度出发，其仅仅从事了全球价值上的某一生产环节，而这一生产环节其可能是从其他国家承包的，也可能是仅留存了价值链上最核心的环节，而将其他部分外包给其他国家的生产制造商。无论怎样，这些都构成了国际外包，每个国家都在全球价值链上寻找自己最适合的位置，来完成彼此间的合作。

3.1.1 国际外包的区域分布

作为全球新经济的一个主要元素就是生产从企业内部转向企业外部，其主要源于制造业发生了巨大规模的海外转移。例如，一辆美国品牌的汽车中不仅含有加拿大和日本的技术及零部件，其在韩国完成组装，在欧洲进行广告及数据处理，但更多体现美国的价值。这就是当前全球经济发展最鲜明的一个特征——全球制造业外包的蓬勃发展。

从全球中间品贸易的地理分布以及 2012 年相对于 1995 年的变化情况可见，中间品贸易主要分布于北美、亚洲以及欧洲三个区域，其中亚洲区域和欧洲区域在 2012 年的贸易量与 1995 年相比出现了明显的增长。从世界整体分布脉络分析可见，2012 年中间品贸易较 1995 年比区位上出现了相对集聚的现象，并已经跨越了原有地理障碍，中间品贸易在横向和纵向都有了增长。这说明制造业外包在全球范围内有进一步增长的空间，而且制造业外包将向纵深发展。[①]

---

① 资料来源：张汉林编：《世界贸易组织发展报告 2014》，高等教育出版社 2015 年版。

　　故此，对于国际制造业外包的区域分布可以总结如下：发包国一般为经济发达国家，关于国际外包的主要国家，外包最多的国家或地区依次是美国、欧盟和日本。在全球外包支出中，美国占了约 2/3、欧盟和日本占近 1/3，其他国家所占比例较小。接包国一般为新兴市场经济国家、经济转轨国家以及少数的发展中国家。随着国际外包规模的日益扩大，各个国家为抓住这个产业大转移的机会，加强产业配套转移，提高本国的产业集聚水平和产业配套能力来增加吸引外包业务的能力。根据美国《福布斯》杂志调查显示，2003年全球 7 个最佳外包东道国依次为：印度、菲律宾、俄罗斯、中国、加拿大、墨西哥和爱尔兰。其中国际服务外包较大部分流向爱尔兰、加拿大等发达国家，在发展中国家中，印度已成为服务外包首选地和主要承接国。中国、俄罗斯、巴西、罗马尼亚、菲律宾、委内瑞拉等新兴市场国家正成为日益重要的外包承接国。南非、加纳、尼日利亚、肯尼亚、越南、柬埔寨等也相继参与到承接外包服务行列。由于不同国家各有优势，所以接包国的竞争异常激烈。

3.1.2　国际外包的发展趋势

　　由于科技的进步，物流成本和信息传递成本都有所下降；同时经济一体化的步伐加快和国际经济组织的推动，使得国家间的经济自由化程度不断加强，这些都为各国企业更好地参与到国际外包这种新兴的国际生产模式中提供了重要的契机，越来越多的企业开始关注某种产品的全球价值链，将其非核心部分进行外包。这就使外包业务在全球飞速增长，国际外包市场规模不断扩大，2007 年国际外包市场将达 12000 亿美元（Brown and Wilson，2005），并且以20% 的速度上涨，预计到 2018 年国际外包市场会达到一个前所未有的高度。这在一定程度上使得国内生产，对外直接投资和国际外包成为新时期全球生产制造的主要力量。

　　同时，国际贸易的速度远远快于世界 GDP 的增长，而国际贸易中的零部件贸易的增长速度又高于一般贸易的增长速度。这样的贸易格局就意味着世界各国的生产要素流动在基于比较优势模式的前提下进行重新组合，专业化的潜在利益也会进一步提高，将使更多的国家参与到国际外包业务中。

　　从全球外包的整体行业分析来看，在外包业务中，IT 技术外包所占比重最大，达 55%，其中由相当大的一部分为业务流程外包，并成为外包的主流；

而纯粹的制造业外包所占的比重仅为18%，并未成为外包的主要业务。2013年6月全球外包大会在中国无锡举行，大会探讨了全球外包的未来发展方向。会后著名经济学家郑雄伟发布了2013年《全球服务外包发展报告》，报告中以全球外包发展现状为基础分析了全球外包的未来发展方向，本书通过整理，总结全球制造业外包未来发展具体呈现以下特点：

虽然知识流程外包（KPO）开始崭露头角，但是业务流程外包（BPO）现在并在未来的一段时间内仍然成为外包的主流。也就是说大部分企业还主要通过生产工序的分割，完成彼此间的合作，作为其进行生产制造外包的主要方法。

随着通信技术、软件产业的不断壮大，以及全球价值链的不断蔓延，使得制造业外包开始逐步向高附加值的行业倾斜，虽然在各个国家和地区中制造业服务外包仍然占有较大比重，但是金融银行类、通信传媒工程类行业服务外包已经开始崛起，不断发展，有超越制造业成为服务外包主流的可能。受到全球金融危机的影响，欧美许多国家和地区的制造业开始呈现出低迷的发展态势。但是在亚太地区，制造业服务外包市场仍然非常活跃，发展速度保持稳定，这就使得在未来的一段时间内一些西方国家的跨国公司会不断地调整外包业务布局，并同时在亚太市场拓展服务外包的深度与广度。而计算机硬盘（hard disk drive）产业的生产体系在全球的扩展说明了国际制造外包的发展。美国Seagate公司是世界上最大的硬盘生产商。1980年以前，该公司的生产线包括R&D、部件生产和组装、工具生产、维修、服务、营销、管理，几乎全部在美国。在1995年，该公司大部分生产线移到了海外：劳动密集程度最大的生产环节（称为Head Gimbal Assembly，HGA）外包给在劳动力便宜的泰国、马来西亚、菲律宾；技术要求较低的硬盘组装安排在新加坡、中国等；但技术要求最尖端的薄件（wafer）制作以及核心技术研发都安排在美国。不仅Seagate公司如此，几乎整个硬盘制造业都发生了类似的全球化。

未来制造业外包发展会呈现出另外一个特点，即内包、外包齐头并进。各国很多企业在最初的外包实施中，更多是寻找本国的发包商，因为从信息上来讲他们更加对称。但是，制造业企业本身实行外包的原因在于寻求专业化生产，以实现利润最大化，所以将其制造业服务外包业务发包给更具有实力，能够提高生产效率的接包商是当前企业首要考虑的问题。所以，从全球来看，内包会不断下降，外包会不断增加。

3.2　中国制造业外包发展现状

中国制造业外包的发展水平、制造业外包的全球价值链参与程度、制造业外包的行业分析、中国制造业外包发展模式等指标可以综合反映中国制造业外包的发展现状，这些指标能为文章后续部分进一步分析中国制造业外包存在的问题奠定基础。

3.2.1　中国制造业外包发展水平测度

国际贸易实证分析中，主要通过三种方法对中国制造业承接外包发展水平进行衡量：（1）基于投入产出表和贸易数据结合的方法测量外包水平，即主要考虑总产出中进口投入比例或者总出口中进口中间品的成分，这种方法使用最为广泛，所以具有一般性；（2）基于加工贸易数据或者零部件贸易数据的方法测量外包水平，这种方法主要用于研究发展中国家外包发展情况，或者那些零部件贸易或者加工贸易占该国比重较大的国家；（3）基于企业的微观调查数据的方法来进行测量。本书采用第一种和第二种方法对中国制造业外包水平进行测度。

3.2.1.1　制造业外包发展水平——基于 FH 指标测度

本书首先使用由哈森在 1999 年提出的广义离岸外包指标进行测度中国制造业外包水平，即 FH 指标。该指标主要涉及某产业从所有产业购买中间品的投入份额，而对某个具体行业外包而言，则指该行业每一单位产出中所包含的来自所有行业的直接进口成分。[①]

对于单个行业 i 而言，投入品中进口部分在该行业总产出中所占的份额，可成为行业 i 的 FH 指标，即可反映行业 i 的外包水平，具体如公式（3-1）所示。

$$FH_i = \frac{IOS_i}{Y_i} = \sum_{j=1}^{n} \left(\frac{M_{ij}}{Y_i}\right) = \sum_{j=1}^{n} a_{ij}^M \cdots i,\ j = 1,\ 2,\ \cdots,\ n \qquad (3-1)$$

---

① 参见前引：鲍晓华、张莉：《中国制造业外包水平的测度》，载于《统计研究》2011 年第 4 期。

其中：IOS_i 为 i 行业的国际外包量；Y_i 为 i 行业的产出；$\sum M_{ij}$ 为 i 行业吸收的所有进口投入品的价值；a_{ij}^M 为产出 Y_i 中进口中间品 j 的比重。

本书旨在简单说明中国制造业外包发展水平，借鉴陈清萍（2012）对中国制造业外包 15 个行业外包水平的测度方法，结果具体如图 3 - 1 所示。

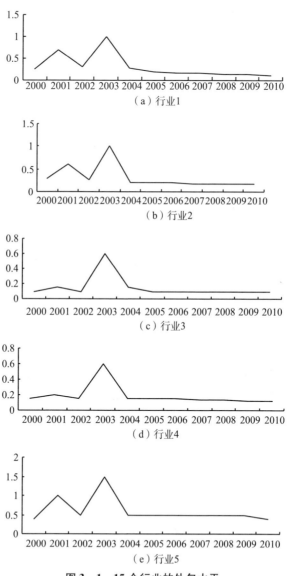

图 3 - 1　15 个行业的外包水平

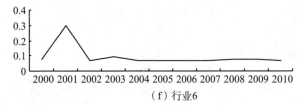

（f）行业6

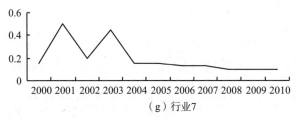

（g）行业7

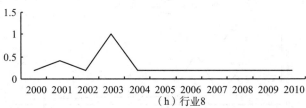

（h）行业8

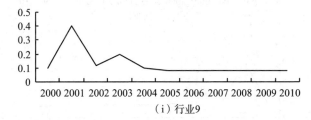

（i）行业9

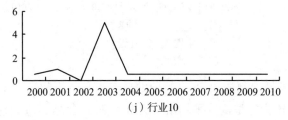

（j）行业10

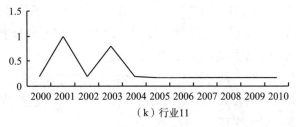

（k）行业11

图3-1 （续）

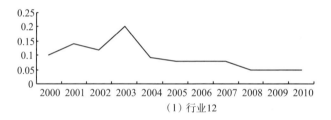

（l）行业12

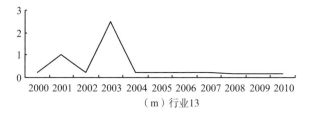

（m）行业13

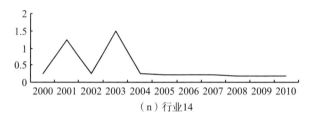

（n）行业14

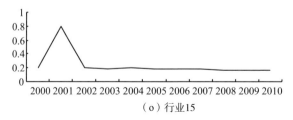

（o）行业15

图 3-1 （续）

从图 3-1 可见，制造业 15 个行业的外包水平并不相同。木材加工及家具制造业外包的 FH 指标最高，平均水平为 0.4132；食品制造业外包的 FH 指标最低，平均水平为 0.0273；通信设备、计算机及其他电子设备制造业、纺织业、服装皮革羽绒及其制品业的外包发展水平相对平稳，FH 指标相对稳定，除 2001～2003 年外，基本保持在 0.25 左右波动。15 个行业在 2001～2003 年外包水平出现大幅波动，部分原因是受中国加入世贸组织影响，说明各行业外包水平受外界因素影响较大。从整体结果分析，制造业外包整体水平不高，制造业外包各行业发展水平存在差异。

3.2.1.2　制造业外包发展水平——基于加工贸易增值率测度

加工贸易在中国对外贸易中所占比重巨大，本书采用加工贸易数据进一步测度中国制造业外包水平。虽然这种测度方法较之基于投入产出表和贸易数据相结合的方法相比，没有对于制造业外包进行行业划分，中间品价值计算没能体现，但其可在一定程度上反映一国整体外包水平。所以本书通过对加工贸易增值率计算来进一步分析中国制造业外包水平，具体计算方法如下：[①]

$$加工贸易增值率 = \frac{加工贸易出口额}{加工贸易进口额}$$

本书通过对总署海关中华人民共和国官网及中国经济与社会发展统计数据库的相关数据进行整理，计算出从1992~2014年中国加工贸易增值率，具体如表3-1所示。

表3-1　　　　　　　　　　加工贸易增值率

年份	加工贸易进口额（亿美元）	加工贸易出口额（亿美元）	加工贸易增值率
1992	315.14	396.07	1.26
1993	363.60	442.36	1.22
1994	475.70	569.80	1.20
1995	583.59	737.18	1.26
1996	622.75	843.27	1.35
1997	702.06	996.02	1.42
1998	685.99	1044.54	1.52
1999	735.78	1108.82	1.51
2000	925.58	1376.52	1.49
2001	939.74	1474.34	1.57
2002	1222.00	1799.27	1.47
2003	1629.35	2418.49	1.48
2004	2216.95	3279.70	1.48
2005	2740.12	4164.67	1.52

---

① 杜晓英：《中国加工贸易增值率影响因素的实证研究——基于2001年~2010年省际面板数据的分析》，载于《经济经纬》2014年第3期。

年份	加工贸易进口额（亿美元）	加工贸易出口额（亿美元）	加工贸易增值率
2006	3214.72	5103.55	1.59
2007	3684.74	6175.60	1.68
2008	3783.77	6751.14	1.78
2009	3222.91	5868.62	1.82
2010	4174.82	7402.79	1.77
2011	4697.56	8352.84	1.78
2012	4812.75	8626.77	1.79
2013	4972.75	8610.26	1.73
2014	5246.88	8845.95	1.69
2015	4470.0	7977.9	1.78
2016	3967.1	7158.7	1.80
平均值			1.762

资料来源：中国经济与社会发展统计数据库及中华人民共和国海关总署官网。

从表3-1可知，中国制造业外包增值率不高。1992~2016年加工贸易增值率最高值仅为2009年的1.82，而各年平均值仅为1.762，没有超过1.8；从整体发展状况来看，虽然中国制造业外包水平稳中有进，但制造业外包水平还有待于进一步提高。中国制造业外包水平低的主要原因在于，外国企业和一些在华投资的跨国公司在价值链上占据主体，仅将全球价值链中的初级加工生产环节转移至中国。

3.2.2 中国制造业外包发展模式分析

随着制造业外包不断发展，中国制造业外包模式大体可以概括为以下两种：一种是中国制造业企业通过与境外跨国公司签订委托生产合同完成订单生产，即一般所说的国际代工生产或加工贸易；另一种是中国制造业企业为外商在华投资企业建立配套的生产工序，即配套生产，它实际是中国制造业企业通过外商投资企业间接参与国际外包的一种形式。

3.2.2.1　国际代工生产

从全球范围来看，国际代工生产（加工贸易）兴起的主要原因在于产品内分工的发展和生产国际化浪潮出现，中国和许多发展中国家最初正是通过国际代工生产方式融入全球价值链分工体系之中。在国际代工生产过程中，制造业外包企业主要采取进料加工和来料加工两种方式，近年来这两种方式的出口量已超过一般贸易。

中国制造业外包中的国际代工生产已成为中国制造业融入全球价值链的主要途径之一，也成为中国制造业的成长道路之一。中国制造业企业之所以选择国际代工生产这种模式，一方面，因为通过制造业外包企业可以将产品研发环节、销售环节以及整个价值链管理所面临的风险进行分离，从而节约成本、减少研发失败的风险；另一方面，为了追寻利润最大化，上下游企业会根据自身资源优势选择有竞争力的生产位置，部分厂商进行发包，部分厂商进行接包，同时各个企业认为，其在全球价值体系中的地位不存在高低贵贱之分。中国制造业企业在国际分工中的比较优势就是从事加工生产，故国际代工生产符合企业发展特点；同时，国际代工生产业务广泛开展，使中国制造业企业能够寻求一条有效途径提升自身技术能力，因为国际代工生产不仅能降低技术学习成本，而且成为一种有效学习机制。可见，中国制造业企业在全球价值链分工体系中发展"国际代工生产"是一种自发趋势。

中国制造业企业借助国际代工生产参与全球价值链分工，迎合了国际生产分工发展趋势及全球价值链演变趋势。但中国制造业企业仅依靠国际代工生产促进企业发展，则不利于自主成长。长期国际代工生产会使制造业外包企业慢慢失去自主创新、技术提升的动力；另外，国际代工生产在全球价值链上创造的附加值相对较低，这会使中国制造业发展后劲不足。

3.2.2.2　配套生产

配套生产，指某经济区域内以主导产业为核心的相关产业支持完成某一产品的生产、经营、销售等过程。中国制造业企业通过引进外资，使自身成为外资企业上下游配套生产的企业，共同完成整个价值链的价值增值。

与国际代工生产相比，配套生产使制造业外包企业更容易参与全球价值链分工，适应性也会增强。中国配套生产企业优于外商在华投资建立配套生产企业，因为其对国内产业政策、发展环境以及其他各方面比较熟悉，企业适应性强。随着外商来华投资企业不断增加，配套生产这种外包模式在国内普遍出现且发展良好。但配套生产也存在一定弊端，即产业配套陷阱。

配套生产存在的巨大陷阱在于资产专用性导致的"套牢"问题，制造业外包企业提供的产业配套持续下去，会使外包企业为外资主导产业投入越来越高的专用资产，而这种专用性投资在外资撤走后无法继续产生价值。配套生产会使中国制造业外包企业丧失创新能力，甚至使中国制造业外包企业无法形成有效的产业成长模式。另外，配套生产过程中，外资主导产业不断变化，使中国制造业外包企业的产业配套不断革新，使企业无暇于成长能力的培养。

可见，配套生产作为制造业外包的主要模式，能够使中国制造业外包企业更好地融入全球价值链分工体系中，创造加大价值。然而配套生产企业容易被外资主导产业"套牢"，特别是专用配套生产。配套企业被外资主导产业"套牢"程度越高，企业配套的专用性投资成为沉没成本的可能性越高，企业丧失自主创新能力的可能性越大。

3.2.3 中国制造业各行业外包优势分析

中国制造业发展过程中，并非所有行业均适合承接外包。不同行业承接外包的能力受到各行业在国际分工中的比较优势和专业化程度的影响。本书通过L指标来检验制造业中15个行业的比较优势和专业化程度，分析中国制造业外包行业分布。

L指标用来衡量一国各个产业的比较优势及专业化程度，如果L_j大于零，产品j的对外贸易具有比较优势，实现专业化程度越高。具体的L指标如式（3-2）所示。

$$L_j = 100\left[\frac{x_j - m_j}{x_j + m_j} - \frac{\sum\limits_{j=1}^{N}(x_j - m_j)}{\sum\limits_{j=1}^{N}(x_j + m_j)}\right]\frac{x_j + m_j}{\sum\limits_{j=1}^{N}(x_j + m_j)} \qquad (3-2)$$

j表示某种产品；N是所有产品种类；x代表出口；m代表进口。

本书采用2006~2013年15个行业（如表1-2）的进出口数据进行分析，并根据国家统计局及WTO官网进出口贸易额进行整理，依据L指标的计算方法得出15个行业具体的L指标，具体如表3-2所示。

表 3 – 2 15 个行业的 L 指标

行业代码	2006 年	2007 年	2008 年	2009 年	2010 年	2011 年	2012 年	2013 年
01	0.4502	0.4309	0.3625	0.3446	0.2688	0.2735	0.2736	0.2267
02	5.4466	5.3852	5.1077	5.5895	5.2445	5.2479	4.8638	5.1446
03	1.6853	1.4925	1.5212	1.7791	1.7968	1.8438	1.8705	1.8838
04	– 0.0198	0.0465	0.0440	0.0225	– 0.0495	– 0.1098	– 0.0675	– 0.1547
05	– 0.3919	– 0.3774	– 0.4015	– 0.3541	– 0.3242	– 0.2994	– 0.2195	– 0.1559
06	– 0.5101	– 0.5735	– 0.5175	– 0.4629	– 0.3534	– 0.2485	– 0.2847	– 0.2796
07	– 1.5869	– 1.4709	– 0.9750	– 1.1931	– 0.9583	– 0.8243	– 0.9380	– 1.0019
08	– 6.6361	– 7.3989	– 10.1220	– 8.7696	– 9.8521	– 11.4197	– 11.5744	– 11.1558
09	0.6169	0.6601	1.5020	– 1.0796	– 0.1799	0.4082	0.5789	– 2.2871
10	0.2013	0.3619	0.4465	– 0.0562	0.2246	0.3425	0.4045	0.4367
11	– 0.6130	– 0.6057	– 0.5461	– 0.5450	– 0.4841	– 0.4764	– 0.4553	– 0.3825
12	0.1027	0.4150	0.7060	0.3629	0.4658	0.4917	0.1373	– 0.3051
13	0.6211	1.7145	3.4045	4.0564	4.6998	5.2683	5.5530	5.7140
14	0.7023	0.7167	0.7129	0.6979	0.7561	0.7697	0.8191	0.8436
15	– 2.0943	– 2.1694	– 1.9799	– 1.7835	– 1.6491	– 1.3437	– 1.2643	– 1.1747

从表 3 – 2 的 L 指标计算结果可以看出，纺织业以及电器、电气机械制造业的专业化程度都相对较高，最近几年 L 指标均超过 5，特别是电器、电气机械制造业上涨趋势明显，说明中国在纺织业及电气机械制造业方面保持比较优势；而食品及烟草制造业、皮革羽绒制造业、交通运输设备制造业，虽然近几年 L 指标大于 0，但整体优势并不明显；木材加工制造业、石油加工、炼焦及核燃料加工业以及金属制造业的专业化优势明显下滑，部分年份出现负值，而非金属制造业的优势下滑更为明显，2013 年 L 指标已经达到了 – 11.1558，说明中国以自然资源禀赋为优势的制造业优势慢慢消失；仪器仪表及文化办公用品制造业专业化程度相对较低，L 指标始终保持在 0 以下，在 2007 年达 – 2.1694，但整体成上涨趋势，说明仪器仪表及文化办公用品制造业整体优势在不断增强，但专业化程度不高。

以上分析结果与中国制造业外包水平行业分析基本吻合。可见，中国制造业各行业专业化程度差别较大，以自然禀赋为优势的制造业参与国际生产加工的优势慢慢消失，以加工组装或制造等方式参与国际分工的行业优势仍然存在，且有上涨趋势。

3.2.4 中国制造业外包全球价值链参与度分析

图 3-2 反映了 2010 年世界各地区全球价值链参与程度，其中东亚和东南亚发展中经济体的全球价值链参与程度为 56%，低于发达经济体的 59%，也低于全球 57% 的平均水平。但从全球价值链参与程度增长率分析，东亚和东南亚地区的发展中经济体的增长率达 6.1%，高于发达经济体 3.7% 和全球 4.5% 的增长水平。中国属于东亚国家，全球价值链参与增长速度加快，符合中国现实。

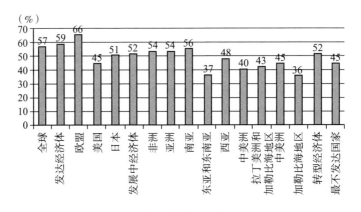

■ 全球价值链参与程度

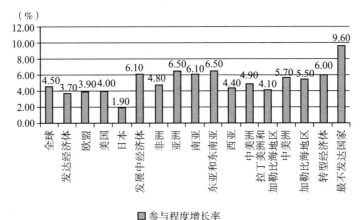

■ 参与程度增长率

图 3-2　2010 年全球价值链参与程度及参与程度增长率

资料来源：赵瑾：《全面认识全球价值链的十大特点及政策含义》，载于《国际贸易》2014 年第 12 期。

　　中国制造业外包企业在全球价值链分工体系中从事加工组装，价值增值不高，但参与全球价值链分工程度提高。如表 3-3 所示，在中国出口贸易总额中外包产品所占比重较高，平均超过 25%。这一方面由于中国制造业自身的发展；另一方面由于中国制造业外包企业在全球价值链分工中参与程度提高，接包业务量扩大的结果。工业制成品出口份额及增长率不断提高，说明中国制造业外包企业在全球价值链分工中地位有所改善。中国制成品出口份额及增长率如表 3-3 和图 3-2 所示。中国初级产品及工业制成品 1993~2013 年出口情况，中国制成品出口份额所占比重稳步上涨，工业制成品在出口贸易总额中所占比重始终超过 80%，2001 年之后始终保持在 90% 以上。中国制造业进行工业制成品生产制造，主要完成产品生产的中后期业务，这表明中国制造业企业开始全面融入全球价值链分工且在分工中地位有所改善。

表 3-3	中国产品贸易出口额		单位：亿美元，%	
年份	初级产品出口额	工业制成品出口额	工业制成品占出口总额比重	外包产品占中国出口总额比重
1992	170.04	679.36	79.98	19.14
1993	166.66	750.78	81.83	18.50
1994	197.08	1012.98	83.71	34.92
1995	214.85	1272.95	85.56	22.46
1996	219.25	1291.23	85.48	24.87
1997	239.53	1588.39	86.90	26.62
1998	204.89	1632.2	88.84	28.65
1999	199.41	1749.9	89.77	27.60
2000	254.6	2237.43	89.73	26.04
2001	263.38	2397.6	90.10	26.06
2002	285.4	2970.56	91.23	26.44
2003	348.12	4034.16	92.06	26.16
2004	405.49	5527.77	93.17	26.47
2005	490.37	7129.16	93.56	27.40
2006	529.19	9160.17	94.54	27.41
2007	615.09	11562.67	94.95	26.94

年份	初级产品出口额	工业制成品出口额	工业制成品占出口总额比重	外包产品占中国出口总额比重
2008	779.6	13527.4	94.55	24.90
2009	631.12	11384.83	94.75	25.19
2010	817	14960.69	94.82	23.60
2011	1005.45	17978.36	94.70	21.72
2012	1005.58	19484	95.09	21.21
2013	1072.67	21017.36	95.14	19.70

资料来源：根据 1993～2014 年《中国统计年鉴》整理得出。

从图 3－3 可知，工业制成品出口额除 2009 年外各年都呈现正的增长速度（2009 年主要受 2008 年次贷危机影响）。2000～2013 年，工业制成品出口额平均增长速度超过 15%，说明中国全面融入全球价值链分工体系，参与分工程度不断加深。初级产品出口增长速度缓慢，2013 年仅有 6.67%，说明中国不再是简单的"原材料供应国"，而向"制造基地"不断转变。

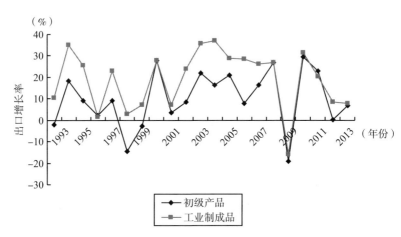

图 3－3 中国初级产品及工业制成品出口增长率

现实说明，中国制造业外包企业参与全球价值链分工程度不断提高，但仍以低附加值产品的组装生产为主，"世界加工车间"的地位并没有得到根本性改变。中国制造业外包企业以承接外包方式参与全球价值链分工，分工地位不断改善，但中国制造业外包企业若想在全球价值链中实现"质"的飞跃，则需中国制造业外包实现转型升级。

3.2.5　中国制造业外包接包业务环节分析

价值链上各环节增值程度不仅取决于产品本身，还取决于增值环节发生的地点。发达国家跨国公司为提高产品在全球价值链中的增值，依据各生产环节的要素密集度，分割价值链并将生产分散于不同国家和地区，不断降低各环节生产成本。中国制造业外包企业承接外包业务时，承接外包业务的要素投入存在差异，致使外包业务存在差别。

中国制造外包业企业承接标准化程度较低且仅需简单劳动投入的一般外包业务。中国廉价劳动力资源而产生的成本下降，会产生比发达国家和地区更高的增值空间，制造业外包企业主要承接发达国家和地区标准化程度低的外包业务。这类外包业务是中国最初从事外包的主要业务类型，即简单加工贸易。

中国制造外包业企业承接生产业务。随着中国制造业整体发展，制造业外包企业技术水平不断提高。外包企业在生产过程中引入标准化作业流水线及自动化设备，减少简单劳动投入。标准化作业下的外包业务，可以产生提高生产效率、保证产品质量、减少劳工争议等效果。目前，中国制造业外包企业主要承接此种类型的业务。

全球价值链分割的生产环节中，含有对环境、健康等产生负面影响较大的增值环节。发达国家对环境、健康方面重视程度高，政府出台严格的政策法规以及较高的考核指标，同时征收高额环境税。跨国公司在环保压力下，被迫将价值链中此种类型环节分割出去，转移到环保政策宽松的国家和地区，确保增值空间不减。中国环保政策相对宽松，中国制造业外包企业会承接全球价值链中环境污染相对严重的环节。

中国制造业外包企业主要承接全球价值链中的"特殊环节"。价值链上各生产环节所需要素投入存在差异，各国要素禀赋也存在差异。跨国公司实现生产全球布局，充分利用各国特有要素。中国制造业外包企业接包过程中，存在以国家垄断型经营业务或稀缺资源作为投入的外包业务。由于生产业务具有一定特殊性，跨国公司无法完成生产，只能进行外包。这类"特殊环节"外包能使中国制造业外包企业在全球价值链上增值空间增加，但容易产生"路径依赖"。

3.3 中国制造业承接外包企业的特征分析

由于中国经济发展本身的特点，中国制造业企业承接国际外包业务时也呈现出了与其他国家不同的特征。对于中国制造业承接外包企业特征的分析，有利于进一步探讨中国制造业承接外包过程的影响因素及发展方向等问题。

3.3.1 外包承接企业在国际分工中的地位上升

随着全球化进程的加快，企业之间的竞争就越发激烈，由于发达国家的跨国公司掌控中全球价值链上的战略性环节，其会将低附加值的部分从其业务中剥离出去，这主要包括加工组装环节。而这些环节一般会转移到劳动力要素丰裕的发展中国家，仅将价值增值高的环节留在国内，从而带动了产品内贸易的发展。这就打破了最初发达国家与发展中国家之间进行的高端工业制成品与一般初级产品之间的产业间贸易模式，从而形成了一种基于全球价值链的垂直型分工模式。

从中国制造业产品出口的份额进行分析（如表3－4所示），本书将产品分为：初级产品、中间品、工业制成品几种类型进行分析。

表3－4　　　　　　　　　　中国产品贸易出口份额变化　　　　　　　　单位：%

产品类别	2000 年	2002 年	2004 年	2006 年	2008 年	2010 年	2012 年	2014 年
初级产品	15.2	12.53	13.7	13.64	17.2	17.3	17.9	18.2
中间品	5.6	4.16	7.2	9.96	14.8	13.7	14.2	14.5
工业制成品	76.2	83.31	79.1	76.4	68	69	68.9	67.3

资料来源：中国经济与社会发展统计数据库整理得出。

从表3－4中可知，中间产品的贸易份额从2000年的5.6%上涨至2014年的14.5%，这说明中国已经全面融入世界分工体系中，参与分工的程度不断加深。同时可以看到初级产品占中国产品贸易出口份额的变化并不明显，仅从2000年的15.2%上升至2014年的18.2%，这说明中国不再是简单的"原材料供应国"，而是不断地向"制造基地"转移。

我国加工贸易的增值率在近 14 年间有所提高,从 2000 年的 48.7% 上升至 2012 年的 79.3%,12 年间增长速度较快,到了 2014 年略有下降。整体看来,我国的加工贸易增值率增长较快,这说明我国加工贸易地位不断上升,如表 3-5 所示。

表 3-5   2000~2014 年间部分年份加工贸易增值率

	2000 年	2002 年	2004 年	2006 年	2008 年	2010 年	2012 年	2014 年
增值率(%)	48.7	47.2	47.9	58.7	78.4	77.4	79.3	77.7

资料来源:历年海关统计数据。

同时结合表 3-4 分析可知,工业制成品和中间品在产品贸易出口总额中所占的比重一直以来都在 80% 以上,这表明中国制造业在参与国际分工时,主要处于中后期阶段。而现实说明,虽然中国制造业参与国际分工的程度不断提升,但是主要以低附加值产品的组装、生产为主体,即进口中间品在加工生产后出口制成品的模式,"加工厂"的地位并没有得到根本性改变。这说明参与国际分工的制造业企业主要以承接国际外包的模式进行,其在国际分工体系中的地位在不断提升,即出口的产品不断向全球价值链的高端靠近,但完成全面升级还需要较长时间。

3.3.2 外包承接企业在全球价值链中具有国别特征

中国制造业企业承接国际外包在全球价值链上呈现国别特征,主要体现在不同制造业行业所承接外包的来源国差别。这主要是因为价值链上各个环节的增值程度不仅取决于产品本身,还取决于该增值环节所形成的地点。也就是说。即使价值链相同,但由于价值链增值产生的地点不同带来的增值空间的差异,就会产生所谓的全球价值链国别特征。

对从事标准化程度较低的一般外包业务的制造业,由于本国廉价的劳动力资源而产生的成本下降,会产生比发达国家和地区利润更高的增值空间,所以这些制造业主要承接发达国家和地区的标准化程度低的外包业务;而有些企业之所以承接外包业务,是因为在部分全球价值链体系中,含有对环境、健康等产生负面影响较大的增值环节,由于发达国家具有较强的环保意识,政府就会出台严格的政策法规以及较高的考核指标,同时会征收高额的环保税,所以国

63

外企业在面临越来越大的环保压力下，使之在母国生产的增值空间不断缩小。这样，企业被迫将价值链中此种类型的环节分割出去，转移到那些环保政策相对宽松的国家和地区，而中国恰恰就是环保政策相对宽松的国家，所以中国制造业中的部分企业也主要承接这些价值链中环境污染相对严重的环节；而对于有些制造业企业，则主要承接那些价值链中的"特殊环节"，如国家垄断型经营业务，以及以稀缺资源作为投入的阶段等，由于在发达国家具有较高的经营及生产成本，而在中国经营及生产成本则相对较低，所以很多制造业企业嵌入全球价值链是在掌握了国家给予的特殊生产许可或者获得某种稀缺资源的基础上进行的，从而有效的承接国际外包业务，也使其增值空间有所增加。

外包企业在全球价值链上承接外包业务的国别特征是中国制造业企业在承接外包业务时要分析国内外环境，以便在全球价值链体系中寻找到增值空间更大、更有效的增值环节，更有利可图。

3.3.3 外包承接企业在全球价值链中的空间布局模式转变

中国制造业企业在全球价值链中的空间布局是指企业在全球价值链中所处的阶段及环节。随着全球化进程的加快以及科学技术的进步，中国制造业企业在全球价值链体系中的位置发生了转移，主要体现在以下几个方面。

首先，有些制造业企业在全球价值链上的位置发生纵向升级。中国制造业企业在生产过程中，慢慢意识到价值链上以知识为基础的价值增值环节对于企业发展的重要性，所以企业在发展本身业务的基础上开始不断发展其上下游业务。在承接外包的过程中，由于本土化优势，企业在开发面向本国消费者的产品以及市场时则表现出较强的优势，所以有些外国企业也会将全球价值链上增值空间较大的环节转移到中国制造业企业中去。

其次，有些制造业企业在全球价值体系中进行横向外包。一些制造业企业不再从事某个零部件的生产加工，而是在进行一个完整产品的生产。之所以会出现这一现象，是因为对于处于产品生命周期中标准化阶段的产品，发达国家已经失去了生产优势，可以将整个产品的生产技术转移到那些可以依靠廉价的劳动力创造价值增值的地区，但本国仍然保留一定的生产能力。这样，中国制造业企业利用自身的地域优势在全球价值链体系中进行横向外包，即在全球价值链上覆盖的环节有所加长。

最后，多元化外包业务在全球价值中也有出现。制造业企业多元化经营是当前企业发展的主要战略，中国制造业企业在承接国际外包业务时也呈现出了多元化的特点。有些企业在从事横向外包业务的同时，也在不断地提升自身的业务能力和优势，从事纵向外包业务。从事多元化外包业务是企业将自身资源进行整合的有效途径，这会给企业带来更大的增值空间。这样制造业企业在全球价值链上的位置会体现出多重特征。

3.4 制造业外包对中国制造业发展的作用

3.4.1 制造业外包对中国制造业发展作用的理论推导

制造业外包不仅是一国参与全球分工的重要途径，也是一国制造业以及经济发展的重要动力之一。制造业外包对制造业发展的促进作用主要为：一方面制造业外包成为产品内分工的主要方式，另一方面制造业外包可以增加产出并推动制造业增长。制造业外包带来的产出效应，可依据扩展的 H－O 理论进行分析。

该理论假设如下：

（1）存在两个国家 A 和 B，其中 A 国为劳动丰裕型国家，B 国为资本丰裕型国家；

（2）两个国家均生产 X、Y、Z 三种产品，并存在（Lx/Kx）＜（Ly/Ky）＜（Lz/Kz），即劳动密集度依次递增；

（3）劳动、资本等生产要素不能跨国移动，但可在一国内不同产业间自由移动；

（4）两个国家生产技术水平相同，即对于同类产品符合相同生产函数；

（5）依据传统 H－O 理论，A 国生产并出口 Z 产品，B 国生产并出口 X 产品，对于 Y 产品两个均生产；

（6）Y 产品的生产包括两个环节，分别为资本密集环节 Y_1 和劳动密集环节 Y_2，且在地理上可分割。

依据上述假设可以推定制造业外包所带来的产出效应过程如图 3－4 所示。

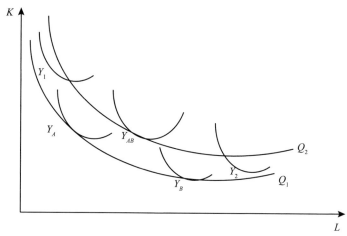

图 3 - 4　扩展的 H - O 理论演示

由于产品 Y 是介于劳动密集型产品 Z 和资本密集型产品 X 中间的一种产品，A、B 两国均能生产，最初没有进行分工情况下，各国在现有要素禀赋情况下生产各自具有优势的产品，同时生产产品 Y，产量分别为 Y_A 和 Y_B。

由于 Y 产品可分为两个环节，那么通过分工 A 国就会将其丰裕劳动要素更多的转移至 Y_2 环节生产，而 B 国则会将其丰裕资本要素转移至 Y_1 环节生产，这样与分工前相比，Y_1、Y_2 的产量都有所增加，使之最终组装成的产品 Y 必然增加。由此可见，通过制造业外包不仅使各国资源得到合理应用，还可扩大产出。

3.4.2　制造业外包对中国制造业发展作用的数据说明

从中国制造业外包发展实践可以看到，制造业外包发展业务扩大必然会带来其所容纳的就业数量大大增加，在需求不断增加情况下工人工资水平会提高。表 3 - 6 是 2007~2013 年中国制造业年平均工资水平，选取部分样本加以说明。

表 3 - 6　　　　　　　　　　　　制造业工资水平　　　　　　　　　　　单位：元/年

年份	国有单位平均工资	制造业国有单位平均工资	城镇单位平均工资	制造业城镇单位平均工资
2007	26100	23671	24721	21144
2008	30287	27471	28898	24404

年份	国有单位平均工资	制造业国有单位平均工资	城镇单位平均工资	制造业城镇单位平均工资
2009	34130	31142	32244	26810
2010	38359	36386	36539	30916
2011	43483	43031	41799	36665
2012	48357	47367	46769	41650
2013	52667	54094	51483	46431

资料来源：国家统计局官方网站。

从表3-6可见，中国制造业工资水平呈上涨趋势，且增长速度较快；同时制造业工资水平高于各行业平均工资水平。现实经济中，中国制造业外包工资水平也在不断提高，部分得益于制造业外包发展的结果。

发展制造业外包是中国全面融入全球价值链的重要途径之一。同时，外包可产生"技术外溢""干中学""看中学"等效应，也可以提高制造业自身的技术水平，使制造业不断成长。中国加工贸易在中国制造业外包中占有重要比重，所以本书以中国加工贸易发展为例分析制造业外包对中国制造业发展的作用。通过选取1992～2013年加工贸易数据，研究加工贸易对制造业的贡献度（CD）及拉动度（SR）。贡献度和拉动度测量方法的公式分别如式（3-3）和式（3-4）所示。

$$CD = \frac{\Delta T_t}{Y_t - Y_{t-1}} \qquad (3-3)$$

$$SR = CD \times \frac{Y_t - Y_{t-1}}{Y_{t-1}} \qquad (3-4)$$

将上述式（3-3）和式（3-4）进行整理，制造业外包拉动度公式可以简化为：

$$SR = \frac{\Delta T_t}{Y_{t-1}} \qquad (3-5)$$

其中，ΔT_t 为 t 年加工贸易增量；Y_t 为 t 年工业 GDP。通过计算结果如表3-7所示。

从表3-7结果可见，加工贸易对于中国制造业发展作用还不明显，只有在2001年中国入世后到2009年连续9年加工贸易对制造业的贡献度超过1%，而 2010 年后又出现下滑；加工贸易对中国制造业的拉大水平也不高，较高一年为 2010 年达 4.5314%，其他年份几乎均低于 1% 水平；加工贸易对中国制造业的贡献度和拉动度并不平稳。这说明，制造业外包在制造业中所占比重不大，所起作用较小；制造业外包在中国制造业中所占比重并不稳定且波动频繁。

表 3 - 7 　　　　　　　　加工贸易对制造业的贡献度及拉动度　　　　　单位：%

年份	贡献度（CD）	拉动度（SR）
1992	—	—
1993	0.8358	0.2556
1994	0.8403	0.4949
1995	1.8286	0.3579
1996	1.9031	0.1579
1997	1.6415	0.2330
1998	0.6105	0.0285
1999	0.16153	0.0958
2000	− 1.131	0.3628
2001	1.1456	0.1307
2002	3.9616	0.6361
2003	3.2595	0.9267
2004	3.2232	1.0183
2005	2.1866	0.7521
2006	2.1756	0.5618
2007	1.7407	0.4871
2008	1.6606	0.1665
2009	1.319	− 0.2845
2010	0.3862	4.5341
2011	0.9978	0.2108
2012	0.5654	0.0459
2013	0.8558	0.01568

资料来源：2014 年《中国贸易外经统计年鉴》计算得出。

加工贸易进出口额在中国对外贸易总额中所占比重可以反映以国际代工生

产方式为主的中国制造业外包在中国对外贸易中的地位。从 1992～2013 年加工贸易进出口总额在中国对外贸易总额中所占比重均超过 30%，其中 1996～2000 年超过 50%（具体如表 3－8 所示），这说明加工贸易在中国对外贸易中起着重要作用，对中国对外贸易增长做出巨大贡献。

表 3－8　　　　　　　　　加工贸易、对外贸易对比数据　　　　　　　　单位：亿美元，%

年份	加工贸易进口额	加工贸易出口额	对外贸易总额	贸易比重
1992	315.14	396.07	1655.3	42.97
1993	363.60	442.36	1957.0	41.18
1994	475.70	569.80	1366.2	76.53
1995	583.59	737.18	2808.6	47.03
1996	622.75	843.27	2898.8	50.57
1997	702.06	996.02	3251.6	52.22
1998	685.99	1044.54	3239.5	53.42
1999	735.78	1108.82	3606.3	51.15
2000	925.58	1376.52	4742.9	48.54
2001	939.74	1474.34	5096.5	47.37
2002	1222.00	1799.27	6207.7	48.67
2003	1629.35	2418.49	8509.9	47.57
2004	2216.95	3279.70	11545.5	47.61
2005	2740.12	4164.67	14219.1	48.56
2006	3214.72	5103.55	17604.4	47.25
2007	3684.74	6175.60	21765.7	45.30
2008	3783.77	6751.14	25632.6	41.10
2009	3222.91	5868.62	22075.4	41.18
2010	4174.82	7402.79	29740.0	38.93
2011	4697.56	8352.84	36418.6	35.83
2012	4812.75	8626.77	38671.2	34.75
2013	4972.75	8610.26	41596.9	32.65
2014	5243.8	8843.6	43030.4	32.74
2015	4470.0	7977.9	39586.44	31.44
2016	3967.1	7158.7	36823.2	30.21

资料来源：2014 年《中国贸易外经统计年鉴》计算整理。

加工贸易拉动度、贡献度及加工贸易进出口额在中国对外贸易总额中所占的比重不能全面反映中国制造业外包对于制造业的作用，因为各个指标仅能反映制造业外包在某一时点的作用，不能反映一段时期制造业外包对制造业发展的作用，故本书将基于 VAR 模型进一步分析制造业外包对中国制造业发展的作用。

3.4.3 基于 VAR 模型分析制造业外包对中国制造业发展的作用

（1）模型设定及数据说明。检验经济增长中各种指标间关系的方法主要有三种。首先，相关性检验，主要检验各变量间相互依存关系，通过相关系数反映各变量间的相互依存程度。其次，回归分析，通过构建一元线性回归模型，分析解释变量对被解释变量的影响程度；最后，协整分析，利用恩格尔—格兰杰因果检验法或 Johansen 检验来分析各变量间是否存在协整关系。本书旨在分析制造业外包对制造业发展的作用，分析在时间序列系统内各变量间关系，以及制造业外包作为随机扰动项对制造业发展变量系统的动态影响，故本书采用脉冲响应和方差分解的向量自回归模型（简称"VAR 模型"）进行分析，并通过 Johansen 检验分析制造业外包对于制造业发展的长期影响。

由于制造业外包数据不可获得，本书参考国内学者常用的研究方法，用加工贸易代替中国制造业外包，并将加工贸易划分为加工贸易进口和加工贸易出口两部分进行分析。文章采用 1992 ~ 2013 年的中国工业 GDP 产值（GDP）、加工贸易进口额（IM）和加工贸易出口额（EX）数据进行分析，为了排除汇率变动对分析产生影响，本书通过分别查询各年美元兑换人民的汇率，将工业 GDP 折算成美元计量；然后通过 Johansen 协整检验探讨加工贸易对中国制造业发展的长期影响；然后通过建立 VAR 模型研究加工贸易对中国制造业发展的短期影响。

本书旨在研究加工贸易对中国制造业发展的作用，因此选取工业 GDP 作为被解释变量，加工贸易以加工贸易进口额（IM）和加工贸易出口额（EX）为解释变量。

（2）协整检验分析。分析中国制造业外包对制造业发展的长期影响，本书首先采用 Johansen 协整分析对 GDP、IM、EX 进行协整关系检验。为避免出现伪回归，首先运用 EViews 7.0 对变量进行 ADF 单位根检验，检验结果如表 3 - 9 所示。

表 3 – 9　　　　　　　　　　　ADF 单位根检验结果

	t	5% 临界值	p	(c, t, k)	AIC	结论
GDP	− 2.176850	− 3.67616	0.4744	$(c, t, 1)$	20.3512	不平稳
ΔGDP	− 4.032121	− 3.673616	0.0484	$(c, t, 1)$	20.3612	平稳
IM	− 1.907320	− 3.644963	0.6151	$(c, t, 0)$	14.25493	不平稳
ΔIM	− 4.074015	− 3.658446	0.0229	$(c, t, 0)$	14.50163	平稳
EX	− 1.873591	− 3.644963	0.6321	$(c, t, 0)$	15.29337	不平稳
ΔEX	− 3.751488	− 3.7332	0.0485	$(c, t, 4)$	15.41233	平稳

注：(1) Δ 为差分算子。(2) 检验形式为 (c, t, k) c 和 t 分别表示 ADF 检验的常数项和趋势项，k 表示滞后阶数，由 AIC 最小化准则确定。

从表 3 – 9 可以看出，在临界值 0.05 显著性水平下，原始数据 GDP、IM、EX 均为非平稳变量。经过一阶差分，新数据变为平稳变量，且三个变量均为 I (1) 序列。

经过对变量进行 ADF 单位根检验可知 GDP、IM、EX 三个变量一阶差分后均为 I (1)，可以进行协整检验。采用 Johansen 协整检验方法对序列进行协整检验，检验结果见表 3 – 10。

表 3 – 10　　　　　　　　　　Johansen 检验结果

Hypothesized		Trace	0.05	
No. of CE (s)	Eigenvalue	Statistic	Critical Value	Prob. **
None*	0.936370	69.62422	29.79707	0.000
At most 1	0.664836	20.04028	15.49471	0.096
At most 2	0.020011	0.363860	3.841466	0.5464

Normalized cointegrating coefficients (standard error in parentheses)

GDP	IM	EX	
1.000000	271.8798	− 152.4091	
	(17.1860)	(8.88963)	

Johansen 协整检验结果得知，中国加工贸易进出口与中国制造业之间的关系如式 (3 – 6) 所示。

$$GDP = -271.8798IM + 152.4091EX \qquad (3-6)$$

可见，中国工业 GDP 产值（GDP）、加工贸易进口额（IM）和加工贸易出口额（EX）之间协整关系成立。加工贸易出口，即承接制造业外包与制造业发展高度正相关，但加工贸易进口则表现为负相关。长期来看，加工贸易进口对工业增长具有负效应，加工贸易进口每增长 1%，工业 GDP 将下降 271.879%；加工贸易出口对工业增长有正效应，加工贸易出口每增长 1%，工业 GDP 将增长 152.4091%。

（3）VAR 模型分析。运用 VAR 模型的脉冲响应分析加工贸易进口（IM）和加工贸易出口（EX）对中国制造业增长（GDP）的短期影响，运用方差分解分析加工贸易进口与加工贸易出口每一个结构冲击对内生变量变化的贡献度。

VAR 模型规避了结构化模型的要求，而是通过将系统中包含内生变量滞后项作为所有变量的函数来构造模型。模型常用表达公式如式（3-7）所示。

$$N_t = \sum_{i=1}^{F} \beta_i N_{t-i} + LW_t + \sigma_t \; ; \; t = 1, \, 2, \, \cdots, \, T \qquad (3-7)$$

其中，N_t 为内生变量，i 为滞后期阶数，共 F 阶，W_t 为 m 为外生变量，T 为时间序列样本数。

经济运行中，一个变量的当期值会对其他变量产生影响，其滞后值对其他变量也会产生影响，因此本书将变量的滞后期值引入 VAR 模型。此过程中存在一个悖论，即希望滞后期足够长来完整反映所构造模型的动态特征，但若太长则参数就会增多，影响自由度，进而对模型的参数估计检验带来问题。所以，一般依据 AIC 和 SC 取值最小准则确定 VAR 模型阶数，寻求滞后期和自由度之间的均衡状态，本书 VAR 模型滞后阶数的确立过程如表 3-11 所示。

表 3-11　　　　　　　　　　　VAR 模型滞后阶数的确定

Lag	LR	FPE	AIC	SC	HQ
0	NA	3.01e+19	53.36343	53.51255	53.38867
1	131.3936	1.24e+16	45.55123	46.14772	45.65218
2	18.95959 *	7.201e+15	44.91863	45.96248	45.09529
3	14.38987	4.79e+15	44.26712 *	45.75834 *	44.51950 *

根据 AIC 和 SC 最小准则所确定的 VAR 模型滞后阶数为 3 阶，即 VAR 函数中 F 为 3。最后建立 VAR 模型如表 3-12 所示。

表 3 – 12   VAR 模型

		GDP	IM	EX
	Y（–1）	0.727023	0.000275	– 0.015069
		(0.62469)	(0.02226)	(0.04511)
		[1.16381]	[0.01236]	[– 0.33405]
	Y（–2）	0.881289	– 0.014327	0.019439
		(0.96578)	(0.03442)	(0.06974)
		[0.91252]	[– 0.41628]	[0.27873]
	Y（–3）	– 1.249682	– 0.005923	– 0.041623
		(0.71508)	(0.02548)	(0.05164)
		[– 1.74761]	[– 0.23242]	[– 0.80604]
	X1（–1）	0.344997	4.520633	5.001204
		(31.2406)	(1.11325)	(2.25601)
		[0.01104]	[4.06075]	[2.21684]
	X1（–2）	35.69336	– 0.058953	0.610050
		(61.1455)	(2.17890)	(4.41556)
		[0.58375]	[– 0.02706]	[0.13816]
	X1（–3）	– 52.83448	– 2.630809	– 3.945902
		(43.6605)	(1.55583)	(3.15290)
		[– 1.21012]	[– 1.69093]	[– 1.25151]
	X2（–1）	0.794348	– 2.583606	– 2.465633
		(21.1371)	(0.75322)	(1.52640)
		[0.03758]	[– 3.43010]	[– 1.61533]
	X2（–2）	– 25.98368	0.542395	– 0.025758
		(39.1471)	(1.39500)	(2.82697)
		[– 0.66374]	[0.38881]	[– 0.00911]
	X2（–3）	44.43835	2.000698	3.260368
		(30.8964)	(1.10099)	(2.23115)
		[1.43830]	[1.81719]	[1.46129]
	C	2020.291	– 49.54677	– 117.5403
		(4413.73)	(157.282)	(318.734)
		[0.45773]	[– 0.31502]	[– 0.36877]

续表

	GDP	IM	EX
R – squared	0. 995233	0. 994347	0. 993059
Adj. R – squared	0. 990465	0. 988694	0. 986118
Sum sq. resids	2. 10E + 08	267168. 3	1097186.
S. E. equation	4835. 008	172. 2944	349. 1555
F – statistic	208. 7563	175. 8957	143. 0765
Log likelihood	– 181. 0504	– 117. 6962	– 131. 1161
Akaike AIC	20. 11057	13. 44170	14. 85433
Schwarz SC	20. 60764	13. 93878	15. 35140
Mean dependent	50307. 06	2398. 312	4007. 073
S. D. dependent	49515. 34	1620. 372	2963. 470

本书建立 VAR 模型后,需对 VAR 模型进行平稳性检验,具体检验结果如表 3 – 12 所示。可见,VAR 模型的特征根倒数值均小于 1,即系统平稳,可以对 VAR 模型进行脉冲响应分析及方差分解。

脉冲响应用来反映给扰动项一个正标准差新息冲击对内生变量(工业产值 GDP)当前和未来取值的影响,结果如图 3 – 5 所示。可以看出,当在本期给出口加工贸易一个正标准差新息冲击后,工业 GDP 在第三期前没有反应,第四期开始表现出正向反应;当在本期给进口加工贸易一个冲击后,工业 GDP 在第二期开始表现出负效应,并且一直是负效应。

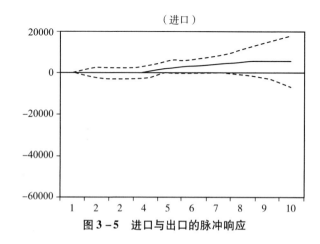

图 3 – 5　进口与出口的脉冲响应

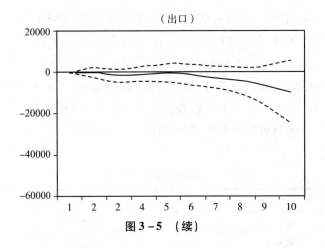

图3－5　（续）

　　脉冲响应函数可分析 VAR 模型中一个变量冲击对内生变量当前值和未来值的影响。为进一步分析每一个结构冲击对内生变量变化的贡献度，本书采用方差分解进行评价各个结构冲击的重要性。VAR 系统中，每一个内生变量的各期方差以及标准差都是彼此间扰动共同作用的结果，进行方差分解的目的在于寻求 VAR 系统中任意一个内生变量的预测方差（或标准差）对于各个变量随机冲击的贡献程度。表 3－13 为对自回归模型参数 S. E. 、GDP、IM、EX 进行方差分解的结果。

表 3－13　　　　　　　　　　　　VAR 模型平稳性检验

平方根	系数
0. 648878	0. 648878
0. 778338 － 0. 215694i	0. 6523107
0. 778338 ＋ 0. 215694i	0. 6523107
0. 628511 － 0. 597237i	0. 867017
0. 628511 ＋ 0. 597237i	0. 867017
0. 2024 － 0. 117893i	0. 806893
0. 2024 ＋ 0. 117893i	0. 806893
－ 0. 666159 － 0. 324352i	0. 740926
0. 666159 ＋ 0. 324352i	0. 740926
No root lies outside the unit circle.	
VAR satisfies the stability condition.	

从表 3 - 14 和图 3 - 6 分析结果可见，进口加工贸易对工业 GDP 的贡献并不稳定，在第 7 年达到 25.37%，而后又出现递减，在第 21 年又出现上升至 19.96%，而后又在第 23 年出现下降直至第 36 年出现上升到 19.96%，但在第 39 年又出现下降，总体在 0% 至 25% 之间波动；而出口加工贸易对工业 GDP 贡献的波动较小，呈现稳步上升趋势，在 47 年后贡献度达到 21.47%。整体分析，加工贸易进出口贸易对工业 GDP 的贡献虽不稳定，但长期存在。

表 3 - 14   GDP 方差分解

时期	S. E.	GDP	IM	EX
1	4835.008	100.0000	0.000000	0.000000
2	6139.989	99.88672	0.107253	0.006024
3	7356.652	94.38545	0.300971	5.313576
4	8185.528	94.55285	0.544245	4.902902
5	8855.174	85.60826	10.16509	4.226650
6	9639.801	74.60124	20.45867	4.940088
7	12466.69	68.29182	25.37118	6.336998
8	18072.50	70.05447	21.80546	8.140070
9	26708.56	74.80578	15.20397	9.990248
10	37000.25	77.58090	10.45935	11.95975
11	47252.71	78.83155	7.748746	13.41971
12	56108.78	78.95032	6.185395	14.86428
13	62395.33	78.15576	5.251858	16.59238
14	65579.66	76.64795	4.807984	18.54407
15	66496.24	74.99676	4.676805	20.32644
16	67489.00	74.63741	4.549996	20.81259
17	71291.66	77.01067	4.078991	18.91034
18	78637.37	81.03666	3.415262	15.54808
19	87096.83	83.99843	3.315457	12.68611
20	93248.02	84.13662	4.795372	11.06801
21	96551.85	80.08801	9.323646	10.58834
22	104135.3	72.29997	16.74223	10.95780

续表

时期	S. E.	GDP	IM	EX
23	131017. 9	68. 53835	19. 96754	11. 49411
24	185555. 6	71. 53793	16. 64713	11. 81493
25	262156. 1	75. 36759	12. 40088	12. 23153
26	349486. 8	77. 77216	9. 305258	12. 92259
27	434884. 2	78. 80048	7. 264972	13. 93455
28	506133. 7	78. 72889	5. 963833	15. 30728
29	554161. 6	77. 73453	5. 196244	17. 06922
30	576946. 8	76. 05455	4. 836159	19. 10929
31	583647. 9	74. 41644	4. 725775	20. 85779
32	595012. 8	74. 39394	4. 551403	21. 05465
33	632172. 8	77. 09261	4. 035598	18. 87179
34	696121. 5	80. 94420	3. 485151	15. 57065
35	763321. 9	83. 31178	3. 737083	12. 95113
36	807834. 4	82. 46136	5. 946097	11. 59255
37	837312. 6	77. 04282	11. 57396	11. 38322
38	933663. 3	69. 26425	18. 85368	11. 88207
39	1225373.	67. 81405	19. 96685	12. 21910
40	1751754.	71. 79377	15. 84848	12. 35775
41	2447069.	75. 51588	11. 76631	12. 71781
42	3210654.	77. 66349	8. 919837	13. 41667
43	3933928.	78. 46418	7. 060445	14. 47538
44	4515962.	78. 18851	5. 885864	15. 92563
45	4888746.	77. 00977	5. 212680	17. 77755
46	5051749.	75. 22292	4. 917675	19. 85941
47	5103512.	73. 70653	4. 818811	21. 47466
48	5229655.	74. 09182	4. 589203	21. 31898

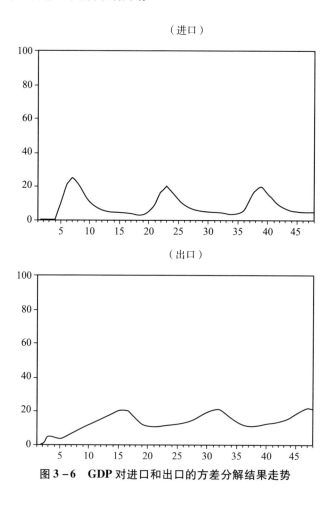

图 3-6　GDP 对进口和出口的方差分解结果走势

（4）实证结果分析。本书利用 Johansen 协整检验和向量自回归模型的脉冲响应和方差分解法，基于加工贸易进口额和加工贸易出口额两个指标分析制造业外包对制造业发展的作用。VAR 模型实证结果与本书通过数据说明对制造业外包对中国制造业发展作用的论证结果基本吻合。实证结果如下：

从 Johansen 协整检验分析可见，加工贸易出口对制造业发展贡献巨大，但加工贸易进口则无贡献，甚至对制造业发展出现阻碍作用。

脉冲响应分析可知，出口加工贸易在第四期开始对于制造业表现出正向反应，这说明承接制造业外包对中国制造业发展具有促进作用；进口加工贸易在第二期开始对制造业表现出负向效应，并且一直是负向效应，这说明制造业外包若通过进口零部件或原材料来发展并不能推动中国制造业发展。

方差分解可知，加工贸易进口（制造业外包过程中，对国外原料、标牌等的进口）对制造业发展的贡献并不稳定，而加工贸易出口（制造业外包企业完成产品生产加工后，对成品或半成品的出口）对制造业发展贡献呈稳步上升趋势，但上升幅度不大，可见加工贸易对制造业发展的贡献呈现较大波动。

基于以上分析，中国制造业外包对中国制造业发展具有促进作用，但来料加工和进料加工的制造业外包对于制造业发展作用较小，而半成品和制成品加工制造对制造业发展作用较大。故此，在发展制造业外包时，应努力缩减进口成分，增加本地采购的原材料和关键零部件含量，即减少加工贸易进口，扩大加工贸易出口。这里似乎存在一个悖论，即若没有进口成分的生产加工不能称为加工贸易。这正说明了中国制造业外包企业应提高加工贸易附加值，提高产品国内增值率。这需要中国制造业外包企业不断提升技术水平，提高企业生产能力，利用本国生产的全部或绝大部分零部件产品完成外包产品生产。同时，提升企业自身在全球价值链中的地位，创造更高的附加值。

3.5 中国制造业外包发展过程中存在的问题分析

随着中国制造业承接外包业务不断扩大，制约制造业外包发展的问题不断显现。这些问题主要体现在受到跨国公司牵制、制造业外包行业分布不均衡以及受到法律制约等方面，使中国制造业外包发展受到严重影响。

3.5.1 中国制造业外包中跨国公司占主导地位

1978年中国颁布《开展对外加工装配业务试行办法》，中国制造业承接外包业务开始发展。随后，中国颁布了《关于发展对外加工装配和中小型补偿贸易办法》以及实施了鼓励进料加工和来料加工的贸易政策，中国制造业承接外包业务开始迅速发展，制造业外包成为中国货物贸易出口的主力军。

随着改革开放步伐加快，外商来华投资数量不断增加，大部分跨国公司在中国主要从事生产、加工、制造等业务。跨国公司充分利用中国廉价资源（如劳动力），享受中国政府给予的一系列优惠政策，将价值链上附加值低的生产

加工环节转移至中国，不断降低生产成本并获得丰厚利润。跨国公司组装加工
成本低廉，完成母公司的加工生产业务后，还承接其他企业的外包业务。①
2008 年，跨国公司（主要包括中外合资、中外合作及外商独资企业）加工贸
易进出口额占中国加工贸易进出口总额的比例为 84.5%，2010 年为 83.9%，
2014 年为 75.57%，且平均比重高于 75%（具体如图 3-7 所示）。可见跨国
公司在中国制造业外包中处于主导地位。

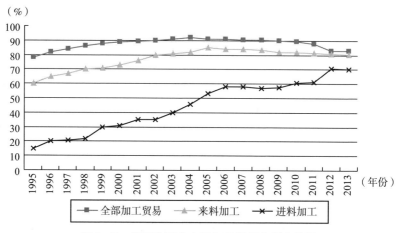

图 3-7　跨国公司在中国加工贸易中所占比重

资料来源：中华人民共和国海关总署官网。

通过跨国公司进出口额及占中国进出口额的比重分析跨国公司在中国进出
口贸易中的地位，结合图 3-11 进一步分析跨国公司在中国制造业外包中的地
位，具体结果如表 3-15 所示。表 3-15 反映了跨国公司进出口额分别在中国
进出口额中所占比重，较之跨国公司加工贸易进出口额在中国加工贸易进出口
总额中所占比重要低。但从整体水平分析，跨国公司在中国进出口贸易中占据
"半壁江山"，在中国制造业外包中发挥主导作用。结合图 3-11 和表 3-15 可
见，跨国公司在中国制造业外包中占据主导地位。虽然跨国公司在中国制造业
外包中占主导地位，但其仅将全球价值链低端环节转移至中国。

---

　　① 刘忠远：《FDI 对我国加工贸易影响的实证研究》，载于《山东理工大学学报》（社会科学版）
2009 年第 6 期。

表 3 - 15　　　　　　　跨国公司进出口额及占中国进出口额的比重　　　单位：百万美元，%

年份	外商投资企业进口额	中国进口总额	进口比重	外商投资企业出口额	中国出口总额	出口比重
2005	387500.00	659953.00	58.72	444200.00	761953.00	58.30
2006	472490.44	791460.87	59.70	563779.05	968978.00	58.18
2007	559793.04	956116.00	58.55	695370.77	1220456.00	56.98
2008	619428.48	1132567.00	54.69	790492.70	1430693.07	55.25
2009	545404.27	1005923.20	54.22	672074.09	1201611.81	55.93
2010	738386.42	1396224.01	52.88	862228.82	1577754.32	54.65
2011	864671.70	1743483.59	49.59	995227.04	1898381.46	52.43
2012	871500.12	1818405.00	47.93	1022620.08	2048714.42	49.92
2013	874590.48	1949989.47	44.85	1043724.10	2209004.00	47.25

资料来源：依据 2006 ~ 2014 年《中国统计年鉴》数据计算整理。

　　跨国公司在中国承接外包业务中占主导地位，抢占中国市场，使中国制造业外包企业在国际外包市场中竞争压力增加。一方面，跨国公司拥有先进技术，可利用中国资源优势，承接价值链上的高端环节，而中国制造业外包企业只能承接价值链低端环节；另一方面，跨国公司一般拥有国际知名度且具有资金实力，发包商愿意与其合作，而中国制造业外包企业一般知名度小且企业规模较小，业务能力不强，在跨国公司竞争下，承接附加值较高的外包业务难。另外，跨国公司一直以来都是制造业全球价值链的主要构成者，他们拥有产品生产的核心技术和主要业务，控制全球价值链的战略性环节。跨国公司将价值链上投入高且附加值低的环节发包给发展中国家。以笔记本电脑这种中国制造业外包的重要出口产品为例，目前，中国台湾所有主要的笔记本电脑厂商都在大陆地区投资从事加工、组装、生产，但是其主要的供应商当中却几乎没有大陆本土企业，重要的零部件，如电池、显示器、键盘、散热器、CPU、主板芯片组等，几乎都是由在中国大陆的台资企业或其他外商投资企业提供；而本土企业即使进入其供应链体系，所提供的也往往是最低端的产品，如包装箱、螺丝、塑料构件等。虽然承接价值链低端环节能给中国制造业外包企业参与全球价值链分工带来更多机遇，但也给中国制造业外包企业带来许多问题。

　　首先，价值增值空间小。由于中国制造业企业始终在全球价值链的低端徘徊，对于最终产品的定价没有决策权。同时，尽管中国的制造成本很低，但利润收入也不高。这样制造业企业在失去价值链两端高附加值环节的情况下，只能从事重复率高、技术含量低且增值空间小的生产加工环节，不利于企业培育长期的国际竞争力。

其次，技术创新难。中国制造业企业长期承接价值链低端的业务是由于中国制造业企业与一些跨国公司在技术、工艺等方面相比能力相对薄弱，不能进行自主研发，所以只能从事此项低附加值业务，这样中国制造业企业就慢慢地与研发失之交臂。同时，中国制造业企业在生产加工过程中，使用的大部分机器设备及技术都是从发达国家引进的，由于科技水平有限，中国制造业企业仅能在此基础上进行仿制，无法进行技术创新。

最后，无法控制市场。由于全球价值链的营销环节也是由发达国家的跨国公司所控制，虽然制造业企业生产产品，但在某种程度上却不能控制市场。长此以往，制造业企业就会失去品牌意识和营销理念，使得生产与市场营销、售后服务等不能协调发展。制造业企业便无法很好地观察市场的运营态势和市场变化，从而制造业企业就会失去对市场的控制权。

综上所述，由于跨国公司在全球价值链中占据主导地位，中国制造业外包若长期锁定于全球价值链的低端，这不仅不利于制造业外包企业提升自身企业的国际竞争力，也不利于企业提升其在产品市场的地位，更不利于技术创新。另外，外资在中国国内形成的生产网络大都具有"封闭型"特征，对国内配套产业即使是有带动作用，往往也是技术含量非常有限的低端产品。同时，国内许多地方政府在吸引外资时推出的所谓"产业链招商"的模式，进一步推动了这种封闭型网络的形成，减少了国内配套产业成长的机会和空间。

3.5.2 中国制造业外包法律环境不完善

外包法律环境指外包企业在承接国际外包过程中所依据的现有法律、法规及所营造的环境氛围。中国制造业外包发展过程中，与制造业外包相关的法律、法规不健全，同时外包企业法律意识淡薄。随着时代发展，中国制造业外包的发展与法律的制定存在时间差，无法满足现行制造业外包的需求。随着中国制造业外包的升级，相关的法律法规并没有做到及时制定出科学的、合理的法律法规，不能满足现行制造业外包的发展需求，这就可能出现严重的社会影响，严重扰乱市场秩序。知识产权相关法律法规不健全，严重影响了跨国公司将先进的技术、研发及设计中心向中国转移的计划等。

外包业务其实是发包方与接包方二者之间的契约，《中华人民共和国合同法》中未对发包方和接包间的外包进行规定。外包契约不同于一般货物买卖合同，也不同于普通委托—代理协议，因为外包不仅涉及双方利益所得，还涉及知识产权保护、环境保护以及隐性契约等。在国外，外包合同签署特别细致，涉及商标、包装、材料等各个方面，形成厚厚一本合同。但中国制造业外包企业只关注如何承揽更多外包业务，不关注合同细节，一般合同都草拟的非常简单。这使双方产生争议时，接包企业不能寻求有利的法律依据，最终导致无法可依、无据可查。

外包企业承接外包业务主要依据企业自身优势进行，国家或地方政策法规不能满足制造业接包企业的发展需要。例如，外包业务扩大致使技术贸易不断增加，但中国对于技术进出口进行管理的规定只有《技术进出口管理条例》，只是行政法规，法律效力较低，不能很好地保护制造业外包企业的技术贸易。

中国制造业外包企业对于《中华人民共和国商标法》《与贸易有关的知识产权协定》等法律规定意识淡薄或缺乏，对知识产权不能有效保护。制造业外包企业在接包过程中，对外商发包产品及品牌不能进行有效判断，沦为外商制假的帮凶；部分制造业外包企业不是为了承揽更多外包业务，而是为了享受国家给予外包企业的优惠政策，如出口退税，在外包行业中"滥竽充数"；外包企业缺少立法参与权，各级政府制定政策法规时主要从经济发展大局出发，较少考虑企业切实情况，产生立法与外包实际发展背离的现象。

3.5.3 中国制造业外包区域分布不均衡

中国制造业承接外包区域分布是指承接外包企业在中国地域范围内的分布。中华人民共和国商务部数据表明，2006 年，浙江、江苏、福建等东部沿海 10 省市完成中国加工贸易出口总额的 97.5%；仅 2014 年上半年，广东省 1 省加工贸易进出口总额达 2216.9 亿美元，占中国 2014 年全年加工贸易总额的 25%。可见，中国制造业外包主要集中于东部沿海地区，存在区域分布不均衡现象。

制造业外包区域分布不均衡主要体现在人口和产业在地理上出现集中现象。本书采用克鲁格曼（Krugman，1991）所使用的区位基尼系数 G 衡量一个产业的地理集中情况，G 越接近于 0，区域分布均衡度越高；G 越接近于 1，区域分布不均衡现象越严重。具体公式如式（3-8）所示。

$$G = \frac{1}{2}\sum_{k=1}^{k}|s_i^k - s^k| = \frac{1}{2}\sum_{k=1}^{k}\left|s_i^k - \sum_i s_i^k\right| \qquad (3-8)$$

其中，s_i^k 代表地区 k 在 i 产业国内就业率份额，s^k 代表地区 k 在国内生产行业的就业率份额。

如果产业 i 均匀分布在所有地区，即 $s_i^k = s^k$，则指数为零；如果产业集中在一个狭小的单独地区 k'，指数等于 $\frac{1}{2}\left(1 - s^{k'} + \sum\limits_{k \neq k'} s^k\right) \approx \frac{1}{2} \times 2 = 1$，其中 $s^{k'} = 0$，$\sum\limits_{k \neq k'} \approx 1$。

为进一步分析不同外包行业区域分布情况，依据表 1-2 中国制造业行业分类，参照国研网 2011 年对中国制造业分行业就业人口统计数据，依据式（3-8），得出 15 个行业的区位基尼系数如表 3-16 所示。

表 3-16　　　　　　　　　2011 年 15 个行业区位基尼系数

代码	区位基尼系数 G	代码	区位基尼系数 G
01	0.19693683	09	0.343375
02	0.2540135	10	0.176547656
03	0.3250537	11	0.1514465
04	0.221357	12	0.226353
05	0.1990367	13	0.26823335
06	0.412897	14	0.34669755
07	0.1893265	15	0.25330735
08	0.1844695	—	—

资料来源：国务院发展研究中心信息网。

从表 3-16 结果可见，中国制造业中石油加工、炼焦及核燃料加工业的区位基尼系数为 0.412897，金属冶炼及压延加工业区位基尼系数为 0.343375，相对较高，但这是由于自然资源禀赋差异较大造成；而其他 13 个行业的区位基尼系数也相对较高，如通信设备、计算机及其他电子设备制造业区位基尼系数达到了 0.3467，基尼系数 G 接近于 0 的行业没有。这说明中国制造业 15 个行业在中国各地区分布存在不均衡，势必带来中国制造业外包发展也存在区域分布不均衡现象。

另外，一方面由于西部地区的地理位置及贸易额等原因的限制，使得西部地区产品的运输成本较高。同时该地区的配套设施及加工链的不完善，造成制造业外包产业的原材料大部分需要从国外进口，运输的距离比较远等因素增加了企业的运营成本，阻碍了西部制造业外包产业的发展；另一方面由于在东部沿海地区制造业外包发展还有很大的空间，这就无形中增加了中西部地区的竞争压力。东部地区政府的观念阻碍了制造业外包产业梯度转移的工作开展，由于在转移的过程中，可能会造成产业的中空，即所谓的改革成本，进一步造成经济的下滑等因素阻碍了制造业外包的转移。这进一步导致了中国制造业外包发展区域分布不均衡现象的出现。

3.5.4　中国制造业承接外包行业结构不合理

行业结构指主营范围基本相似的企业群体数量及占行业总量的比例。行业结构学派指出，企业所在行业的盈利潜力决定企业未来业绩，行业结构成为决定企业业绩的主要因素之一。实践表明，中国外包行业结构对外包企业发展具有重要影响。中国制造业企业承接外包过程中，没有考虑本国制造业发展的行业结构，使中国制造业外包行业结构与之不匹配。制造业外包企业不能有效发挥本国制造业行业优势，影响中国制造业外包整体发展。

依据上文对中国制造业15个行业外包水平测度（如图3-1所示），可知木材加工及家具制造业，通信设备、计算机及其他电子设备制造业、纺织业、服装皮革羽绒及其制品业的外包水平相对较高。而1995~2013年中国制造业各行业工业增加值排在前五位的行业如表3-17所示，中国制造业中各行业外包水平与工业增加值并不完全匹配。以2009年为例，制造业外包水平最高的行业为木材加工及家具制造业，而交通运输设备制造业的外包水平却相对较低；但从工业增加值分析可见，交通运输设备制造业工业增加值最高，已经达14.9，这说明外包行业与制造业发展没有完全匹配，外包优势没有发挥。所以中国制造业外包企业承接外包过程中应考虑各行业发展结构特点以及其所带来的影响，使中国制造业外包发展行业结构更加合理。

表3-17　　　　　　　　　工业增加值排名前五位的行业

年份	1	2	3	4	5
1995	金属冶炼以及压延加工业（6.8）	化学工业（6.1）	石油加工、炼焦及核燃料加工业（6.1）	非金属矿物制品业（5.8）	纺织业（5.8）

续表

年份	1	2	3	4	5
2000	石油加工、炼焦及核燃料加工业（8.7）	通信设备、计算机及其他电子设备制造业（7.2）	化学工业（5.6）	交通运输设备制造业（5.2）	纺织业（5.0）
2003	通信设备、计算机及其他电子设备制造业（8.3）	交通运输设备制造业（6.9）	金属冶炼以及压延加工业（6.7）	化学工业（5.9）	石油加工、炼焦及核燃料加工业（5.7）
2006	通信设备、计算机及其他电子设备制造业（8.6）	金属冶炼以及压延加工业（7.2）	石油加工、炼焦及核燃料加工业（6.5）	化学工业（5.8）	交通运输设备制造业（5.3）
2009	交通运输设备制造业（7.7）	非金属矿物制品业（7.7）	化学工业（6.5）	电气、机械及器材制造业（5.9）	石油加工、炼焦及核燃料加工业（5.4）
2013	交通运输设备制造业（14.9）	化学工业（12.1）	非金属矿物制品业（11.5）	通信设备、计算机及其他电子设备制造业（11.3）	电气、机械及器材制造业（10.9）

资料来源：《中国可持续外贸发展战略》及国务院发展研究中心信息网数据整理。

3.5.5 制造业外包企业自主创新能力不足

根据《中国制造2025》规划报告可知，2013年衡量创新能力的两个指标（规模以上制造业研发经费内部支出占主营业务收入的比重、规模以上制造业每亿元主营业务收入有效发明件数）仅为0.88和0.36，这说明当前中国制造业创新能力不足。中国制造业外包企业自主创新能力不足主要表现在一方面外包企业自主创新意识淡薄及技术消化吸收能力不足，另一方面外包产业政策制约企业自主创新。这成为制约中国制造业外包企业自主创新的主要原因。

首先，制造业外包企业自主创新意识淡薄。中国制造业承接外包可追溯到20世纪70年代末，主要从事初级代工生产，外包企业不必具备先进的生产技术及管理理念就可从外包业务中获得利益，长期以来导致外包企业产生了"路径依赖"；中国制造业外包企业规模较小且资金有限，而自主创新需要大量研发投入，研发资金成为企业自主创新的又一瓶颈；同时，制造业外包企业认为自主创新给企业带来的利益增加并不明显，同时还要承担失败的风险，故企业选择保守做法，继续从事初级代工生产。其次，制造业外包企业技术消化吸收能力弱。跨国公司技术转移是中国制造业外包企业获得技术的主要源泉，发达国家的跨国公司也会将一些技术含量高或者增值空间大的生产加工环节转移到中国。但是中国制造业外包企业研发投入不足且人力资本缺乏，加之企业本身技术水平与跨国公司转移来的技术水平存在巨大差距，大部分外包企业在技术吸收和消化方面表现出能力不足使得自身的工艺流程和生产能力与这些环节不匹配，无法承接这些生产环节，严重影响了外包企业吸收新技术的能力，也影响了制造业外包的转型升级。

20 世纪 80 年代后，有关制造业外包的政策体系慢慢形成，同时，随着外包业务发展，中国制造业外包产业政策也不断调整，如监管力度加大、出台禁止性业务规定等。这些政策的出台和调整推进了中国制造业外包的转型升级和持续发展。但是中国制造业外包的产业政策主要针对中国制造业企业制定承接外包计划阶段，而对接包后企业技术创新发展以及对外包企业竞争优势的培育没有制定行之有效的产业政策。外包产业政策旨在鼓励外包业务量扩大而没有注重自主创新，容易造成外包恶性循环。产业政策中没有对附加值低的外包业务与附加值高的外包业务区别对待，使部分外包企业在承接外包业务时存在盲目性，仅着眼于眼前利益而无暇顾及自主研发，从而造成恶性循环；各级政府对制造业外包的监管主要处于宏观调控监管阶段，没有制定具体政策与法律法规去鼓励、培养企业自身监管理念，使一些外包企业法律意识淡薄，违规操作频发，仿制产品遍地，没有形成促进外包与创新协同发展的监管体系；各级政府产业政策倾向于本土制造业自主创新和发展，容易造成对制造业外包管理成本高昂，导致外包市场混乱等现象普遍存在，最终带来制造业外包不能形成自主创新的产业联动体系。所以，外包产业政策不健全致使很多制造业外包企业技术更新速度慢、配套产业发展不健全，也成为制约制造业外包自主创新的主要因素之一，进而影响中国制造业外包升级。

3.5.6　外包企业长期被锁定于全球价值链"低端"

从中国制造业外包企业在价值链上所处位置分析，中国制造业外包企业长期处于价值链低端；发达国家制造业企业仍是全球价值链的控制者，他们控制着全球价值链的战略环节（战略环节可为与产品直接相关的环节，亦可为服务增值活动环节），支配全球价值链体系，并对价值链各个环节进行战略管理。大部分中国制造业外包企业主要以进口中间品或者是外资配套企业在国内所生产的产品作为投入，生产过程本地含量相对较低，这使制造业外包企业受制于跨国公司，只能从事低附加值环节的外包业务，向全球价值链的两端迁移十分困难，只能长期被锁定于全球价值链低端。

为进一步说明制造业外包企业各行业在全球价值链中位置，分析中国制造业外包15个行业（参见表1-2）在全球价值链体系中的地位，分析结果参见表3-18。从表3-18中可以看出，无论是食品加工、纺织业、服装皮革羽绒制品、还是专用设备制造、通信设备、计算机及其他电子设备制造等行业，大部分行业的价值链战略环节由发达国家和地区所掌握，中国制造业企业虽已参与到全球价值链体系中去，但仍处于简单加工装配阶段。

表 3-18　　　　　　　中国制造业外包企业在全球价值链中的位置

行业代码	战略环节	战略环节控制者	控制者所属国家或地区	中国企业所占环节
01	研发、品牌创造、营销	百事、百胜等	美国	一般食品加工
02	面料和时装研发设计、品牌创造、营销	Zara、皮尔卡丹、阿迪达斯等	法国、意大利、美国、中国香港等	低档产品、来料加工、贴牌生产
03	面料和时装研发设计、品牌创造、营销	Zara、皮尔卡丹、阿迪达斯等	法国、意大利、美国、中国香港等	低档产品、来料加工、贴牌生产
04	设计、工艺、营销	米兰、宜家	欧盟	低档产品
05	工艺、品牌	汇川、卡西欧	欧盟、美国	一般低端产品大规模生产
06	开采、冶炼	壳牌、美孚、BP 等	欧盟、美国	一般开采、初级冶炼
07	精细化工	拜尔、杜邦等	美国、日本	加单合成
08	提炼、精加工	Omya 集团、BASFAG 化学公司	美国、德国、日本、中国	低端提取
09	冶炼、压延工艺	镁铝、新日本制铁等	美国、日本	低端冶炼
10	研发、设计	五矿集团、中铝	中国、日本、德国	大规模生产
11	研发、总装	波音、空客、三菱等	美国、欧盟、日本	少量零配件

行业代码	战略环节	战略环节控制者	控制者所属国家或地区	中国企业所占环节
12	研发、模具、成套装备制造	通用、大众、本田、丰田等	美国、德国、日本等	通用零配件、整车组装
13	IC 设计、前沿技术研发和生产、IP 供应	通用电气、西门子等	美国、欧盟、日本	低端制造和封装测试
14	研发、CPU 制造、软件设计、核心元件	Intel、惠普、微软戴尔等	美国、日本、中国台湾等	一般元件制造、成品组装、中低档产品
15	研发、核心元件	西门子、惠普、富士等	德国、韩国、日本等	一般元件、成品组装等

资料来源：借鉴龚三乐：《产业升级、全球价值链地位与企业竞争力》，载于《北方经济》2006 年第 8 期整理分析。

中国制造业外包企业缺乏产品生产制造的研发能力，无法掌控核心技术，使一些行业不能将自身业务打造成全球价值链的战略环节，只能嵌入发达国家企业主导的全球价值链低端，从事辅助价值环节生产。以纺织业、服装皮革羽绒制品业为例，中国制造业外包企业优势主要来自中国廉价劳动力，进行低档产品生产、来料加工、贴牌生产等，而对于面料和时装研发设计、服装品牌创造及营销等主要战略性环节则主要掌握在像 Zara、阿迪达斯等这些发达国家企业手中。中国制造业外包企业在全球价值链上处于从属、被支配地位。

中国制造业外包企业在全球价值链上处于从属地位，主要在于没有掌控全球价值链体系中的战略环节，从表 3 - 18 分析可以看出，中国制造业企业大部分都处于"微笑曲线"的中间部分，即全球价值链"低端"。

3.5.7 外包企业在全球价值链中扮演"配角"

基于表 3 - 18 对于中国制造业外包 15 个行业在全球价值链中的位置分析，得知中国制造业国家价值链尚未转化为全球价值链。能在全球组建以自身为核心的全球价值链的中国制造业企业还寥寥无几，中国制造业被迫接受"出口生产业务"，受到外国企业支配，严重影响中国制造业的国际竞争力。尽管中国制造业在政府领导和支持下有几十年的发展基础，但大部分产品生产的战略性环节仍由发达国家企业所掌控，中国制造业企业只能被迫接受外包业务，为发达国家跨国公司"打工"，在全球价值链低端徘徊。

以开拓中国本土市场为导向的外商直接投资不同，制造业外包领域的外商投资企业呈现典型的"两头在外"的特征，业务类型基本上是利用中国相对廉价的劳动力和其他生产要素、加工组装成品为海外客户服务，扮演着"制造车间"的角色，在研发、设计、营销与品牌拓展等方面对中国的嵌入性不足、根植性差，除了在生产工艺上的技术革新和改善之外，通常缺乏进行技术创新和营销能力培育及提升的意愿，几乎不可能按学术界和政府的设想，走上"简单的组装→复杂的组装→零部件制造→零部件研发→最终产品研发→自有品牌产品的研发、设计、生产"的转型升级之路。另外，当中国的政策、法律、汇率、劳动力成本等环境因素出现不利于劳动密集或资源密集型加工贸易的变化，或者国际市场出现大的动荡时，外资企业更有可能在利益目标的驱动下向其他国家转移，甚至直接撤资、弃厂，从而增加了加工贸易发展的波动性和风险性，为我国的经济和社会稳定带来隐患。

企业通过向价值链的"前端"和"后端"延伸，是企业追求利润的必然选择。不仅可以提高企业创造的附加值，还可以使其在价值链中扮演的角色发生改变。随着国际竞争加剧，更多外包企业向价值链"两端"延伸，改变企业在价值链中扮演的角色。然而，发达国家和地区的跨国公司拥有先进技术和前沿的营销理念、管理意识，使其主动向价值链"两端"延伸，在延伸过程中扮演着"主角"。中国制造业外包企业由于自身发展滞后，在制造业外包中主要从事基础组装和简单加工业务，仍然保持"大出大进"特点，无法对上下游产业产生联动作用。中国制造业外包企业在价值链中只是"配角"，因为在中国国内，中国制造业外包主要通过承接发达国家的加工配套生产等方式嵌入全球价值链，而附加值高的研发和营销环节掌握在发达国家的跨国公司手中，使得中国制造业企业对跨国公司具有较强的依赖度，这会抑制中国制造业外包的优化和升级，进而使制造业外包业务始终处于低附加值环节。跨国公司进行业务外包是中国制造业嵌入全球价值链体系的主要途径，而跨国公司业务外移主要是因为中国存在廉价的原材料和劳动力资源，若这些优势失去，跨国公司就会改变投资方向，造成中国制造业外包企业面临没有外包来源的难题。"主角"离开，"配角"存在的意义丧失，中国制造业外包企业会被拒之于跨国公司主导的全球价值链分工体系之外。

3.5.8 制造业外包企业竞争力不足

虽然中国具有世界工厂的美誉，但是中国产品的质量问题却备受怀疑。中国商品标签的代名词往往是低廉、低质。虽然这种认为具有一定的偏见性，但不可否认的是，中国产品的质量稳定性较差。生产设备及生产技术的落后，企业缺乏专业的生产人才，严重降低了企业产品的质量，严重地阻碍了中国制造业外包的发展。由于在研发上需要投入的资金较多，需要引进高端的人才，产品研发的周期较长，短期可能收获不到利益，故国内的企业在产品研发方面不愿意投入过多的资金及精力，没有考虑企业的长远收益。一般企业往往通过引进外来的技术来发展自身的企业，没有创建自有的品牌。同时，由于高端人才的缺乏，使得企业在产品研发及创新上往往心有余而力不足。

中国与发达国家相比人力资本欠缺，这是中国在全球价值链上升级变得困难的主要原因之一。图3-8通过对中国制造业就业人口总数占中国就业人口总数来反映中国从事制造业的人口情况。

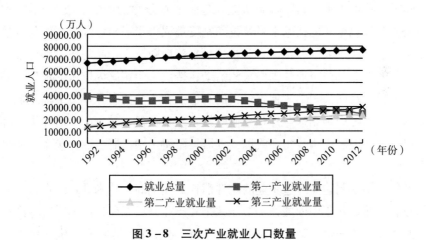

图3-8 三次产业就业人口数量

资料来源：国家统计局网站。

从图3-9中可见，在中国从事制造业的人口所占全国就业人口的比重并不高，这意味着在中国从事制造业外包的人口数量在中国并不多，同时在制造业中受教育人口的比例也需要进一步提高，以2011年为例，在制造业中接受过大学教育的人口数量不足总从业人数的一半，这说明在中国制造业中人力资本仍然欠缺。

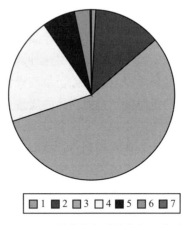

图 3 – 9　制造业中受教育人口比重

注：1 为未上学；2 为小学；3 为初中；4 为高中；5 为大学专科；6 为大学本科；7 为研究生。
资料来源：国务院发展研究中心信息网。

　　同时，技术水平也是影响制造业外包企业竞争力的关键。改革开放以来，中国制造业外包企业的技术水平及技术密度都取得了一定的成就，但与发达国家相比，还存在很大的差距。企业技术水平落后限制了产品的质量和标准，严重阻碍了制造业外包企业的国内采购活动，造成了中国国内资源的浪费。同时由于虚拟化的跨国公司为了追求最大的利益，在生产的各个环节上都降低了生产成本，但由于中国制造业外包企业的技术水平较低，在生产中增加了各环节的生产成本，限制跨国公司在我国的发展，阻碍了中国制造业外包企业的进一步发展。

　　另外，中国制造业外包企业的能源消耗依然偏高，技术升级起点低，竞争力不强。虽然近几年中国加强了节能减排和产业升级工作，但加工贸易产业单位能源消耗依然偏高。2010 ~ 2013 年，中国制造业、纺织业、化学化工制造业能源消耗总量呈现小幅增加态势，制造业单位能源消耗总量分别为 180595.97 万吨标准煤、189414.85 万吨标准煤、200403.37 万吨标准煤和 205667.69 万吨标准煤；纺织业单位能源消耗总量分别为 6251.01 万吨标准煤、6204.53 万吨标准煤、6269.05 万吨标准煤和 6357.01 万吨标准煤；化学化工制造业单位能源消耗总量分别为 28946.07 万吨标准煤、31353.93 万吨标准煤、34713.14 万吨标准煤和 36995.54 万吨标准煤。制造业外包产业升级中的技术起点偏低，缺少竞争力。如手机产业中，国外芯片占 80% 以上，中国每年向外国相关企业支付的费用达 200 多亿美元，中国核心生产技术匮乏，难以形成较强的竞争力。[①]

[①] 尤利平：《中国加工贸易出口面临的发展问题与升级途径》，载于《价格月刊》2015 年第 2 期。

第 4 章

全球价值链下影响中国制造业
外包升级的因素分析

　　全球价值链的瀑布效应所产生的在各个层次的产业集约给正在步入全球化竞争的中国企业和政策制定者们提出了全面挑战。在这样的背景下中国制造业升级是必然的，不进则退。但升级过程并不是孤立进行的，而是一个系统工程，系统之间的关系或联系的强度能够使大系统相对于其目标或特征而具有整体性。本书认为，我国制造业外包升级是企业内生因素和外生因素共同作用的结果，各要素之间的互相依存与强化更是升级的动力来源。企业自身内在影响因素是企业承接外包过程体现竞争优势的关键；外部因素对制造业外包升级方向及外包环境产生重要影响，进而影响制造业外包企业在全球价值链上的位置及价值增值，如图 4 - 1 所示。

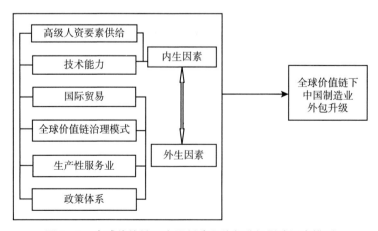

图 4 - 1　全球价值链下中国制造业外包升级影响因素模型

4.1　影响中国制造业外包升级的内在因素

影响制造业外包升级的内在因素主要是指制造业企业在外包升级过程中的企业自身因素对于承接外包发展的影响。

4.1.1　人力资本因素

罗默（Romer，1986）指出，人力资本是影响经济增长的主要因素；卢卡斯（Lucas，1988）在探讨内生增长机制时指出，发展中国家人力资本短缺不利于外资利用；① 伯仁茨特恩（Borensztein，1998）指出，发展中国家人力资本存量只有达到一定值，才能有效吸收 FDI 的外溢技术。国内学者沈坤荣（2002）、代谦（2006）、周春应（2007）也对人力资本对经济增长、FDI 的作用进行了分析。张莉和鲍晓华（2013）在探讨影响制造业外包因素时，将人力资本因素作为其他行业因素，仅进行了简单论述。② 可见，人力资本与各种经济指标之间呈正相关关系，即人力资本积累会促进制造业外包升级。

第一，人力资本会影响制造业外包结构调整。制造业外包结构可以分解为外包资源配置结构、外包企业生产组织结构以及其产出结构，这三个阶段相辅相成。若制造业外包结构不合理，主要表现为外包资源配置不合理、生产效率低以及市场供需不均衡。中国制造业企业承接外包时，生产效率低下且产品附加值低，这主要是因为中国人力资本不足，严重影响外包业务达成以及达成后外包业务的顺利实施，如图 4-1 所示。

第二，人力资本影响制造业外包企业技术升级。技术影响企业生产效率，而生产效率又是外国企业选择接包方的关键因素。人力资本对企业完成技术升级、提高生产效率至关重要，即要完成技术升级必先进行人力资本升级。人力资本的积累反映了劳动者素质的提高。劳动者素质越高越可能从事复杂技术产品的生产或者从事复杂技术生产环节的生产，产品技术含量可能越高。人力资本越高，技术吸收与转化能力越强，越有利于外商直接投资发挥技术溢出效应。

---

① David Romer 著，王根培译：《高级宏观经济学（第三版）》，上海财经大学出版社 2009 年版。

② 张莉、鲍晓华：《中国制造外包影响因素的实证分析》，载于《科研管理》2013 年第 8 期。

第三，人力资本影响制造业外包业务的完成。外包业务可否顺利完成主要取决于外包业务风险的可预测性、可控性以及后果损失的缩小。外包风险指在外包业务实施过程前、实施过程中以及实施后可能遇到的风险。在外包业务实施前，首先制造业企业要对所承接的外包业务进行风险评估，评估承接外包业务的利益所得、成本大小及潜在风险，这需要专业技术人员来完成；而在外包业务实施过程中，对于外包业务的监督、管理是决定外包成败的关键，只有专业人员才能够对外包业务进行有效监督管理；外包业务完成后，效果评估对于企业今后外包业务的发展作用重大。所以，人力资本是影响制造业企业外包升级的重要因素。

第四，人力资本影响制造业外包集群化发展。制造业外包集群被视为外包企业之间相互配合、相互作用的重要系统。人力资本成为制造业外包集群化发展的主要催化剂。外包企业集群化发展过程中，企业通过人力资本积累来增加企业集群的外包能力。同时，在产业集群化发展的过程中，产业信息化发展成为不可缺少的因素，而产业信息化则需要有掌握高科技的人力资本来完成，如图 4 - 2 所示。

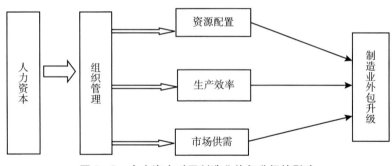

图 4 - 2　人力资本对于制造业外包升级的影响

4.1.2　成本因素——基于生产工序选择

制造业外包成本由生产成本、合同达成成本以及机会主义成本几个方面构成，其对制造业外包产生深远影响，而这些可以归结为工序的选择问题。首先，生产成本是企业决定是否继续进行某一阶段生产工序的关键因素，若生产成本大到一定程度使企业失去核心竞争力，那么企业就会放弃该阶段生产工序的生产，企业也就失去了外包优势；当企业存在内部化优势，与其他同行业相比具有生产该工序的核心竞争力，就会考虑承接外包业务。而在制造业外包的生产成本中劳动力成本则是主要因素，因为劳动力成本上升可能迫使一些企业放弃劳动密集型产品的生产逐渐转向附加值更高的资本技术密集型产品的生产，有利于提高制造业外包的增值率。劳动力成本上升也可能使加工贸易转移到劳动力成本更低的地区，制造业外包的增值率并没有提高；对于外包业务达成的合同成本也是企业是否可以成功承接外包的决定因素之一，因为高昂的合同成本会使企业丧失原有外包优势，从而企业会放弃承接外包活动；机会主义成本是企业承担风险时所必须进行的有价支付，制造业企业在实施外包合同中会遇到很多潜在风险，企业承担风险能力也会影响外包升级。

制造业企业本身生产作业成本是制造业外包成本的主要构成部分，是影响制造业外包升级的关键。对于制造业企业外包生产成本的探讨，本书借鉴杨立强（2006）的研究思路。制造业外包生产环节可分成若干个工序，由于生产具有连续性，故采用最低工序成本曲线来解释生产成本对于外包企业升级的影响。[①]

假定某产品生产主要由 n 道工序完成，每一道工序存在差异；各个工序完成需要的成本由于受使用的生产要素影响，也存在差异。所以，完成各自工序所需要花费的成本也必然不同。因此，假定每道工序所需成本为 C_i，且 $C_i \neq C_j$，其中 i 不等于 j。这样，将生产产品所需成本由低到高依次排序，C_1，C_2，…，C_n，若 $i < j$，则 $C_i < C_j$。另外，从要素角度分析，成本越低的工序，所需劳动要素越多，而创造的附加值则相对较低；而成本越高的工序，所需资本要素越多，其创造的附加值则相对较高。这样生产单位产品的成本函数可写成：

$$C = C(L, K) \tag{4-1}$$

其中，L 为劳动投入，K 为资本投入。由此可知，该函数为连续递增函数，故对于每一道工序的生产成本可以进行计算：

$$C_i = \int_i^{i+1} \int C(L, K) \, \mathrm{d}(L, K) \tag{4-2}$$

由式（4-2）可得出对应的成本曲线如图4-3所示。

---

① 杨立强：《中国制造业产业成长中的外包因素研究——兼论中国企业融入全球分工体系》，对外经济贸易大学博士论文，2006年。

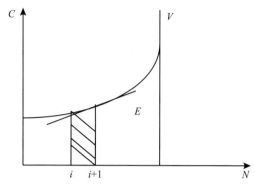

图 4 – 3　最低工序成本曲线

从图 4 - 3 可见，制造业企业承接产品生产过程中选择哪一段工序，不仅取决于各阶段对于附加值的创造，还取决于本身资源供给情况所带来的生产成本预算。

假设在制造业外包过程中产品生产是一个连续过程，将价值链的研发、生产加工以及组装等环节依据使用技术的密集度进行重新由高到低排列，并假设各个环节为 z, $z \in [0, 1]$，且各个环节可以分割到不同国家。用 $x(z)$ 表示在环节 z 所得到的产出，用 $t(z)$、$l(z)$ 分别表示各环节单位产出所需要的技术劳动和简单劳动。假设各国在各环节的生产技术水平相同，即具有相同生产函数：

$$x(z) = u^{\varphi_1} h^{\varphi_2} \left[\min\left(\frac{L(z)}{l(z)}, \frac{T(z)}{t(z)}\right) \right]^{\theta} K^{1-\theta} \qquad (4-3)$$

其中，u^{φ_1} 为技术水平，h^{φ_2} 为产业规模。

发达国家为技术丰裕型国家，假设 $\min\left(\dfrac{L(z)}{l(z)}, \dfrac{T(z)}{t(z)}\right) = \dfrac{L(z)}{l(z)}$，故有，

$$x(z) = u^{\varphi_1} h^{\varphi_2} L(z)^{\theta} K^{1-\theta} / l(z)^{\theta} \qquad (4-4)$$

各个生产工序的成本函数可以表示为：

$$C = w \times z \times L(z) + q \times L(z) + rK \qquad (4-5)$$

假设产品 z 的价格为 P，则进行工序 z 生产可获得的利润为：

$$\pi = P \times u^{\varphi_1} h^{\varphi_2} L(z)^{\theta} K^{1-\theta} - \left[w \times z \times L(z) + q \times L(z) + rK \right] \qquad (4-6)$$

对于一国某工序利润最大化的点为一阶导数：

$$\frac{\partial \pi}{\partial K} = (1-\theta) P u^{\varphi_1} h^{\varphi_2} L^{\theta} K^{-\theta} - r = 0;$$

$$\frac{\partial \pi}{\partial L} = \theta P u^{\varphi_1} h^{\varphi_2} L^{\theta-1} K^{1-\theta} - zw - q = 0;$$

$$\frac{\partial \pi}{\partial z} = P \times u^{\varphi_1} h^{\varphi_2} \theta L(z)^{\theta-1} \frac{\partial L(z)}{\partial z} \times K^{1-\theta} - wz \frac{\partial L(z)}{\partial z} - q \frac{\partial L(z)}{\partial z} = 0 ;$$

可得：$K = \frac{(1-\theta)L(zw+q)}{\theta r}$ 或 $L = \frac{\theta rK}{(1-\theta)(zw+q)}$;

代入成本函数可得：

$$C = w \times z \times \frac{\theta rK}{(1-\theta)(zw+q)} + q \times \frac{\theta rK}{(1-\theta)(zw+q)} + rK \quad (4-7)$$

由此可见，制造业外包过程中的成本受到所选择的工序以及本国在劳动、资本等方面所具有的优势共同决定，但是生产工序的选择非常重要。反之，从式（4-7）中也可以看到，成本是影响企业选择何种工序的关键，而工序则正是企业在价值链上进行的生产环节，所以企业进行外包过程中必定会努力实现其生产成本最低，以提高其利润。

4.1.3　技术水平因素

在制造业外包过程中，业通过对技术先进公司的新技术、新产品、生产流程以及管理经验的模仿和学习而提高自身的技术创新能力。刘绍坚（2008）认为跨国软件企业进入发展中国家的软件产业中设立分支机构，或进行技术研发，或开拓国内软件市场，其先进的研发理念、管理经验和现代的商业模式在为企业创造较好获利能力的同时，在竞争与合作中通过技术示范、管理示范对本土软件企业产生明显的示范效应。

张杰、张少军和刘志彪（2009）构建了一个纳入发达国家创新活动的外包模型来研究发达国家对发展中国家的外包转移，对发达国家和发展中国家之间的工资不平等以及作为发包方的发达国家企业创新活动的影响。其模型表明，作为代工方的发展中国家企业之间的模仿程度越大，越能激励作为发包方的发达国家企业的创新活动，越能激励发达国家对发展中国家的制造业外包转移。这说明技术水平对于发展中国家发展制造业外包是至关重要的，其主要原因源于以下几个方面。

技术水平不仅决定制造业外包的生产效率，还反映制造业外包参与全球价值链分工的程度，并决定其在全球价值链上的位置。首先，制造业外包企业技术水平决定了其在国际分工中的地位，企业技术水平提高会使企业在全球价值链上从事技术含量高且附加值高的产品生产，制造业外包企业承接生产工序也会发生变化；其次，技术水平对于企业在全球价值链上的位置影响主要体现在研发设计环节，若企业仅仅承接生产而在研发环节没有优势，就会影响制造业外包企业在国际市场上的竞争力，特别是以定牌生产、中性包装产品生产为主的外包企业，从长期来看技术水平会影响企业外包业务的承接；最后，技术水平是企业生产效率提高的关键因素，只有不断提高生产效率，才能使制造业外包企业在国际外包市场中更具优势。

制造业企业在承接外包过程中努力依照发达国家先进技术水平进行生产加工，若制造业外包企业自身技术水平相对落后，外包企业生产的产品很难达到国际标准；若制造业外包企业技术水平落后，大部分外包投入品仅能通过进口中间品或购买外资配套企业在本国所生产的产品，造成制造业外包企业受到外资企业严重牵制，从而制造业外包企业增值空间缩小且向全球价值链两端攀升困难；同时，发达国家跨国公司将一些技术含量高或者增值空间大的生产加工环节进行转让时，由于制造业外包企业技术水平有限，使自身工艺流程和生产能力与受让环节不匹配，并且对于这些生产环节的吸收消化能力不足，导致技术创新难上加难，严重影响了制造业外包转型升级。

4.1.4 企业规模因素

企业规模对于企业发展产生的影响一直以来存在两种不同观点。张杰（2007）认为，企业规模不断扩大对其生产工艺创新补偿优势以及产业集群式发展产生主导作用，对于产业升级作用巨大；[1] 而阿格拉沃尔（Agrawal，1992）则认为，企业规模持续扩张，使企业内部在产品创新、管理以及决策等方面产生滞后效应，在某些情况下不能正确作出判断，会使企业面临更大危机。本书将企业规模划分为纵向规模和横向规模分析企业规模对制造业企业外包升级产生的影响。

首先，纵向规模，即企业内部生产环节或生产工序的数量。根据科斯的观点，企业是否将某一环节继续保留在企业内部主要取决于企业的交易费用。通过反向思考，若交易成本相对较低，那么企业进行外部交易的可能性会增加；[2] 同时，若外包企业纵向包含的生产环节较多，外包发生的可能性以及外包机会将大幅增加。依据张五常的观点，企业是否选择外包，主要源于发包企

---

① 张杰、刘志彪：《套利行为、技术溢出介质与我国地方产业集群的升级困境与突破》，载于《当代经济科学》2007 年第 3 期。

② Coase, R., "The Problem of social cost", *Journal of Law and Economics*, 1960 (3): 1 - 44.

业对于要素市场与使用投入品市场之间进行的选择。若投入品市场交易费用较高，即使制造业外包企业纵向规模较大，外包发生的概率也不会增加，因为大部分发包企业会选择自己生产而不是外包。① 所以，纵向规模扩大是促进制造业外包企业升级的重要因素。

其次，横向规模，即企业重复生产某种产品的数量。制造业外包企业横向生产规模主要通过企业专有生产工具进行大规模生产来实现。制造业外包企业横向规模扩大可以降低企业生产成本、增强企业接包能力。随着制造业外包企业横向规模扩大，企业生产产品的专业化程度不断提高会产生生产工序排他性效果，增强企业在国际外包市场中的竞争力，促进制造业外包在全球价值链体系内的升级。

4.2　影响中国制造业外包升级的外部因素

中国制造业外包升级的外部影响因素是中国制造业外包升级过程中除企业内在影响因素外的其他因素总和。外部因素对于制造业外包技术的影响具有催化、调控、引导等效果。

4.2.1　全球价值链演变对中国制造业外包升级的影响

人们最初认为全球价值链上南北国家之间的联系并不紧密，但这一想法已被实践证实并不全面。事实上，全球价值链为发展中国家提供了以低成本融入世界经济的机遇，使得发展中国家融入全球生产的步伐不断加快，中国也正是通过全球价值链深入参与国际分工体系。全球价值链在动态演变中不断将不同国家的制造业纳入全球价值链分工体系中，对不同国家的制造业外包产生深远影响。中国制造业外包一方面根植于国家价值链；另一方面则嵌入全球价值链体系中去，使制造业外包发展受到全球价值链演变影响。由于中国制造业企业处于全球价值链体系中一个环节，其一方面会受到上游产业推动，若其发展跟不上全球价值链演变步伐，就会被淘汰到全球价值链体系之外；另一方面，还会受到下游产业拉动，若其生产产品不能满足消费、营销需求，则无法承揽更

---

① 张五常：《经济解释：张五常经济论文选》，商务印书馆 2001 年版。

多外包业务。

4.2.1.1 全球价值链演变特征

全球价值链演变使中国制造业外包升级既受到价值链链内变化的影响，也会受到不同价值链之间交叉组合的影响。

（1）全球价值链链内出现分割。随着工业化进程不断加快，国际分工由原来产业间分工不断向产业内分工再向产品内分工转变，使得不同国家制造业企业会将某一产品的生产进行分解，形成以价值活动为核心的产品内部分工格局。这意味着以往一个制造业企业内部价值链在原有基础上完整不可分割，而今却是企业将创造价值的过程分解为一系列、若干不同但又相互紧密联系的经济行为，这些经济行为分布于价值链的不同阶段，是价值链的不同环节。不同国家制造业企业在价值链上从事一项或者几项增值活动，打破了传统意义上的体现极为完整的"全链条"式的价值链条，这也就形成了所谓的全球价值链。全球价值链链内分割导致各个价值环节在全球空间上呈现离散分布的产品内国际分工格局，如表4-1所示。

表 4-1 全球价值链的链内分割及组成

名称	地理范围	学术上相似的其他称谓
全球价值链 跨国价值链	全球范围，至少两个大洲之间多国之间，至少两个国家之间	全球价值链、全球生产网络等 跨国生产网络、跨国营销网络等国家生产系统
国内价值链 地方价值链	一国 国内某一地区（如城市、市郊等）	国际生产系统 产业区、地方产业集群和区域经济等

全球价值链之所以可以分割，原因在于科学技术发展使得标准化作业成为当今大部分产品的主要特征，各地区劳动力成本又存在较大差异。例如，自20世纪计算机时代的到来，很多电子产品均采用了标准化与系列化相结合的生产模式，很多生产工序都可以通过机械自动化流水线来完成，这样不仅可以提高生产效率，而且可以顺利地嵌入全球价值链分工体系中去。另外，随着消费需求增长，人们对产品需求变得多种多样，为满足不同消费群体需求，制造业企业在追求效率和质量的同时开始注意到个性化、独特性产品的市场竞争力在不断增强。企业需要将其核心竞争力集中到企业独特技术层面，不能很好顾全价值链上的所有增值活动。很多企业开始借助信息化和网络化形成的多元化

市场来满足不同消费群体的消费需求。企业也不再追求完整价值链的全部生产工序完成某一产品的生产，而是根据企业自身核心竞争力和所掌握的战略性资源开展价值链上某个环节或阶段的生产制造。如此一来，一国某一产业的竞争力不再是以最终产品作为定夺标准，也不会以某一产业的竞争优势而体现，而是通过在全球价值链中该国产业是否掌控战略性环节来决定。

对于价值链分割程度可以通过生产非一体化指标体现，生产非一体化的测量一般可以使用垂直一体化增值法（VAS）和投入产出表法（I-O）两种方法。由于生产非一体化会在全球价值链上体现为垂直专业化贸易，所以本书采用 VAS 方法计算生产非一体化的水平。

$$VDI = \frac{M}{Y} = 1 - \frac{VA}{Y} \qquad (4-8)$$

其中，M 为进口中间投入品，Y 为产出，VA 为价值增值。VDI 指数越高说明全球价值链的分割程度越高。

以表4-2所示的中国制造业非一体化指数为例，可见制造业生产工序进行分割的可能性越来越高，自 2003 年中国制造业生产非一体化指数已经超过了 0.6，到 2006 年已经达 0.7116，且整体呈不断上涨趋势，这说明由生产分割带来的价值链分割是必然现象。

表4-2　　　　　　　　　　制造业非一体化指数　　　　　　　单位：亿元

年份	工业增加值	工业产值	非一体化指数
2003	54805.8	142271	0.6138
2004	65044.2	187221	0.6517
2005	77034.4	251620	0.6931
2006	91078.8	316589	0.7116
2007	110253.9	405177.1	0.7272
2008	129929.1	507285	0.7432
2009	135849	548311	0.7534
2010	162376.4	698591	0.7700
2011	191570.8	846189.2	0.7772
2012	204539.5	915015	0.7817
2013	217263.9	931781.4	0.7739

资料来源：国家统计局网站。

　　制造业企业依据专业化分工模式将全球价值链进行分解，传统价值链可分解为研发设计、生产加工、营销以及运营管理四个环节，但演变后的价值链的环节明显增加。从传统价值链四个环节为依托进行分析，四个环节可以分为两大类，即以实体为基础的生产加工环节和以知识、技术为主的研发设计、营销和运营管理环节。从价值增值角度分析，这四个环节中以实体为基础的生产加工的增值空间最小，其他三个环节增值空间相对较大，且投资的实体资源相对较少。随着价值链演变，各个环节创造的附加价值会发生变化，同时环节变多。图4-4为日本马达生产价值链演变过程，可见，分割后的价值链的各个环节所进行的生产更加专业，价值链由四个环节变为七个环节分布于不同地区，

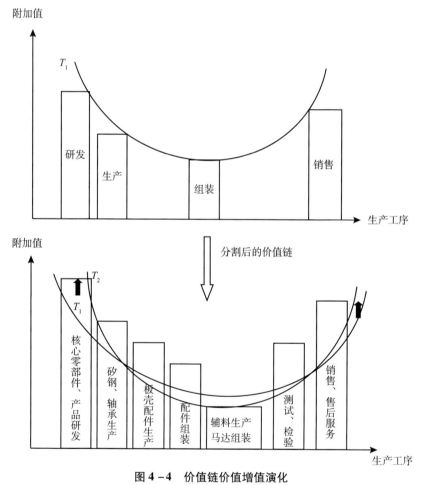

图4-4　价值链价值增值演化

注：T_1 为传统价值链的走势情况；T_2 为当前价值链的走势情况。

且各个环节创造的附加价值与传统价值相比出现变化，即以实体为基础的生产加工环节创造的附加价值减少，以知识、技术为基础的研发设计或者营销、管理等环节创造的附加价值增加。所以，大部分跨国公司中的"领头羊"开始慢慢将以实体为基础的生产加工环节进行进一步分割细化，并将各个环节重新分布于不同国家和地区，而跨国公司则仅专注于该企业产品增值空间最大的以知识、技术为基础的研发设计或营销、管理等环节。这意味着跨国公司仅保留价值链上的一个或几个环节，其他部分经过分割转移给发展中国家的外包企业。

（2）全球价值链重新整合趋势增强。传统价值链一般由企业通过内部要素管理和配置得以完成（如图 4-5 所示）。随着全球价值链分割，企业将其非战略性环节进行剥离并实行外包，使得每个企业都在发挥核心竞争力基础上进行生产制造且仅进行产品某个阶段的生产。为了完成某种产品生产制造，又需要其他企业与其在价值链上进行分工协作，从而形成了相互依托的上、下游产业关系，进而构成了新的价值链。这样，企业又会使自身重新融入新的价值链体系中去，以确保企业永久性生存和发展。

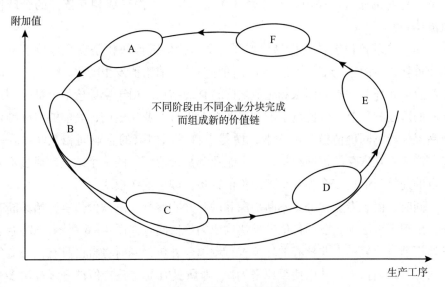

图 4-5　重新整合后的价值链

注：A 为分析阶段，主要进行产品的市场调研；B 为研发阶段，主要进行新产品的设计研发；C 为生产阶段，主要进行产品的生产；D 为组装阶段，主要进行产品零部件的组装加工；E 为销售阶段，主要进行产品的营销主要负责产品的售后服务以及产品管理；F 为产品衰退阶段，主要进行产品的回收利用。

在全球价值链重新整合过程中，每个企业都会做出如下调整：首先，企业会对价值链不同环节的增值空间进行重新认识，由于价值链的不同环节所带来的价值增值不同，这样给企业带来的利润也会不同，所以处于全球价值链不同环节的企业将会得到不同回报率，企业将对于自身优势进行重新定位。即使全球价值链中一些环节可以带来高回报率，但由于自身资源条件所限，又由于企业之间竞争已经转变为所处价值链之间的竞争，使得外包企业重新审视自身优势，重新定位自身在全球价值链上的位置；其次，企业会将其业务进行进一步细化，在原有基本环节基础上衍生出许多细小分支，且每一个细小分支都可以由某个企业单独承担，企业又会将其没有核心竞争力的部分继续剥离出去；最后，企业会依据以上原因，选择适合自身生存和发展的环节重新融入全球价值链中去，这样全球价值链得到了重新整合。

全球价值链重新整合后，以实体为基础的生产加工在价值链上仍然是低附加值环节，而以知识、技术为基础的研发、营销和运营管理等仍然是附加值较高环节，重新整合后的价值链与原有价值链相比并没有发生本质性变化。但就企业竞争来说，则由原来产品竞争转变为价值链上某一环节的业务竞争，企业也通过产品内贸易紧密联系在一起，从而形成相互依托的全球价值链体系。

（3）全球价值链模块化趋势加强。全球价值链模块化是在全球价值链分割和重新整合的基础上，价值链上不同环节的价值增值发生变化，由此产生的生产阶段和环节在不同国家和企业之间转移的结果。由于全球价值链被分割成不同的阶段和环节，价值链上的制造业企业进行专业化生产，其能够将标准化产品提供给不同价值链上的企业，使得来自不同国家的企业间相互联系在一起，形成相互依存的织网结构，每个企业都是价值网络的一个结点，通过不同结点的连接而形成多个相互交叉的价值链条，即价值链模块。

同时，由于专业化分工不断加深和国际并购盛行，全球价值链开始不断升级，出现了由不同企业的价值链模块构成的价值网。如图4-6所示，M1企业开始逐渐将价值链上非核心的环节进行剥离、外包，同时将自己具有核心竞争力的环节不断扩大，从而使得原来M1企业所具有的完整价值链升级成由多个国家多个企业构成的价值模块链。而在此价值模块链中，M1、M2、M3每个企业都会通过横向并购、整合等方式增强自身的价值增值空间，从而形成能够进行独立运营的价值模块，此模块仅归属于某个独立的制造业企业。由于此种特点，全球价值链体系表现为不同企业之间的一系列交叉及重叠。随着全球价值链网络模块化发展，制造业外包所完成的生产工序能满足多种产品需求，制造业外包企业若能够成功嵌入全球价值链网络模块，制造业外包能力将会大大增强。

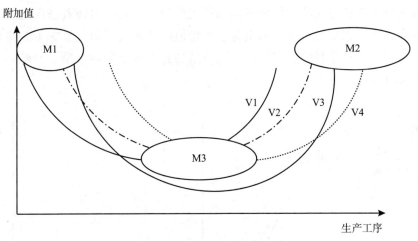

图4-6　全球价值链网块化

注：M1、M2、M3 为不同企业；V1、V2、V3、V4 为不同的价值链。

全球价值链模块化发展使得外包企业的国际竞争力不在由企业自身优势和资源来决定，而是通过多个企业协同创造共同完成，使得制造业外包升级的途径不仅限于企业内部技术水平的提高及人力资本的增加。

4.2.1.2　全球价值链演变驱动制造业外包升级

全球价值链驱动机制变化必将带来价值链全球分布区位的改变，而价值链全球范围内的区位变化将会给中国制造业外包升级带来一定影响。

（1）全球价值链驱动机制探讨。格里芬于 2001 年提出价值链驱动的二元机制，即一方面是生产者驱动机制，另一方面是消费者拉动机制。[①] 所谓生产者驱动机制，是指通过生产者投资导向影响市场中的消费需求，从而形成以生产供应链为基础的垂直分工体系，形成一条价值增值链条；消费者拉动机制是指大型批发商或者知名零售商具有较大品牌效应，从而产生对上游企业拉动的

---

① 参见前引 Sturgeon，T. and Lee，J.，"Industry Co - Evolution and the Rise of a Shared Supply Base for Electronics Manufacturing"，Paper Presented at Nelson and Winter Conference，Aslborg，2001：5 - 7.

消费链条。基于以上两种驱动机制，我国学者张辉于 2006 年提出了一种"混合型"驱动机制，其位于消费者拉动与生产者驱动之间。最初市场上的商品供应都是基于生产者为主导，而随着市场及技术发展，消费者拉动的模式慢慢呈现。全球价值链驱动机制之所以会向消费者转变，主要在于当今生产者获得并维系其核心竞争力的困难越来越大，产品边际价值随着进入流通环节呈下降趋势；而以消费者拉动型为主的价值链条通过营销、品牌等获得核心竞争力的企业越来越多，即产品边际价值随着进入流通环节呈上升趋势，如图 4-7 所示。

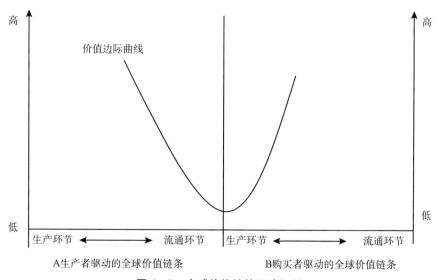

图 4-7　全球价值链的驱动机制

　　生产者驱动型、消费者拉动型以及"混合型"驱动模式都会对制造业外包升级产生影响，而三者之间的区别主要体现如表 4-3 所示。由于行业不同，价值链的驱动机制会发生改变，进而产业战略环节也会不同。本书通过对中国制造业 15 个行业的价值链驱动机制进行分析，具体如表 4-4 所示。从表 4-4 中可见，不同行业的制造业企业的驱动机制并不相同，但主要仍以"生产者驱动机制"为主，这正反映了中国制造外包企业在国际外包中处于从属地位的原因。

表4-3　　　　　　　　　　全球价值链驱动类型比较

项目	生产者驱动	购买者驱动	混合型
动力根源	产业资本	商业资本	产业资本、商业资本
核心能力	研究与发展、技术能力	设计，市场营销	技术研发、设计、市场营销
进入门槛	规模经济	范围经济	规模范围、范围经济
产业分类	耐用品、中间商品、资本商品等	非耐用消费品	耐用品、中间商品、非耐用消费品
制造企业业主	跨国企业、位于发达国家	发展中国家的地方企业	跨国公司子公司、发展中国家
主要产业关联	以跨国投资为主线	以跨国贸易为主线	跨国投资、跨国贸易
主导产业结构	垂直一体化	水平一体化	垂直/水平一体化
辅助支撑体系	相对于软件、硬件更重要	相对于硬件、软件更重要	同时注重软件和硬件
主要产业部门	航空器、重机械、钢铁等	鞋、服装、玩具等	计算机、汽车、半导体
典型案例	Intel、波音、丰田、格兰仕等	沃尔玛、苏宁、耐克、戴尔等	

资料来源：基于张辉：《全球价值链动力机制与产业发展策略》，载于《中国工业经济》2006年第1期整理所得。

表4-4　　　　　　　　中国制造业外包的全球价值链驱动机制

行业	战略环节	价值链驱动机制
食品加工业	研发、品牌创造、营销	消费者拉动机制
纺织业	面料和时装研发设计、品牌创造、营销	消费者拉动机制
服装皮革羽绒制品	面料和时装研发设计、品牌创造、营销	消费者拉动机制
木材及家具制造业	设计、工艺、营销	"混合型"驱动机制
造纸印刷及文教用品制造业	工艺、品牌	"混合型"驱动机制
石油加工、炼焦及核燃料加工业	开采、冶炼	生产者驱动机制
化学工业	精细化工	生产者驱动机制
非金属矿物制品业	细化、提纯	生产者驱动机制
金属冶炼及压延加工业	冶炼、压延工艺	生产者驱动机制
金属制品业	研发、设计	生产者驱动机制
通用、专用设备制造	研发、总装	生产者驱动机制
交通运输设备制造	研发、模具、成套装备制造	生产者驱动机制

行业	战略环节	价值链驱动机制
电气机械及器材	IC 设计、前沿技术研发和生产、IP 供应	生产者驱动机制
通信设备、计算机及其他电子设备制造	研发、CPU 制造、软件设计、核心元件	"混合型"驱动机制
仪器仪表及文化办公用机械制造业	研发、核心元件	生产者驱动机制

资料来源：基于张辉：《全球价值链动力机制与产业发展策略》，载于《中国工业经济》2006 年第 1 期整理所得。

（2）全球价值链演变驱动制造业外包企业升级。随着全球价值链演变，制造业全球分工呈现垂直专业化态势，本书借助海帕曼（1991）的品种增长模型来探讨全球价值链演变对制造业外包升级所产生的影响。全球价值链演变的结果为全球价值链上进行生产的产品不断细化，出现新的部件生产；同时，新部件出现意味着处于价值链上的发包企业生产成本在降低，接包企业生产效率不断提高。全球价值链演变对制造业外包升级影响程度的模型具体如式（4-9）所示。

$$TFP_t = \frac{Y_t}{L_t^{1-a}} = Av_t^{\frac{1}{a-1}} \tag{4-9}$$

由于新部件种类与制造业外包水平呈正相关关系，故对式（4-9）两边同时取对数可得：

$$tfp_t = a_0 + a_1 IOS_t \tag{4-10}$$

其中，tfp_t 为 t 年的全要素生产率，IOS_t 为 t 年的国际外包水平，对式（4-10）重新定义为：

$$y_t = (tfp_t, \ IOS_t) \tag{4-11}$$

由此可得一组向量自回归模型，如式（4-12）所示。

$$y_t = a + \prod_j y_{y-j} + u_t + \cdots \tag{4-12}$$

a 为截距项，u_t 为白噪声过程，ftp_t 和 IOS_t 均为 Ⅰ（1）阶单整，故模型可转化为：

$$y_t = a + T_j + \Delta y_{t-j} + \prod_{t-j} + \varepsilon_t \tag{4-13}$$

若全球价值链演变与制造业外包存在协整关系，式（4-13）可以用误差修正模型表达为：

$$y_t = \sum_{j=1}^{N} T_j \Delta y_{t-j} + \varphi vecm_t + \varepsilon_t \tag{4-14}$$

其中，$vecm_t$ 为误差修正序列，式（4-14）可转化为：

$$vecm_t = tfp_t - (a_0 + a_1 IOS_t) \qquad (4-15)$$

$vecm_t$ 为误差修正序列，作为产期误差均衡项，基本固定不变。

所以，由式（4-15）可见，全球价值链演变与制造业外包水平之间的正相关性存在，且在长期均衡条件下，全球价值链演变必定带来制造业外包升级。通过模型可类推，全球价值链演变对中国制造业外包升级也具有相同效果，即全球价值链不断演变会使中国制造业外包融入国际分工的水平趋向不断提高态势，会使中国制造业外包能力有所增强。

随着价值链分割及在全球范围内重新组合，发达国家跨国公司将价值链中以生产加工为主的环节持续外移，这不仅使跨国公司获得更多来自发展中国家的廉价资源，还可以为本国机器设备以及知识技术出口提供机会，同时给发达国家新兴产业发展让出更多空间。所以，发达国家产业结构会向知识含量高、技术密集的内涵型产业转移。对于中国而言，融入全球价值链可使其劳动力人口从农业转移到制造业和服务业，从而使生产效率进一步提高；随着中国制造业融入全球价值链，其生产不断接近国际标准和水平，同时获得更加前沿的技术知识。

（3）全球价值链演变影响制造业外包升级环境。中国制造业企业承接外包环境大体可分为国内环境和国际环境。随着全球价值链演变，中国制造业外包的国内环境不尽如人意，主要原因在于与制造业外包相配套的企业发展缓慢，使得外包企业不能随着价值链升级演变而完成企业在价值链上的升级；而中国制造业外包面临的国际环境随着价值链演变也在不断变化，一些发展中国家如印度、墨西哥等国际外包业务蓬勃发展，同时发达国家一直处于价值链的制高点，使得中国制造业外包面临的国际环境变得复杂。全球价值链演变对于中国制造业外包环境的影响，本书采用 PEST 分析方法，具体分析结果如表4-5所示。

表4-5　　　　全球价值链对于制造业外包环境影响的 PEST 分析

PEST 分析	影响的具体内容	程度	对外包的影响结果
政治 （political）	与他国合作的机会 外贸政策的制定数量 与外包发展相关的法律法规的制定数量	增加 增加 增加	有利 有利 有利

PEST 分析	影响的具体内容	程度	对外包的影响结果
经济 （economics）	中国市场改革的步伐 企业所有制改革的步伐 中国国内产业结构优化的程度 国际市场竞争者的数量 外包产业发展的难度	加快 加快 提高 增加 提高	有利 有利 有利 不定 不利
社会 （social）	外包从业人口数量 行业间人口流动性 外包从业人员素质 企业间及企业内的文化冲击	增加 增强 提高 增加	有利 有利 有利 不利
技术 （technology）	人们的研发意识 企业的技术水平 外包企业与国际接轨的能力	提高 提高 增强	有利 有利 有利

从表 4-5 的分析结果可见，全球价值链演变对制造业外包环境影响中虽存在一些不利影响，但整体结果利好，这说明全球价值链演变对中国制造业外包升级会产生正面效应。

（4）全球价值链演变驱动制造业外包产业集群升级。中国制造业外包发展具有产业集群化发展特点，全球价值链演变对制造业外包产业集群化升级产生一定影响。首先，全球价值链演变使得产业集群空间分布呈现等级性，即处于全球价值链不同层级的产业集群所创造的附加值存在巨大差异。以中国温州鞋业集群和意大利马尔凯鞋业集群为例，虽然中国温州鞋业集群能够完成价值链上从设计到销售的所有环节，但与意大利马尔凯鞋业集群相比，每个环节创造的附加值都比较低（如图 4-8 所示），这种等级性给中国温州鞋业产业集群升级指引了方向；其次，全球价值链演变使中国部分制造业外包产业集群正处于被控制阶段，如中国平湖光机电产业集群主要从事日本主导的马达全球价值链中的马达组装环节，其受到来自日本从事研发设计等高端环节的产业集群控制，中国平湖光机电制造业产业集群形成了"路径依赖"，即长期从事全球价值链低端环节的加工组装，而不会进行自主研发、创新；最后，外包产业集群发展在全球价值链演变过程中存在较大的市场风险，如中国台湾地区曾遭遇过的制造业外包的整体迁移，若中国制造业成本优势不再明显，跨国公司仍然会选择继续迁移，进而导致制造业外包产业空槽化的出现。

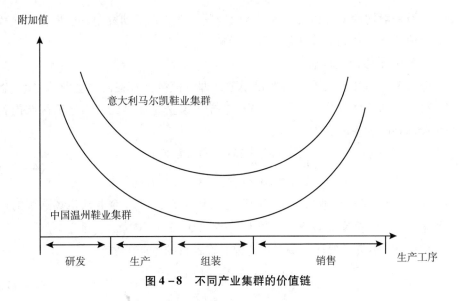

图4-8 不同产业集群的价值链

4.2.1.3 全球价值链演变影响制造业外包升级的模型分析

中国制造业外包所嵌入的全球价值链以生产者驱动的价值链为主；同时，中国制造业外包处于"两头在外"的尴尬局面，在与发包方达成契约时，由于信息不对称，常常处于被动境地。例如，发包方控制着产品研发和销售环节，随着研发展开，会出现新产品、新工艺以及新款式等，这就需要中国制造业外包企业顺应他们的要求改变生产计划，甚至更换生产线，这会给企业带来巨大的成本损失。所以，外包企业在承接外包业务时，契约达成更加困难；另外，随着全球价值链的演变，产品研发环节主要掌握在部分跨国公司手中，而能够进行承接外包业务的企业则越来越多，遍布于全球各地，外包市场更加趋向于买方市场，中国制造业企业处于竞争相对激烈的市场中，使中国制造业企业承接外包业务更加困难。

全球价值链演变使价值链上的外包企业专业化分工生产进一步深化，实现产品升级或跨部门升级。例如，Apple 公司仅将研发设计和市场管理等战略环节留在母公司，而接近产品价值40%的业务都外包给像中国这样的发展中国家。[①] 但是价值链演变是否会对价值链上外包升级产生影响，本书采用著名学者杨小凯的超边际分析以专业化分工为基础，把专业化分工、交易效率、交易

---

① Antras P, Chor D. , "Organizing the Global Value Chain", *Econometrica*, 2013, 81 (16): 2127 - 2204.

成本以及一般均衡的分析工具等引入企业间契约关系的研究中，以更好地诠释全球价值链演变对制造业外包升级的影响。

（1）基本假设及推演。

假设 1 2×2 新古典经济假设模型，即价值链上存在两家企业 A、B，生产同种产品的两个部分，部件 X、Y；这样两家企业在达成契约之前区域内各个企业面临的效率函数为：

$$\begin{cases} U_A = (X + k_1 X^d)(Y + k_1 Y^d); \\ U_B = (X + k_2 X^d)(Y + k_2 Y^d) \end{cases} \quad (4-16)$$

其中，X、Y 是企业自己生产的产品数量，X^d、Y^d 是企业从市场购买的产品数量。k_1、k_2 为交易效率，另外 k_1、$k_2 \in [0, 1]$

假设 2 不失一般性，每个企业都面临各自的生产函数为：

$$\begin{cases} X_A^p = X_A + X_A^s = (L_{AX})^a; \\ Y_A^p = Y_A + Y_A^s = (L_{AY})^a \end{cases} \quad (4-17)$$

$$\begin{cases} X_B^p = X_B + X_B^s = (L_{BX})^a; \\ Y_B^p = Y_B + Y_B^s = (L_{BY})^a \end{cases} \quad (4-18)$$

约束条件：

$$\begin{cases} L_{AX} + L_{AY} = 1; \\ L_{BX} + L_{BY} = 1; \\ a \geq 1，（a \text{ 为专业化程度}） \end{cases} \quad (4-19)$$

其中，X_A 代表企业 A 生产的数量，X_A^s 代表企业 A 从外部购买 X 的数量，L_{AX} 表示企业 A 用于生产 X 部件的劳动消耗比重，同理适用于 Y 部件和 B 企业。

假设 3 每个企业都面临相同的预算约束：

$$P_x \times X^s + P_y \times Y^s = P_x \times X^d + P_y \times Y^d \quad (4-20)$$

其中，P_x、P_y 代表部件 X 和 Y 的单价。X^s、Y^s 代表部件 X 和 Y 的出售量，X^d、Y^d 代表企业从市场上购买 X 和 Y 的数量。

假设 4 每一个企业对于生产量、销售量及购买量都有决定权，故 X、Y、X^s、Y^s、X^d、Y^d 非负。从而得出 64 种组合情况，即 64 个角点解和拐点解。

假设 5 利用新兴古典经济学定理，可以排除其中的 61 种，只考虑下面的 3 种专业化方式：自给自足、专业化生产部件 X、专业化生产部件 Y。可以得出：

首先，自给自足经济：即对企业 A 而言，$X^s = X^d = 0$；$Y^s = Y^d = 0$。同理适用于企业 B。

其次，专业化生产部件 X：即对企业 A 而言，专业生产 X，然后出售 X 购买 Y，故 $Y = Y^s = X^d = 0$，同理适用于企业 B。

最后，专业化生产产品 Y：即对企业 A 而言，专业生产 Y，然后出售 Y 购买 X，故 $X = X^s = Y^d = 0$，同理适用于企业 B。

具体结果如表 4-6 所示。

表 4-6　　　　　　　　　　　企业 A、B 的生产模式分析

企业	专业化生产	角点解	效用
企业 A	自给自足	$L_{AX} = L_{AY} = 0.5$	$(1/4)^a$
	专业生产 X	$L_{AX} = 1$，$L_{AY} = 0$	$(k_1 P_{Ax})/(4 P_{Ay})$
	专业生产 Y	$L_{AX} = 0$，$L_{AY} = 1$	$(k_1 P_{Ay})/(4 P_{Ax})$
企业 B	自给自足	$L_{BX} = L_{BY} = 0.5$	$(1/4)^a$
	专业生产 X	$L_{BX} = 1$，$L_{BY} = 0$	$(k_2 P_{Bx})/(4 P_{By})$
	专业生产 Y	$L_{BX} = 0$，$L_{BY} = 1$	$(k_2 P_{By})/(4 P_{Bx})$

假设 6　基于假设 5，两个企业间交易效率变化存在以下几种可能，就 X 部件进行分析，如图 4-9 所示。

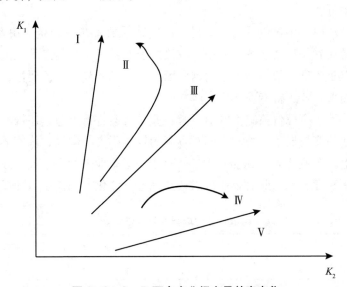

图 4-9　A、B 两个企业间交易效率变化

注：路径 I 表示企业 A 的交易效率提高快于企业 B；路径 II 表示企业 A 的交易效率提高速度快于企业 B；路径 III 表示两家企业的交易效率同步演进。以此类推 K_2 的变化情况，在此不加讲述。

由图4-9可见，对于企业A无论从事部件X还是部件Y的专业化生产，都会提高该企业交易效率，同理适用于企业B。所以可见，两家企业在全球价值链演变过程进行专业化生产可以提高彼此间的交换效率。

假设7 假设市场出清，并满足其他一般均衡条件，则两家企业的生产模式可能存在以下几种情况中出现，如表4-7所示。

表4-7　　　　　　　　　　两家企业的发展模式

B \ A	完全生产	专业生产 X	专业生产 Y
完全生产	√	×	×
专业生产 X	×	×	√
专业生产 Y	×	√	×

（2）模型的主要结论与实践意义。通过式（4-16）可以看到，两家企业的生产只能通过完全生产和专业化生产来完成，然而是选择专业化生产还是完全生产从模型中看则主要取决于交易效率，即系数 k。但是随着全球价值链演变完全依靠完整产品生产则不能得到很好的发展。所以，在一定程度上排除了完全生产的可能性。

另外，从模型中可以看出，交易效率，即系数 k 是影响企业决策的关键。虽然在交易受到关税及非关税壁垒、政策的透明性及市场信息的完全性等因素的影响，但是全球价值链演变使得这些因素失去了所具有的重要性，而较高的交易效率使得企业进行专业化生产势在必行。

但是，处于全球价值链上的上下游企业是否会进行外包，还依赖于价值链上企业之间的交易成本、彼此之间对资源的依赖程度。假设在价值链上存在两家企业，上游企业A和下游企业B。若对于一家企业若存在较高的成本，且所需资源的稀缺度不高，此时企业可以选择垂直一体化，如表4-8所示。

表4-8　　　　　　　　　　两家企业达成契约可能性博弈

		企业 B 所拥有的资源稀缺度	
		低	高
企业 A 所拥有的资源稀缺度	低	长期契约或战略联盟	前向垂直一体化
	高	后向垂直一体化	建立合资企业

　　从表 4 - 8 可见，处于价值链上的外包企业自身资源稀缺程度受到全球价值链演变的影响；全球价值链演变后外包企业会对外包的内部环境和外部环境进行评估。若价值链上某企业对其他企业资源的依赖程度提高，就会为推进垂直一体化进行谈判，达成外包契约。在全球价值链演变过程中，接包企业与发包企业二者之间进行相互博弈，在博弈中促进专业化生产及外包升级。

4.2.2　市场环境因素

　　良好的市场环境对经济发展产生正向的促进作用。市场规模的大小是决定规模经济的主要因素。市场范围的大小决定社会分工的精细程度，市场范围和社会分工呈现同方向变动关系。这是斯密"市场范围"假说的内容。经济是一个不断演化和报酬递增的过程：社会分工和市场范围相互决定。市场规模在经济发展从传统不变技术的低水平均衡走向现代递增技术的高水平均衡的"大推进"过程中发挥重要作用。

　　(1) 国内市场环境。中国政府努力塑造安全、公平和法治的市场环境。良好的市场环境是制造业外包企业能够充分调动劳动力市场、资源市场以及资本市场的先决条件。安全的市场环境是制造业外包进行外包升级首要考虑的问题，特别是对于风险规避型企业而言，因为安全的市场环境不仅能够保证外包顺利升级，同时能够使外包企业的合法利益得到保障；公平的市场环境是指制造业外包企业机会的均等性，优惠政策的共享性，这会激励制造业外包企业进行外包升级，且能确保外包企业在升级后的外包项目选择以及外包对象选择等方面的公平；外包本身就是一种契约行为，法治的国内市场环境是外包合同能够达成的前提条件，同时制造业外包企业在外包升级后的知识产权能够得到有效保护。

　　随着市场化步伐加快，安全、公平和法治的国内市场环境建设已经取得了一定成果，为中国制造业外包升级创造了良好条件。

　　(2) 国际市场环境。全球价值链下制造业外包是一种跨国活动，必然受到国际市场环境的影响。随着全球制造业不断发展以及全球价值链体系形成，生产规模化和产品多样化并行出现，使得企业生产过程中更注重核心竞争力的发挥，越来越多的企业开始实施不同形式的外包业务。高科技和信息化注入制造业以后，给全球制造业的发展增添了更多动力，使资源及要素在全球范围内得到合理配置。国际分工进一步深化，使产品间分工不断向产品内分工转移。

随着分工不断细化，企业在全球价值链上所扮演的角色发生转变，不再进行完整产品生产，而只进行全球价值链的某个阶段生产，然后通过合作完成产品生产。全球制造业外包企业竞争不断加剧，中国国内市场原材料和劳动力的价格不断攀升，使中国制造业外包企业原有竞争优势下降，同时，像印度及新兴经济体等一些国家和地区开始慢慢成长，在国际市场上开始承接外包业务；国际金融危机不断，使企业在竞争中寻求合作；国际贸易壁垒不断加强，各国为了维护自身的利益，开始对"中国产品"设置各种贸易壁垒，特别是以技术性贸易壁垒和绿色贸易壁垒为代表的贸易保护措施，严重影响中国制造业外包发展以及外包业务的加强；跨国并购趋势增强，部分制造业外包企业成为跨国公司的子公司，中国制造业外包企业面临的压力越来越大。可见，国际市场环境会对制造业外包发展产生重大影响，为适应国际市场变化趋势，中国制造业外包升级势在必行。

4.2.3 政府政策因素

政府政策是政府对市场进行规制的主要手段，不仅可以提高资源配置效率，还可以创造一个公平、有序、法制的市场环境。中国自开始实施外包业务以来，颁布了一系列政策法规，目的在于引导制造业外包健康发展。2014年，国务院总理李克强在两会政府工作报告中指出："要进一步引导加工贸易转型升级，并支持企业打造自主品牌和国际营销网络，发展服务贸易和服务外包，提升中国制造在国际分工中的地位。"可见，中国政府对于制造业外包发展十分重视。

市场开放度是影响中国制造业外包发展的重要因素。中国市场开放程度提高对中国制造业外包发展的影响具有两面性，一方面市场开放给中国制造业外包升级提供了更多机遇，只有进一步开放中国市场，才能使国外生产要素融入中国制造业生产中去，进而融入全球价值链体系。市场开放是制造业外包企业能够顺利进口原料并出口产成品的必要条件；另一方面市场开放也给中国制造业外包升级带来了挑战，中国市场开放会使更多的跨国公司投资于中国制造业外包，以中国上海自贸区为例，虽然上海自贸区颁布了"负面清单"，规定了跨国公司禁止投资的领域，但依据制造业15个行业（表1-2）分析，禁止投资领域以生产制造业为主，但对于加工组装等禁止的行业较少（如表4-9所示），所以跨国公司总体投资增加，必定抢占中国制造业外包市场。所以，在此情况下，制造业外包升级为必然趋势。

表4-9   上海自贸区负面清单对制造业的规定

行业代码	负面清单内容
01	谷物研磨、植物油加工、水产品加工、其他农副产品加工、酒的制造
02	无规定
03	无规定
04	无规定
05	纸浆制造、造纸、印刷、记录媒介复制、工艺美术品制造
06	精炼石油产品制造、核燃料加工
07	基础化学原料制造、涂料、油墨、颜料及类似产品制造、合成材料制造、专用化学产品制造、炸药、火工及焰火产品制造、化学药品原料及制剂制造
08	无规定
09	无规定
10	无规定
11	无规定
12	汽车零部件及配件制造、铁路运输设备及城市轨道交通设备制造、船舶及相关装置制造、航空、航天器及设备制造、摩托车制造
13	电机制造、电池制造
14	通信设备制造、广播电视设备制造
15	无规定

资料来源：《中国（上海）自由贸易试验区外商投资准入特别管理措施（负面清单）（2013年)》。

产业政策是一国为了推动工业化进程及产业结构优化所采取的一系列措施，其对制造业升级将会起到促进和保障作用。很多学者持有类似观点并认为，政府在经济发展中扮演重要角色，同时经济发展也需要相关产业政策的支持，这样会使经济结构以及产业结构得到优化，实现规模经济。因为市场本身会出现如垄断、信息不对称等市场扭曲现象，只有通过产业政策的有效实施才能加以弥补市场缺陷。

有效的外包政策是推动中国制造业外包升级的利器。就2010～2013年国家相关部委颁布的外包政策观察（如表4-10所示），其中适用于制造业外包发展的政策则为数不多，整体偏向于服务外包，这也是最近年中国服务外包快速发展的主要原因。同理可知，若制造业外包升级也需有力的外包政策保驾护航。

表 4 - 10　　　　　　　　　　中国近几年颁布的外包政策

年份	政　　策
2013	《国务院办公厅关于进一步促进服务外包产业发展的复函》
2013	《关于做好 2013 年度承接国际服务外包业务发展资金申报管理工作的通知》
2012	《中国国际服务外包产业发展规划纲要（2011～2015）》
2012	《关于做好 2012 年度承接国际服务外包业务发展资金管理工作的通知》
2011	《关于做好 2011 年度支持承接国际服务外包业务发展资金管理工作的通知》
2011	《国务院关于印发进一步鼓励软件产业和集成电路产业发展若干政策的通知》
2010	《工信部关于鼓励服务外包产业加快发展及简化外资经营离岸呼叫中心业务试点审批程序的通知》
2010	《财政部商务部关于做好 2010 年度支持承接国际服务外包业务发展资金管理工作的通知》
2010	《国务院办公厅关于鼓励服务外包产业加快发展的复函》
2010	《关于示范城市离岸服务外包业务免征营业税的通知》
2010	《关于支持和鼓励服务外包企业海外并购的若干意见》
2010	《银行业金融机构外包风险管理指引》
2010	《海关总署商务部关于全面推广实施国际服务外包业务进口货物保税监管模式的通知》
2010	《关于在江苏、浙江两省开展地方高校计算机学院培养服务外包人才试点工作的通知》
2010	人力资源和社会保障部商务部《关于进一步做好促进服务外包产业发展有关工作的通知》

资料来源：中国服务外包网。

4.2.4　影响制造业外包升级的产业因素

制造业外包升级不是一个孤立的过程，需要与其他产业共同作用、协同发展。中国制造业外包升级受到关联产业以及产业集群化发展等因素的影响。

4.2.4.1　关联产业因素

从产业关联深化的过程来看，外包和模块化作为专业化分工的一种形式，其本身也许在以前就已存在或具有雏形。但问题在于，目前出现的是大规模的外包和模块化，并日益成为产业关联深化的主导形式。由此，我们就要提出一

120

个问题，即为什么大规模的外包和模块化会成为当前产业关联深化的主导形式？回答这一问题，也许要从现代产业关联的基础性变化的解释入手。

当我们把众多相互之间有一定关联的产业放在起来看时，由于每个产业部门都是这一大系统中的一个子系统，所以就要把单个部门中的信息反馈与其系统的转换结合起来，把产业间的投入产出关系视为一种能量的传递和交换。这种产业间的能量传递和交换，不仅包括某一产业内部转换对象的投入与产出，也包括信息的传递和交换。因此从抽象的角度讲，产业间的投入与产出最终都可归结为物质和信息两大要素。或者讲，物质与信息是产业体系得以构成的基本联结要素。但在现实中，产业关联有一个主导性基础问题。以主导性为标准，我们可以从理论上把产业关联方式区分两大类，即以物质流为基础的产业关联方式和以信息流为基础的产业关联方式。

长期以来，包括在工业经济时代，产业间投入产出链是由中间产品的物质流为主导，信息流予以支持的方式构建的。这种传统产业关联方式的主要内容及其特点可归结为以下几方面：（1）产业之间的结构性关联集中表现为各产业互相提供中间产品和资本货物的交易关系，信息只是起着支持这类交易关系的作用。（2）中间产品投入产出有着相对固定的"上游—中游—下游"产业传递轨道。产业关联是按照这种传递轨迹进行排列的。这一产业传递轨道对信息传递与交换的方向及其范围作了基本的规定。（3）产业之间的联结形成一种物理网络或有形网络。从而使其产业分布受到时间和空间较大的限制。

在这种传统产业关联中，信息流是依附于物质流而流动的。但信息流并不像中间产品那样按严格的"上游—中游—下游"的纵向一体的产业链依次传递也有一些是按分布式产业链的横向交叉传递的。

与制造业外包相关产业的发展对于制造业外包升级会产生联动效应。制造业外包升级既受到前向关联产业的影响，又受到后向关联产业的影响，还会受到水平关联产业发展的影响。

制造业外包升级的后向关联产业因素是指制造业外包的上游产业发展情况。制造业外包的上游产业主要是为制造业外包提供投入品的产业或者进行研发设计的相关产业，对制造业外包升级会产生推动作用。研发设计升级推动外包业务流程和工艺升级以保证外包业务正常进行；作为制造业外包的上游产业及时提供符合要求的投入部件是制造业外包能够顺利进行的基础。所以，后向关联产业发展不仅会推动制造业外包生产效率的提高，还会促进制造业外包水平提高以及在价值链上位置的优化。

制造业外包升级的前向关联产业因素是指制造业外包的下游产业发展情况。制造业外包的下游产业主要是以制造业外包所生产出来的产品作为投入品或经营对象的产业。在中国制造业外包发展过程中，前向关联产业一般位于制造业外包企业的下游，对制造业外包升级具有拉动作用。以配套生产为例，大部分跨国公司受到"成本驱动"将零部件的加工制造、组装环节转移到中国，而中国制造业外包配套生产的内容和数量由下游跨国公司决定。

制造业外包的水平关联产业因素主要指与制造业外包发展相关的生产性服务业的发展情况。随着制造业外包不断发展，其对生产性服务需求不断增加。生产性服务业的发展能够为制造业外包提供优良的服务，确保制造业外包顺利完成外包业务，若生产性服务业发展缓慢则会制约制造业外包升级。所以，生产性服务业是否与制造业外包协同发展影响制造业外包升级。

4.2.4.2 产业集群化发展因素

产业集聚是在特定领域中，大量关系密切、相互关联的企业及配套组织，在空间上集聚在一起，形成的特有的经济体。随着制造业外包配套能力不断增强，部分产业特别是高新技术产业，逐步在特定空间集聚，形成了上下游产业链齐全的产业群。产业集群化发展是当前促进产业发展以及优化产业结构的主要途径。根据波特的国家竞争优势理论，产业集群形成后，可以通过降低成本、提高效率、刺激创新等多种方式，提升产业聚集区的竞争能力，这种竞争力远高于非集群地区。制造业外包产业集聚在提高产业竞争力的基础上，可以优化制造业外包产业布局，加速技术、人才等资源的合理流动与配置，产生技术溢出、知识转移、合作创新等集聚效应，并通过集聚效应推动加工制造业外包升级。从制造业外包实践看，配套产业一般通过三种模式实现空间聚合：一是围绕领导厂商形成空间聚合。配套产业与领导企业空间邻近有利于降低物流成本、信息成本等交易成本，易于促进双方建立信誉和依赖关系，进而促进知识特别是隐性知识的转移。领导厂商的进入往往可以带动上下游产业链大量配套企业的进入；二是围绕核心产业形成空间聚合。由于规模经济的存在，企业会围绕核心产业邻近区位来组织生产。如深圳市以华强北路手机、计算机产业为中心的 30 公里内，形成了模具、零部件供应商、IC 设计、系统集成等完整的产业配套集群；三是围绕核心技术形成空间聚合。由于技术外溢效应，很多配套厂商会选择围绕核心技术供应商、跨国公司研发中心、高等院校、科研机构等核心技术载体设立工厂，这样一方面可以降低成本，另一方面可以获得技术外溢，跟随核心技术实现技术跟随和创新。

　　一方面，产业集聚促使了企业价值链各环节分离，区域内领导厂商更专注于核心业务，而将非核心业务转移至配套供应商。生产环节的分离性使企业创新由传统的线性、单一主体创新向网络状、多主体创新演变。另一方面，产业集聚有利于促使产业聚集区内企业基于网络状合作关系组建技术联盟，企业可以集中区域价值链上的所有创新资源，通过合作共享实现创新，形成更强大的创新能力和竞争优势，从而加快创新速度。有效的产业集群发展可以大大降低要素投入品市场的交易成本，由于相关或相似企业在某一地区的集聚带动了为这一行业生产所需投入品市场的形成和发展，从而使其所需要的投入品交易成本大大降低；一般而言，能够形成产业集群的区域即为这一产业发展的行业信息中心，在此企业能够快速获得行业发展最新动态，从而降低搜寻成本。

　　产业集群使大量的高新技术企业、研发机构、科研人才集中在地理位置相邻的区域，这种地理位置的邻近性，可以促使集群内的企业更容易发生互动，实现知识转移，特别是实现隐性知识的转移，产生技术溢出的外部经济效应。随着制造业外包产业集聚，部分技术加速跨越企业边界，成为产业聚集区域的共性技术。同时由于比邻研发机构，产业集群内企业比外部企业更容易获得知识转移。随着产业集聚的时间增长，地理邻近的企业，不断在文化、组织上趋同，进一步加速了集群内知识转移。随着分工不断深化，在外包过程中产业集群内部资产专用性会下降，这会使外包业务在内部市场组织分工中承接更大规模的外包业务；产业集群化发展规模扩大，会带来强有力的产业配套，使制造业外包的国际竞争力大大加强；在中国制造业外包产业集群发展过程中，出现了内资企业和外资企业协同发展的局面，外资企业进入中国外包市场不仅给中国制造业外包企业增添了竞争机制，还产生了示范效应、人员培训效应等，这会促进中国制造业企业外包的技术水平、管理水平等方面的提高，从而促进了中国制造业外包升级。

　　一方面，产业集群可以极大程度降低制造业外包成本。产业集群内上下游企业集聚于邻近的地理空间，可以降低供应商的违约风险，降低交通运输成本，并形成更紧密的合作关系。随着产业配套能力增强，交易成本降低，制造业外包综合成本不断降低，将吸引跨国公司将研发、零部件生产等价值链环节转移到东道国，实现东道国境内的价值链向高附加值环节升级，加速实现制造业外包产业转型升级；另一方面，产业集聚具有规模效益。产业集群具有互动性、共生性和柔韧性的特点，产业集群一旦形成，就可以实现自我强化的良性循环。随着集群产业不断发展，围绕着主导产业、主导企业的配套产业，配套企业将不断向产业集群集聚，产生集群效应。同时，新增的企业会吸引新的企业进入产业集群，进一步放大了集群效应。随着集群效应不断放大，交易成本不断降低，将吸引新的高端外包环节进入产业聚集区，推动产业集群向更高的层次和更良性循环发展，如此产生梅特卡尔夫效应。产业集群化发展的趋势使产业集群升级（如图4－10所示），会给制造业外包升级带来示范效应。

实践表明，中国各地区产业发展速度并不相同，中国制造业外包在产业集群化发展比较成熟的地区充满发展活力，而在其他地区则相对缓慢。可见，产业集群化发展能够促进制造业外包升级。

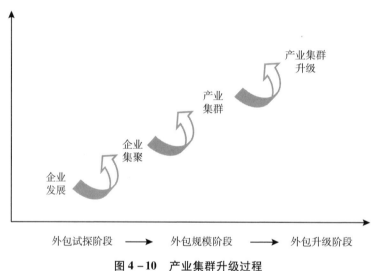

图4－10　产业集群升级过程

4.2.5　外包产业升级的要素适宜度

要素适宜度是指某一个区域所利用的各种要素间的连接程度，并包括其所利用的要素条件以及发展成果间的连接程度。[①] 本书将要素适宜度引入制造业外包升级过程，即指制造业外包升级过程中，对于所需要素利用情况以及各种要素对于外包升级的连接程度。各地区要素禀赋的差异造成制造业外包发展的空间分异，形成非均质性空间分布。对于非均质性空间分布形成的原因，学者

---

① 金相郁：《空间收敛第一规律与空间收敛第二规律》，载于《南开经济研究》2001年第3期。

看法不完全相同。有些学者认为是纯自然禀赋造成的空间分异，但有些学者则认为非自然禀赋也会对经济空间的分异产生某种程度的影响。本书认为，制造业空间非均质分布产生的原因既包括自然要素也包括非自然要素，具体如表4-11所示。

表4-11　　　　　　　　　　要素禀赋定量测度指标体系

要素禀赋类别	一级测度指标	二级测度指标
自然禀赋	自然条件	平均海拔高度；气候状况指数；地表状况；年降水量；河流密度；海岸线长度
	森林资源	人均森林面积
	耕地资源	人均耕地面积；人均草原面积
	矿产资源	采掘业从业人员密度
人力资源禀赋	劳动力投入量	年均从业人员数
	劳动力产业分配结构	各产业劳动力数量比重
	人力资本水平	人均人力资本存量
物质资本禀赋	物质资本水平	人均固定资本存量
科技禀赋	科技发展水平	科研和技术服务业职工数
结构禀赋	产业结构	非农产业 GDP 比重
文化禀赋	文化发展水平	文化对经济的贡献度
制度禀赋	对国外开放度市场化程度	进出口总额占 GDP 的比重；政府财政支出与 GDP 的比重

因为制造业外包发展不仅需要自然要素禀赋作为投入，还需要充足的劳动力供给以及配套产业发展，使制造业外包升级具备良好基础。对于制造业外包而言，制造业本身所处行业对于上述要素需求存在差异。但有些地区虽然要素禀赋丰富，但外包产业发展缓慢，原因在于这些地区的要素适宜度低。

4.2.6　制造业发展对于外包产业升级的影响

制造业的发展以及制造业所处区域的外部环境都会影响制造业外包升级。以制造业发展为例探讨要素适宜度对制造业外包升级的影响，中国制造业发展呈现区位差异，使得各地区外包发展也存在差异。中国制造业的区域分布就存在明显的不均衡现象，本书选取广东、福建、湖北、陕西、黑龙江等几个省份的数据作为中、东、西几个地区的代表性城市样本来探讨以制造业发展为例探讨要素适宜度对制造业外包升级的影响，如表4－12所示。

表4－12　　　　　　　　　　　各省工业产值　　　　　　　　单位：亿元

年份	黑龙江省	广东省	福建省	湖北省	陕西省
2003	2248.5	5225.27	2046.50	2022.78	944.99
2005	2696.30	10482.03	2842.43	2436.25	1553.60
2007	3326.90	14910.03	4018.42	3451.62	2544.42
2009	3549.73	18091.56	5106.38	5183.68	3501.25
2011	5602.76	24649.60	7675.09	8538.04	5857.92
2013	5090.6	27426.26	9455.32	10531.37	7507.34

资料来源：中国统计年鉴。

基于表4－12可以得知：中国各地区工业区域分布不均衡，东南部地区工业发展速度较快，且一直保持较高的生产总值，以广东省为例，其工业在2003年的产值就达5225.27亿元，同时保持较快的增值速度，至2013年其制造业产值翻了五番，已达27426.26亿元；而西部地区以及东北地区工业发展相对缓慢，以黑龙江省为例，其工业在2003年的产值2248.5亿元，不足广东省的一半，同时，其工业增值速度相对缓慢，至2013年其工业产值为5090.6亿元，已被广东省远远落在后面。这说明，中国工业的发展以东南部地区为主，而东北地区和西部地区的制造业还处于次要地位，同时可知中国制造业承接外包企业的分布也呈现出以东南地区为主且发展速度较快，而东北地区和西部地区则处于发展相对缓慢的阶段。

虽然造成制造业外包发展存在区域差异的因素很多，部分学者引用新地理经济学理论中的"冰山原理"进行解释，认为运输成本是造成制造业外包产生区域分布不均衡的主要原因之一，但制造业本身存在区域分布不均衡则是造成制造业外包区域分布不均衡的根本原因。反之，制造业的发展必然带动制造业承接外包业务的发展，而各地区的制造业产业发展越来越不平衡，即中国的区位结构分异性较大，故其成为造成不同地区制造业外包发展出现差异的主要因素。

4.2.7　影响制造业外包升级的贸易成本因素

4.2.7.1　贸易成本的概念及构成

广义的贸易成本是指减去特定产品的边际生产成本之后，消费者获得单位最终产品所承担的交易成本，属于跨境经济活动的交易成本。贸易成本包括政策壁垒（包括关税和非关税壁垒）、运输成本、地区销售成本、信息成本、合约履行成本以及其他相关壁垒（如语言及货币兑换等壁垒），等等。制造业外包以中间投入品跨越不同国家边境为前提，除了要支付一般意义上衔接不同空间区位经济活动的运输和协调成本以外，还会额外发生与跨国越境经济活动相联系的成本。例如，货物过境要缴纳关税，通过海关稽查和其他检查（技术、动植物检疫等）程序需要支付时间成本，人员跨国过境旅行需要申请签证和安全检查，国外制度、政策、习俗、语言差异以及时间差和季节差等因素，都可能为跨国经济活动带来成本，均称为贸易成本，属于跨境交易成本。

制造业外包过程中的贸易成本主要包括以下三个方面，具体如图4-11所示。

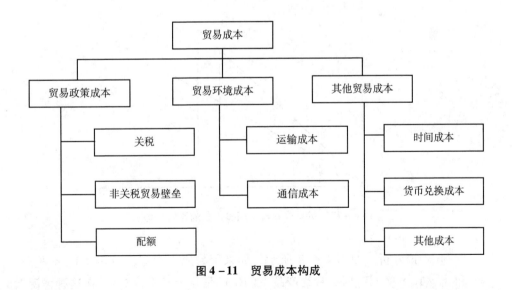

图4-11　贸易成本构成

（1）贸易环境成本。因地域和空间距离引起的运输、通信等方面的成本，即在不同国家之间的进出口中间投入品引起的运输成本与通信成本。其中运输成本包括运费、运输保险费（通常加在运费上）、货物运输过程中的储存成本、运输工具更新费以及其他费用。

（2）贸易政策成本。与不同国家贸易政策相关联的贸易成本，主要包括关税、配额及非关税壁垒等。

（3）外包过程中的其他交易成本。贸易成本不只是反映在与货币直接相关的关税、运费、保险、运输等方面，也与时间和不确定性等间接费用相关。例如，伴随着准时生产制（just-in-time Production）的推广以及国际生产网络的扩张，时间因素日益成为国际贸易成本一个重要的组成部分。

4.2.7.2　贸易成本对于制造业外包升级的影响

（1）基本假设。为了简化分析，本书假设生产最终产品 Y 涉及的贸易成本为 TC，包括关税和运输成本等，相当于征收 $x\%$ 的关税；假设关税收入是用来支付政府购买，因此关税不会带来产出或消费的效果；为了分析贸易成本对国际外包的影响，本书以图 4 - 12 的情况为例进行演绎推导。

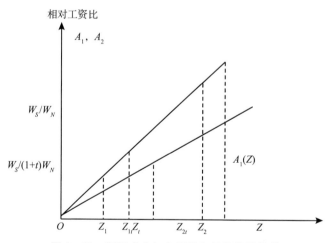

图 4 - 12　贸易成本与中间投入品的比较优势

（2）理论分析。如图 4 - 12 所示，如果贸易成本为零，当 $A_{1N}/A_{1S} < W_S/W_N$ 和 $A_{2N}/A_{2S} > W_S/W_N$ 时，最终产品 Y 的生产是介于（Z_1，Z_2）。在这种情况下，N 国在第一个环节中间投入品的生产方面具有比较优势，而 S 国在第二个环节的装配方面具有比较优势；N 国企业会在本国境内进行第一个环节中间投入品的生产，把第二个环节外包给 S 国，并且会将所有的中间投入品出口到 S 国；而 S 国企业把所有进口的中间投入品组装成最终产品 Y、并且出口到 N 国。这就会形成国际制造业外包，并带来中间投入品贸易。此时，最终产品 Y 采取制造业外包方式的区间是介于 (Z_1, Z_2)。

若现在将假设进行修改，即贸易成本不为零。当 N 国企业将自己生产的中间投入品出口到 S 国，就会产生一定的贸易成本（如关税、运输成本等），相当于征收一定比例 X 的关税。而 S 国企业把所有进口的中间投入品组装成最终产品 Y、并出口到 N 国，又会形成一定的贸易成本（如关税、运输成本等），也相当于征收一定比例的关税 X。

如图 4-12 所示，贸易成本的增加会改变制造业外包的国别区间，由原先的 (Z_1, Z_2) 变为 (Z_{1t}, Z_{2t})。这是因为贸易成本（如关税的征收）增加了制造业外包方式的成本，采取制造业外包的收益减少，制造业外包区间会变小。此外，制造业外包的区间在变小的同时，还会出现向左移动。(Z_{2t}, Z_2) 区间的制造业外包已经变成 S 国的完全专业化生产。这表示高关税或高运输成本的增加会降低对 N 国中间投入品的需求，同时会降低 S 国完全专业化的生产成本，导致 S 国的完全专业化生产区间由原先的 $(Z_2, 1)$ 扩大为 $(Z_{2t}, 1)$，而 N 国完全专业化区间由原先 (O, Z_1) 缩小至 (O, Z_{1t})。因为贸易成本将缩小制造业外包的规模，但不会完全消失。

（3）结论。当其他条件不变时，贸易成本越低，制造业外包越有可能发展；反之，贸易成本越高，国际外包越有可能受到阻碍。贸易成本与国际外包强度成反向变动：贸易成本使成本差异缩小，导致国际外包规模缩小。当成本差异缩小到一定程度，将导致比较优势的消失。以运输成本为例，对于同质商品，只有当两国贸易前的价格超过该商品从一国运输到另一国的成本时，才能发生国际外包；如果两国的价格差异小于或等于运输成本，则出现非贸易商品和劳务的情况。

除了对国际外包的规模产生影响之外，贸易成本还对国际外包的地区分布、产业分布产生影响。一个国家制度越完善、基础设施越健全，企业所承担的贸易成本就越低，就越容易吸引国际外包。贸易成本降低，例如，关税的减让，可以使国际外包规模扩大，促进中间投入品贸易，进一步加深经济全球化。

4.3 中国制造业外包升级影响因素的动态分析

4.3.1 面板数据模型建立的基本原理

以加工贸易为主的中国制造业外包起步较早，探讨加工贸易影响因素的学者屡见不鲜，但对制造业外包影响因素进行系统研究的并不多见，同时探讨各个因素的影响程度的几乎没有。本书旨在研究中国制造业外包升级的影响因素，但与制造业外包相关的直接数据缺乏，历史数据无资料可查，故采用加工贸易增值率作为衡量外包升级的主要指标。本书通过建立固定效应模型和随机效应模型分析影响制造业外包升级的因素，其能构造并检验更复杂的行为模型并克服单纯的时间序列模型或截面数据模型所存在的缺点。在面板数据中，假设存在 N 个成员，T 个时期，则以 i 表示截面，以 t 表示时间；且 β_0 表示截距项向量，β 为回归系数向量。则一般模型形式为：

$$Y_{ti} = \beta_0 + X_{ti}\beta + \delta_i + \gamma_t + \varepsilon_{it} \qquad (4-21)$$

其中 Y_{ti} 是分块被解释变量列向量，X_{ti} 是解释变量分块矩阵；β_0 和 β 分别是对应于 N 和 T 的截距和斜率的参数分块列向量；δ_i 代表固定或者随机的截面效应，γ_t 代表固定或者随机的时期效应，ε_{it} 是残差分块列向量。本书首先对解释变量与被解释变量之间的关系进行了详细验证，以寻求各因素之间成正相关的关系；选择固定效应模型还是随机效应模型本书采用单因素随机效应方差分析模型的方法进行判断。而为更好地说明各个影响因素对于制造业外包升级的影响程度，本书又在固定效应模型的基础上对模型简化处理，以对各因素的影响程度进行分析。

4.3.2 数据变量的选取以及数据处理

本书旨在研究影响制造业外包升级的因素，对上面影响制造业外包升级的因素进行指标量化：从事科研的人数（tgl）衡量技术水平及人力资本因素，制造业平均工资水平（mwl）描述成本因素，制造业从业人数（epn）来描述企业规模因素，行业区位基尼系数（gid）描述要素适宜度、非一体化指数

（*uii*）或外贸依存度（*idd*）描述市场环境因素及政府政策，外资进出口占中国进出口的比重（*rft*）衡量跨国公司在中国制造业外包中的地位，工业产值（*igdp*）衡量制造业整体发展水平，以上这些指标对加工贸易增值率的影响相对直接并归类为解释变量；国内生产总值（*gdp*）、加工贸易进出口总额（*ptvz*）、进出口总额（*mex*）等指标与被解释变量加工贸易增值率（*ptv*）间高度相关或对制造业外包有影响但不显著，将其归类为控制变量，具体如表 4 – 13 所示。

表 4 – 13　　　　　　　　　　　　　变量划分

变量分类	变量指标
被解释变量	加工贸易增值率（*ptv*）
解释变量	制造业平均工资水平（*mwl*）
	区位基尼系数（*gid*）
	技术水平（科研人员人数）（*tgl*）
	对外贸易依存度（*idd*）或非一体化指数（*uii*）
	第二产业从业人数（*epn*）
	外资进出口占中国进出口总额比重（*rft*）
	工业产值（*igdp*）
控制变量	加工贸易进出口总额（*ptvz*）
	国内生产总值（*gdp*）
	进出口总额（*mex*）

4.3.3　面板数据模型的建立

为使模型数据在模型建立过程中能说明问题，本书首先对模型数据进行对数处理，即 11 个解释变量与控制变量转变为 *lnmwl*，*lngid*，*lntgl*，*lnidd*，*lnepn*，*lnrft*，*lnigdp*，*lnptvz*，*lngdp*，*lnmex*，*lnuii*；同时通过散点图初步验证各变量与 *lnptv* 之间的关系，通过图形分析，*uii* 对 *ptv* 的影响不显著，如图 4 – 13 所示。所以在模型中剔除变量 *uii*，将其余 10 个变量引入面板数据模型。

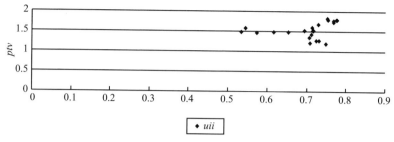

图 4 - 13 *ptv* 与 *uii* 的散点分布

（1）单因素方差分析（one-way effect ANOVA）模型。单因素随方差分析（one-way effect ANOVA）模型可以用来检验评估组内同质性（within-group homogeneity）或组间异质性（between-group heterogeneity），即判断应该建立随机效应模型还是固定效应模型。单因素模型的数学公式为：

$$\begin{cases} ptv = u + \beta_j + e_{ij}, \ i = 1, \ 2, \ \cdots, \ r, \ j = 1, \ 2, \ \cdots, \ n_i \\ \sum_{i=1}^{r} n_i \beta_i = 0 \\ e_{ij} \sim N(0, \ \sigma^2), \ \text{各个} \ e_{ij} \ \text{相互独立}, \ \beta_i \ \text{和} \ \sigma^2 \ \text{未知}。 \end{cases} \quad (4-22)$$

本书主要研究预测时间内各组间的水平变异，即 *ptv* 在时间变化中是否存在聚集性。利用 SAS9.3 输出结果如表 4 - 14 所示，其中迭代部分表明模型评估经过 1 个迭代就成功收敛于 - 5.72403225，说明各变量相对稳定，可以对各变量进行方差估计。协方差参数估计报告（如表 4 - 15 所示）显示，随机截距方差（Intercept）为 0.001426 和残差方差（Residual）估计为 0.03705，说明制造业外包水平在不同年份水平上没有显著差异的，即适合拟合固定效应模型。拟合统计量部分报告（如表 4 - 16 所示）显示，限制性对数似然值和三种信息标准测量值（AIC，AICC 和 BIC），其中限制性对数似然值为 - 5.7，小于 - 2；AIC 为 - 1.7，AICC 为 - 1.1，BIC 为 0.5，均未达到预期效果。然而，这些统计量本身并不能说明模型拟合的优劣，它们只是用于不同模型的比较。但模型估计的快速收敛通常表明模型本身拟合良好，如表 4 - 17 所示，P 值小于 0.0001，小于临界值 0.05 显著水平，说明模型拟合良好，故可以选用固定效应模型进行制造业外包升级的影响因素分析。

表 4 – 14 迭代历史结果

观测数		迭代历史			
读取的观测数	22	迭代	求值	– 2 Res Log Like	准则
使用的观测数	22	0	1	– 5. 72403225	
未使用的观测数	0	1	1	– 5. 72403225	0. 00000000

表 4 – 15 协方差参数估计

协方差参数	主题	估计值	标准误差	Z 值	Pr > Z
Intercept	year	0. 001426	0. 01187	0. 12	0. 4522
Residual		0. 03705	0		

表 4 – 16 拟合统计结果

拟合统计量	
– 2 残差对数似然	– 5. 7
AIC（越小越好）	– 1. 7
AICC（越小越好）	– 1. 1
BIC（越小越好）	0. 5

表 4 – 17 固定效应的解

效应	估计值	标准误差	自由度	t 值	Pr > |t|
Intercept	1. 5314	0. 04182	21	36. 62	< 0. 0001

（2）固定效应模型拟合。通过固定效应模型对被解释变量与解释变量、随机变量进行模型评估，仍然经过 1 次迭代就成功收敛，说明模型本身拟合良好，如表 4 – 18 所示。本书可以继续进行模型估计，即协方差参数估计。从协方差估计报告（如表 4 – 19 所示）可知，随机截距方差为 0. 000559 和残差方差估计为 0. 000630，并通过拟合统计变量分析（结果如表 4 – 20 所示），该模型拟合良好，固定效应模型成立；最后得出固定效应的解（如表 4 – 21 所示）以及协方差参数（估计如表 4 – 22 所示），模型的 R 方为 0. 9838，调整后的 R 方为 0. 9691（如表 4 – 23 所示），说明模型中 10 个变量能够解释 ptv 的 98. 38% 的信息。最后确定固定效应模型为：

$$ptv = -17.3926 - 0.1454\ln mwl - 4.4918\ln gid + 0.09095\ln tgl - 0.7727\ln idd$$
$$+ 1.4980\ln epn + 0.1092\ln rft + 0.04582\ln igdp + 0.6402\ln ptvz$$
$$+ 0.3048\ln gdp + 0.06260\ln mex \qquad (4-23)$$

表 4-18　　　　　　　　　　　　　迭代历史结果

迭代	求值	-2 Res　Log　Like	准则
0	1	-61.13953372	
1	1	-61.13953372	0.00000000

表 4-19　　　　　　　　　　　　　协方差参数估计

协方差参数	主题	估计值	标准误差	Z 值	Pr > Z
Intercept	year	0.000559	0.000507	1.10	0.1349
Residual		0.000630	0	Residual	

表 4-20　　　　　　　　　　　　　拟合统计量

拟合统计量	
-2 残差对数似然	-61.1
AIC（越小越好）	-57.1
AICC（越小越好）	-55.6
BIC（越小越好）	-55.0

表 4-21　　　　　　　　　　　　　固定效应的解

效应	估计值	标准误差	自由度	t 值	Pr > |t|
Intercept	-17.3926	8.5996	11	-2.02	0.0681
lnmwl	-0.1454	0.2420	11	-0.60	0.5602
lngid	-4.4918	1.7991	11	-2.50	0.0297
lntgl	0.09095	0.1365	11	0.67	0.5189
lnidd	-0.7727	0.1750	11	-4.42	0.0010
lnepn	1.4980	0.6246	11	2.40	0.0353
lnrft	0.1092	0.07237	11	1.51	0.1595

续表

效应	估计值	标准误差	自由度	t 值	$Pr > |t|$
lnigdp	0.04582	0.09868	11	0.46	0.6515
lnptvz	0.6402	0.2519	11	2.54	0.0274
lngdp	0.3048	0.2799	11	1.09	0.2993
lnmex	0.06260	0.1214	11	0.52	0.6162

表 4 – 22　　　　　　　　　　方差分析

源	自由度	平方和	均方	F 值	$Pr > F$
模型	10	0.79498	0.07950	66.86	< 0.0001
误差	11	0.01308	0.00119		
校正合计	21	0.80806			

表 4 – 23　　　　　　　　　　R 方检验

均方根误差	0.03448	R 方	0.9838
因变量均值	1.53136	调整 R 方	0.9691
变异系数	2.25174		

（3）模型简化处理。为了进一步说明各影响因素对制造业外包影响程度的大小，模型经过逐步回归简化处理，最后确定影响因素为 lnmwl，lngid，lnidd，lnepn，模型 F 值为 104.44（如表 4 – 24 所示），明显好于 66.86（如表 4 – 21 所示），简化模型通过 R 方检验（如表 4 – 25 所示），并且模型的参数估计在 0.05 显著水平下（如表 4 – 26 所示），P 值均小于临界值 0.05 显著水平，简化模型通过检验，水平制造业平均工资水平、行业基尼系数、对外贸易依存度及制造业从业人数对制造业外包影响显著。

表 4 – 24　　　　　　　　　　方差分析

源	自由度	平方和	均方	F 值	$Pr > F$
模型	4	0.77646	0.19412	104.44	< 0.0001
误差	17	0.03160	0.00186		
校正合计	21	0.80806			

表 4 – 25   R 方检验

均方根误差	0.04311	R 方	0.9609
因变量均值	1.53136	调整 R 方	0.9517
变异系数	2.81522		

表 4 – 26   参数估计值

变量	自由度	参数估计值	标准误差	t 值	$Pr > \lvert t \rvert$
Intercept	1	− 39.56265	7.36374	− 5.37	< 0.0001
lnmwl	1	− 0.40069	0.04036	− 9.93	< 0.0001
lngid	1	− 7.37776	1.47529	− 5.00	0.0001
lnidd	1	− 0.24995	0.06323	− 3.95	0.0010
lnepn	1	2.98715	0.55713	5.36	< 0.0001

最后简化的模型为：

$$ptv = -39.56265 - 0.40069 \ln mwl - 7.37776 \ln gid$$
$$- 0.24995 \ln idd + 2.98715 \ln epn \tag{4 – 24}$$

4.3.4　模型结果分析及结论

从固定效应模型及简化后的模型共同分析可见，上述 10 个因素对制造业外包升级都产生影响，其结果与上文理论分析基本一致，但是从模型（4 – 24）分析可见各因素的影响程度并不相同。

从固定效应模型结果可见，制造业工资水平（mwl）增长将会使外包水平下降，说明生产成本将会对制造业外包产生负效应；制造业外包的行业分布（gid）对制造业外包水平影响较大，要素适宜度低会导致制造业外包升级变慢；技术水平对于（tgl）对制造业外包升级会产生正效应，但是从模型（4 – 24）中可见当前中国制造业外包技术水平对制造业外包的影响不大；外贸易依存度（idd）对制造业外包升级的效应也为负，说明市场开放度对中国制造业外包升级的影响弊大于利；而制造业从业人数（epn）在模型中对制造业外包升级产生的正效应最大，说明中国制造业外包仍然以丰富劳动力资源为优势，且产生大规模生产推动中国制造业外包发展；跨国公司在中国投资情况（rft）

对中国制造业外包发展具有一定的推动作用，原因应为其给中国制造业外包带来配套生产业务；制造业整体发展水平（$igdp$）对制造业外包升级也由正效应，说明产业联动发展对制造业外包升级具有一定的促进作用；作为控制变量的加工贸易进出口总额（$ptvz$）、国内生产总值（gdp）、进出口额（gdp）对制造业外包发展正相关，说明国内市场整体环境改善会促进制造业外包的升级。

从简化模型分析可见，制造业平均工资水平、区位基尼系数、对外贸易依存度以及制造业从业人数成为影响中国制造业外包的主要因素，而这几个因素也正说明：外资企业来华投资制造业外包的主要原因就是中国的工资水平相对其他国家较低；而中国具有丰富的劳动力资源则成为中国发展制造业外包的优势、但是行业区位结构不平衡以及相应的要素适宜度是当前中国制造业外包升级的主要屏障；国家正努力通过扩大开放程度全面融入全球价值链来进一步发展制造业外包，但是如果对外贸易依存度过高则不利于中国制造业外包的发展。

综上所述，中国制造业外包升级受到多重因素共同作用，但各种因素的影响效果大小不同，在设计制造业外包升级路径及实现机制时，应综合考虑各个因素的影响程度，扬长避短，实现制造业外包在全球价值链下的升级。

第 5 章

全球价值链下中国制造业
外包升级路径研究

中国制造业外包在全球价值链下实现升级，应该选择适合企业自身发展并能保持持续增长的路径，这样会使其在全球价值链分工中保持持久的竞争力。各类外包产业由于行业差异，不同行业在外包升级过程中应选择不同的升级路径。

5.1 全球价值链下中国制造业外包的定位选择

中国制造业外包升级与发展过程中，首先应从区域、行业以及工序三个方面进行定位选择，完成外包发展的第一步，为制造业外包升级奠定夯实的基础。

5.1.1 制造业外包的区域选择

国家"十二五"规划进一步强调主体功能区划，并提出各主体功能区对产业发展的要求。制造业外包升级首先要进行区位选择，而在区位选择过程中要结合国家区域发展政策、各地区外包政策以及各地区本身具有的要素禀赋优势。通过上文分析可见，中国区域发展存在空间异质性，制造业外包产业升级必须考虑这一实际国情。应将制造业外包产业定位于"重点开发区域"，因为从中国主体功能区划中可知，优化开发区域现已处于产能过剩状态，而限制开发区域和禁止开发区域在资源使用方面会受到严格限制。

首先，在重点开发区域内部进行进一步区域定位时，应结合各地区资源配置的空间异质性及要素适宜度，将制造业外包发展的关键因素如技术等以及各地区的行业优势考虑到区域选择中去。例如，如食品加工业以及纺织业等可以进一步内移至中国内陆及西北地区；而木制品加工可以移至森林资源丰富的东北地区，所以在重点开发区域中应选择行业要素适宜度高的地区。

其次，在制造业外包区域选择过程中，应考虑中国内陆各地区与国际市场的联系程度，即各地区的对外开放程度，因为发包商在选择合作企业时首先要考虑其所在区域的外向度。区域的对外开放度体现了这个地区对外政策的实施情况，即能够给发包企业和接包企业提供更多的优惠政策促进外包发展，所以在重点开发区域中应选择对外开放度较高的地区。

最后，在重点开发区域中进行进一步选择具体区域时，应考虑该区域关联产业的发展情况，因为在制造业外包过程中，其接包的仅是产品生产的某个阶段，企业除了从事国际市场上的接包业务外，还应该着眼于国内市场及业务发展，使其产生联动效应，所以在重点开发区域中应选择各产业发展健全的区域。

5.1.2　制造业外包的行业选择

基于第 3 章对中国制造业行业 L 指标进行分析可见，并不是所有行业在中国均适合发展外包业务，同时除了要考虑制造业外包企业当前所具有的专业化优势外，还需要进一步考虑其未来在全球价值链上地位的提升空间以及价值增值多少。从 L 指标分析可见纺织业以及电器、电气机械制造业的专业化程度相对较高，应成为中国制造业外包发展的首选行业；而对食品及烟草制造业、皮革羽绒制造业、交通运输设备制造业近几年来 L 指标大于 0，说明这些行业在发挥地区资源优势的基础上也可以选择；其他行业如木材加工制造业、橡胶及塑料制造业以及金属制造业的专业化优势明显下滑，部分年份出现负值，说明以自然资源禀赋为优势的制造业专业化优势慢慢消失，在行业选择过程中应慎重。但从长远考虑，实现中国制造业外包在全球价值链下的升级，部分附加值低的行业如纺织业未必成为外包企业的主要选择对象；而对于交通运输设备生产、加工业，虽然当前中国制造业外包企业并没有显现出明显优势，但从企业长期发展来看，应进一步加强这类行业的技术升级以促进制造业外包企业在全球价值链体系中的地位提升并创造高附加值。

可见，对于制造业外包的行业选择不能仅考虑各行业的比较优势和专业化水平，还应考虑制造业外包各行业的未来发展潜力，这样才能真正实现制造业外包转型升级。

5.1.3 制造业外包的工序选择

制造业外包生产工序选择包括业务内容选择和工序选择两个方面，内容选择指初级产品生产、零部件生产、资本品生产及加工品生产制造四个部分的选择；在"微笑曲线"中进行工序选择，即研发环节、生产环节、组装环节、销售环节等四个环节的选择。

中国现阶段大部分制造业外包企业主要接包初级产品生产和零部件组装，这些内容的生产效率低下而且创造的附加值也低，同时接包企业也不需要对接包的业务掌握太过专业的技术。这会造成外包业务不稳定，因为一方面接包企业容易放弃所接包的业务，另一方面，发包企业容易改变发包对象。所以，企业应更多地选择资本品生产和加工品制造，这不仅可以给企业带来丰厚利润，同时还可以使技术不断提升。

中国制造业外包企业在接包业务中大部分选择的是附加值较低的生产环节和组装环节，这也是影响中国制造业外包升级的核心问题。然而随着全球制造业的发展以及技术的不断进步，使得中国制造业企业要对自身在"微笑曲线"上的位置进行重新定位，即在原有业务的基础上，应立足于企业本身的发展不断向研发环节和销售环节拓展，利用自身的优势及发包企业的技术外溢来创造出属于自己的新产品并不断开发新市场，以创造更高的附加值。

5.2 中国制造业外包升级的技术跨越路径

中国制造业企业外包升级的技术跨越主要是指中国制造业外包已经被"微笑贫困陷阱"紧紧套牢，摆脱原有生产模式所形成的路径依赖，并跨越国际外包中"微笑贫困陷阱"的过程。

5.2.1 国际外包陷阱的实质——"微笑贫困陷阱"

目前，中国制造业外包以加工制造业务为主，这些业务均处于全球价值链即"微笑曲线"的低端，所承接的业务一方面附加值低，另一方面高物质投入、高能耗；而就其外包内容来看，初级产品加工制造被紧紧套牢，接包高新产品的企业则只具有组装能力却不具备研发能力，这对制造业企业来说好比处于"井底"。

中国制造业外包发展一度依赖于中国要素禀赋优势（如廉价的劳动力资源）以及优惠的对外贸易政策（如税收优惠）等，这会造成中国制造业外包企业过度依赖于这种优势而仅进行初级产品生产加工，从而导致中国制造业外包企业被锁定于全球价值链低端，阻碍了其向高端跨越。若这样周而复始下去，制造业外包企业会形成路径依赖，从而失去了研发动力和市场开拓能力，进而失去主动权。制造业外包企业只需按照发包商的外包订单完成简单生产加工，至于价值链上的其他环节完全不用考虑，外包企业则处于被动局面。而在这种被动局面下，若订单充足，外包企业不会主动向价值链两端拓展，虽然附加值较低，但却津津乐道。一方面制造业外包企业不愿意进行自身的技术革新和产品创造，因为技术创新后，外包企业的生产工艺有可能与原有接包产品不匹配，造成创新徒劳；另一方面因为创新后使发包商的发包成本增加，外包企业害怕发包商转移发包对象，其所有投入都将成为"沉淀成本"而造成企业空洞化，所以必须依赖发包商的产品进行设备配套，这样会使接包企业进退两难。所以，中国制造业外包企业跨越国际外包陷阱的实质就是要跨越"微笑贫困陷阱"，即中国制造业外包企业改变在全球价值链上的原有位置。而处于"微笑贫困陷阱"的制造业外包企业在发展过程中只能依靠技术进步及研发创新不断朝着外包升级方向前进。

5.2.2　制造业外包技术跨越的内涵

《中国科技发展研究报告（2001）》认为："技术跨越的实质是以技术为途径，以产业为落脚点，以提高国家竞争力为根本目标的一种学习和技术赶超过程，其最终标志是形成具有国际竞争力的优势产业，在技术层面上表现为产业主导技术能力和水平进入国际技术领先者的行列。"按照陈德智的研究，技术跨越被界定为：技术落后者以赶上或超过技术领先者技术水平及自主创新能力为目标，以突破性技术创新为核心机能的非连续技术进步的行为。

技术跨越是跨越主体强烈赶上或超过技术领先者的动机与明确的目标所驱使而产生的跨越式的技术进步行为。技术跨越的实际发生可以是国家层面、产业层面以及企业层面。从微观企业来看，技术跨越是指后发企业在研发效率上对先发企业的超越，它并不一定是并且常常不是技术的首次商业化，所以产生技术跨越的企业并不一定发生技术创新。如果某个企业实现了技术创新也不一定产生技术跨越，因为技术跨越的发生一定是两个主体相互比较的结果。但是当企业发生创新时，如果创新产生的技术性能指标超过了原来某种公认的前沿技术性能标准比如理论上的技术性能标准，也认为该企业发生的技术跨越。

产业技术跨越是指沿着技术效率由低到高的逻辑顺序，一次跨过一个或一个以上的产业技术发展阶段，直接跃入更高效率技术形态的、脱胎换骨式的产业技术更新活动。在更广泛的视角下，技术跨越可以被理解为在一个特定时期所实现的产业技术进步过程，是为实施赶超战略，形成优势产业，提高产业竞争力的过程。产业技术跨越就其本质而言，是产业技术水平的跃迁，这种跃迁不包括产业技术渐变形态。从技术发展序列看，产业技术递进前后的两个技术形态基本上是渐进和连续的，即大部分时间表现为生产技术的过程创新或称为工艺创新，但在某些特定时期，却会出现突变性的产品创新阶段。

5.2.3 跨越国际外包陷阱的路径探讨

中国制造业外包企业要想跨越国际外包中的"微笑贫困陷阱"，就要选择适合自身发展的模式融入全球价值链中去，同时能够产生套不牢、低能耗、高产出等效果。虽然中国制造业在全球价值链上的位置不是由自身随意决定，但是可以根据自身资源禀赋优势不断改善。部分学者在对韩国 D - RAM 芯片、汽车、移动电话、微电子等产业的技术进步分析基础上，提出技术跨越是指在特定产业技术追赶发展过程中，后发国或地区沿着技术发展先发国家或地区原有的技术发展途径跳跃发展，或者开辟出全新的技术发展途径而采用非线性技术发展模式的过程。前者和后者分别被定义为路径跳跃型技术跨越（path-skipping catching-up）和路径创造型技术追赶跨越（path-creating catching-up）。

路径跳跃型技术跨越（path-skipping catching-up）就是要改变"嗷嗷待哺"状态，这是当前制造业外包的主要任务，这就需要制造业外包企业掌握研发和开拓市场的主动权，主要可以通过以下几种途径来实现制造业外包企业跨越"微笑贫困陷阱"：第一种路径是要解除发包商将制造业外包企业紧紧套牢的状态，这就需要外包企业不断提高生产效率，实现标准化生产，从最初仅针对某个发包商提供单一产品的接包企业转化为能够在全球范围内为发包商进行合同生产的企业，这样即使某家发包商改变了发包对象，制造业外包企业仍然可在全球范围内发展外包业务；第二种路径是制造业外包企业不断加强自身产品技术升级，以提高对新产品的研发能力，通过自身的研发设计，即能够自主进行产品的设计，满足发包商对产品的需求，并成为自有品牌生产商从而摆脱贴牌生产的困境；第三种路径是制造业外包企业要不断开拓价值链的上游市场，通过"干中学"，在外包过程中努力吸收发包商的技术和工艺，从而完成自身产品革新，并将其不断推向国内外市场，以改善制造业外包企业在全球价值链上的位置，实现外包升级。

路径创造型技术追赶跨越（path-creating catching-up）就是弯道超车。"工业 4.0""创新""中国制造"成为广大学者关注的焦点，所以第四次工业革命的标志性技术将给中国制造的弯道超车创造重要机遇。具体演示过程如图 5-1 所示。

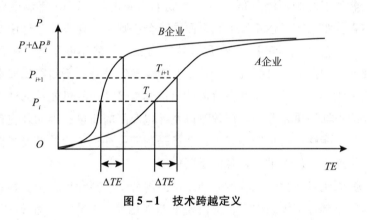

图 5-1　技术跨越定义

5.3　沿着全球价值链跟进和攀升的转型升级路径

中国制造业外包企业在全球价值链不断演变的过程中要想实现升级，就要实现其在全球价值链上的跃迁。

5.3.1　全球价值链内的横向拓展路径

全球价值链体系演变已经超越了传统价值链的发展模式，不同的价值链条相互交织成全球价值网，处于价值链上的企业不再单单的属于某一价值链条，而是在不同的价值链条上均能进行价值创造。

中国制造业外包企业在发展自身外包业务的同时，应该注意提升其业务的核心能力，完成在不同价值链上均可承接外包业务的功能转变，即在同行业内为不同企业提供同类产品的制造加工业务。这就需要中国制造业外包企业应具备一定的外包能力，换言之，并不是任何一家制造业外包企业均能参与到全球价值链体系中去，因为价值创造过程中的各个阶段均存在一定的门槛。中国制造业外包企业实现其在全球价值链体系的横向扩展就必须做到以下几点：

首先，不断增强自身的竞争优势。在承接外包过程中，由于企业竞争优势是制造业外包企业能够成功承接外包业务的关键。成本优势是当前中国制造业外包企业能够承接国际外包的主要因素，但是仅仅通过低廉的劳动力资源优势而参与到全球价值链体系中的外包企业在全球价值链体系中会慢慢地被淘汰。因为中国劳动力红利不断降低，劳动力成本不断提高。2013 年制造业城镇企业年平均工资水平已经达 46431 元，而国有企业则达 54094 元，这说明中国制造业劳动力工资水平不断上升。[1] 原有劳动力成本优势不断下降，中国制造业企业需要通过产业集聚、提高生产效率实现规模经济等来不断降低成本以提升自身的成本优势，从而实现其在价值链上持续承接外包的可能；另外，制造业外包企业应更加注重企业的生产效率以及外包产品的质量，因为外包首先是一种契约行为，能够依据契约完成外包业务是制造业外包企业的首要责任，也是企业在国际外包市场上推广业务的重要依据。

其次，深化专业化分工程度。随着产品内分工不断深化，企业要想更好地融入全球价值链分工体系中去，就需要不断深化其专业化分工程度。通过第 3 章所分析的中国制造业 15 个行业的 L 指标可以表明，中国专业化分工程度并不高。这说明中国制造业企业参与国际分工的程度比较低，从而使制造业外包的发展受到限制，影响制造业外包在全球价值链体系中的横向拓展。所以，深化制造业企业的专业化分工程度，不仅可以提高企业进行专业化生产的水平，还可以使其融入更多国家的产品内分工中去，即实现全球价值链体系中的横向拓展。

最后，提升制造业外包企业的综合实力。中国制造业外包发展缓慢的主要原因就是其不具备有效整合资源的综合实力，制造业外包中各行业仅能根据自身的发展特点以及所需要素适宜程度来完成自身成长，而对于外包所涉及的在本国内部的上游和下游企业的资源没有得到有效利用。这就会使得制造业外包在全球价值链横向拓展过程中没有国内支持，单一依靠国外市场容易造成制造

---

[1] 国家统计局网站。

业外包发展的"空洞化"。

5.3.2　全球价值链内的纵向深入路径

中国制造业外包企业在全球价值链体系内的纵向深入指外包企业从价值链的低端向价值链的高端转移。中国制造业外包企业在向价值链两端攀升的过程中，实现其在全球价值链内的纵向深入并不是仅仅完成其外包业务从简单的加工制造环节转变到研发或者管理销售等知识密集型环节，而是宽领域、广视角、多方面的实现价值增值的过程。实现制造业外包企业在全球价值链内的纵向深入需要从以下几个方面着手。

首先，提高外包企业的核心竞争力。核心竞争力是企业承接外包的基础和砝码，也是制造业外包企业创造价值的主要依托。在制造业加工制造阶段，其技术专有性是企业创造价值的核心，而专有技术水平又是其达成外包契约、创造更高剩余价值的关键。所以一方面要使技术的专有性进一步加强，提高生产工艺和产品的技术含量，另一方面要围绕核心竞争力拓展外包企业的业务范围，使其业务的独占性加强，在没有发包业务的情况下，外包企业仍然可以进行优质产品生产。

其次，创建国际品牌战略。制造业外包企业在发展外包过程中，要不断提高企业在国内外的知名度，取得发包商和消费者的认可。这样，即使脱离了发达国家的发包商，企业仍然可以继续进行生产制造；同时，若制造业外包企业创建了国际品牌，可使其在外包过程中占有主动权，并获得更多增值空间；制造业外包企业创建国际品牌的过程，其实质而言就是向价值链高端攀升的过程。

最后，努力创建以自身为中心的国家价值链并向全球扩展。创建国家价值链要以本国国内市场和本国制造业核心竞争力两个方面为基础，通过制造业企业的自主研发来完成价值链的研发环节，再依靠企业原有的优势进行生产制造，然后在本国市场内部来获得品牌效应并逐步拓宽自身的销售渠道，进而完成整个价值链的价值创造过程，在此基础上再将其扩展为全球价值链。这样可以使制造业外包企业从工艺升级慢慢地发展到功能升级，最后实现价值链链条的跨部门升级。[①] 通过制造业外包企业国家价值链的创建，将其非核心的业务剥离出去发包给其他企业，从而实现制造业外包企业在全球价值链的纵向深入。

---

① 张杰、刘志彪：《全球化背景下国家价值链的构建与中国企业升级》，载于《经济管理》2009年第2期。

5.3.3　全球价值链"切片"外移的转型升级路径

近年来，WTO 颁布了新的对外贸易统计框架，即以"贸易增加值"取代了原来的一国"对外贸易全值"的统计方法，这使中国制造业外包企业应重新审视自身的对外贸易情况，特别是那些外包业务大部分处于全球价值链低端的企业的贸易情况。① 若想转变现有的低端状态，中国制造业可以选择将其在全球价值链中部分烦冗的"切片"外移，实现制造业外包升级。

若将全球价值链上的生产环节依据要素密集度不同，带来的价值增值空间不同进行从小到大排序，各个生产环节的增值空间可依次细分为：劳动密集型生产环节、自然资源密集型生产环节、资本密集型生产环节、基础技术密集型生产环节、高新技术密集型生产环节、知识密集型生产环节。依据此种划分方法，由于各环节增值空间和创造的利润不同，可将全球价值链进行"切片式"分割，中国制造业企业应依据价值链上各个生产环节创造价值的变动规律将自身主要优势及竞争重点放到价值增值空间大的环节，将增值空间小的环节进行"切片"外移，转移到国外仍能创造价值的地区。依据此做法，可以将中国制造业企业从其他国家外包来的环节进行进一步细分，例如，若制造业企业承接的是加工制造环节，可以将此加工制造环节依据各个过程中使用的资源密集程度，再进一步分成劳动密集型环节、资本密集型环节以及知识密集型环节。然后将自身主要资源集中投入到能够充分发挥自身优势、创造最大价值的环节，将没有优势的环节依据外包"切片"外移机理，将这些环节进一步剥离出去；另外，有些生产环节中涵盖了一些敏感环节，受到政府以及社会的强烈反对，例如，污染较严重的生产环节，可以将这类环节进行反向外移，而将更多的资源转移至增值空间更大的生产环节。

5.4　全球价值链下中国制造业外包升级自主成长路径

5.4.1　中国制造业外包升级自主成长路径的行业分析

不同行业在发展制造业外包升级过程中受到外部因素及内部因素的影响程

---

① 张茉楠：《实施全球价值链战略推动产业全面升级》，载于《发展研究》2014 年第 7 期。

度并不相同，所以各行业在全球价值链体系内所选择的路径也会存在差异。本
书依据上文对中国制造业的行业划分方法（参见表 1－2），将 15 个行业在全
球价值链上实现制造业外包升级自主成长路径给出建议。具体如表 5－1 所示。

表 5－1　　　　　　　　　　15 个行业外包升级路径

行业代码	L 指标（若大于 0，具有专业化优势）	受区域因素影响程度	是否需要跨越外包陷阱	全球价值链体系内生产工序选择建议	沿 GVC 跟进路径建议	外包模式选择建议
01	>0	中度	是	研发、品牌创造、营销	横向拓展	专用配套
02	>0	轻度	否	面料和时装研发设计、品牌创造、营销	横向拓展	高级代工
03	>0	轻度	否	面料和时装研发设计、品牌创造、营销	横向拓展	高级代工
04	<0	中度	是	设计、工艺、营销	纵向跃进	专用配套
05	<0	轻度	是	工艺、品牌	纵向跃进	高级代工
06	<0	高度	否	开采、冶炼	"切片"外移	功能外包
07	<0	轻度	是	精细化工	"切片"外移	专用配套
08	<0	高度	否	细化、提纯	纵向跃进	功能外包
09	<0	高度	否	冶炼、压延工艺	纵向跃进	功能外包
10	<0	高度	否	研发、设计	"切片"外移	功能外包
11	>0	轻度	是	研发、总装	横向拓展	专用配套
12	>0	轻度	是	研发、模具、成套装备制造	横向拓展	专用配套
13	>0	轻度	是	IC 设计、前沿技术研发和生产、IP 供应	横向拓展	高级代工
14	>0	轻度	否	研发、CPU 制造、软件设计、核心元件	纵向跃进	高级代工
15	<0	轻度	否	研发、核心元件	纵向跃进	高级代工

5.4.2　中国制造业外包升级的自主成长路径设计

中国制造业外包升级是中国制造业外包企业通过承接跨国公司及其在华

投资企业的外包业务或者承接其他中国制造业外包企业的再分包业务等途径
融入全球价值链分工体系的必要条件，也是中国制造业外包企业承接外包再
分包业务过程中通过外包促进作用的传导机制不断提升学习能力，从而实现
自身在价值链上由低端向高端跃迁的作用机制。可见，自主成长是企业发展
壮大的主要途径之一。自主成长主要强调企业自主学习和创新，拥有自主发
展能力。

自助成长模式主要是制造业外包企业基于自身的技术积累与技术创新能
力，它不仅改变现有市场竞争格局以及消费者偏好，还有可能改写行业技术标
准，重新设立"游戏规则"，从而使后发国家占据市场的主导权。自主成长
中的技术创新主要依靠创新主体自身的知识与技术积累、创新能力，进行原
创型技术创新的行为。自主创新所需的知识和能力全部来自后发国企业内
部，技术创新是在本国科学家、工程师科研的基础上完成的，是本国企业技
术研究与开发的结果。此外，自主创新者必须是率先注册的专利者，而绝不
是创新企业的跟随者和模仿者，同时，技术的率先性必然带动市场开发的率
先性。

自主成长模式不同于上述的技术跨越模式，其主要源于技术轨道的不连续
性，所谓技术机会在这里就是指因技术轨道的不连续性而带来的机会。如
图 5 - 2 所示，当一种新技术刚出现（t_1）时，产业呈现出两种发展方式：一
是沿着一条全新的轨道，二是在老轨道上继续前进。在新轨道上，以前的技术
经验不可能迅速地移植到新的技术中，这样，这些技术突破会导致各个国家重
新在同一技术起点开始新的竞争；在新轨道上，新企业包袱轻，能轻装前进，
而对于老企业而言，因新技术在初始时还不成熟与完善，其生产率都低于上一
轮技术（t_2 时刻之前），凭借其在现有轨道中的较长经验积累，使用现有技术
将远会比采用新技术的生产成本低、效率高，其利润率也较高，这会造成技术
发展的路径依赖，采用新技术意味着较大的转换成本。这样，面对新技术的挑
战，老企业通常会继续在现有技术中付出成倍的努力，致使现有技术经历了一
段短暂的性能改进期（图 5 - 2 中的虚线）。而新技术本身在深入改善产品性
能或降低生产成本，或两者兼备上更具潜力，会进入一个较快的改进阶段，而
超过现有技术通常只是时间问题（t_3 时刻）。历史上很多行业中领先与落后者
的位次更替，恰恰是发生在这种轨道转变的不连续上。

自主成长模式的成功建立在自身长期技术能力积累的基础上，建立在对前
沿技术全面追踪和准确把握上，充分了解国内外市场需求信息以及产业未来发

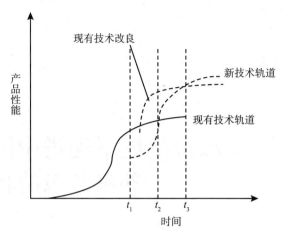

图 5 - 2　技术轨道的更替

注：t_1—新技术刚刚开始；t_2—对现有技术进行改良；t_3—新技术开始替代现有技术。
资料来源：James M. Utterback 著，高建译：《把握创新》，清华大学出版社 1999 年版。

展的方向，敏锐洞察现有产品或工艺与市场现实或潜在需求之间的差距，形成有价值的技术构思，沿新的技术轨道，探索通过开发新的技术满足市场现实需求或潜在需求的方法，推出全新的产品和工艺，实现技术的产业化。但企业自主成长并不排斥外包，应充分利用我国的分包优势，以外包承接为推动力，参与国际生产，承接跨国公司及其在华投资企业的外包业务，促进企业学习及创新能力的提升，并完成其在全球价值链体系中的跃迁。另外，自主成长要避免外包推动模式可能带来的路径依赖问题及其他弊端。

　　基于以上分析，中国制造业外包升级的核心应为在外包推动下完成自主成长，其在强调综合利用各种外包模式推动企业发展的同时，又立足于自主成长，从而最大限度地弥补外包推动的不足。中国制造业外包企业参与国际分工，借助外包升级推动实现自主成长，存在一个最优策略的选择问题。一方面，借助外包推动能够顺应当前国际生产分工的发展趋势，完成企业沿着全球价值链向两端攀升；另一方面，中国的特殊国情决定了中国制造业的成长与发展又不能完全借助外包推动，从长远考虑必须立足于自主成长。因此较为符合中国国情的制造业成长策略应该是以自主成长为基础，充分利用中国制造业的外包优势，以外包为桥梁，参与全球价值链分工，承接跨国公司及其在华投资企业的外包业务，并在此过程中促进企业自主创新能力的提升及完成其在全球价值链中的跃迁。

第 6 章

全球价值链下促进中国制造业
外包升级的机制构建

促进中国制造业外包在全球价值链下升级与健康发展，需要寻求有效地实现机制，这还可以使中国制造业外包企业全面融入全球价值链体系中去。全球价值链下构建中国制造业外包升级的实现机制是为了从多角度、宽领域寻求使中国制造业外包达到业务规模不断增加、业务范围不断扩大、业务层级不断提高，在全球价值链中实现跃升的有效目标机制。

合作与协调机制是基础，在全球价值链分工体系中，企业在不断发挥自身核心竞争力的过程，需要价值链上的企业通过有效的合作和相互间协调实现"合作共赢"。激励机制是动力，接包企业与发包企业之间通过合同激励、信息激励、经济与非经济激励，使双方之间的合作能够顺利进行。全球价值链下的外部推动机制主要包括发挥市场在资源配置中的决定作用，有效发挥政府的宏观调控和监管作用，全面发挥企业间的联动作用，积极争取国家对外包企业的政策支持。资源整合机制，主要通过政府引导、行业配合、区域协调和市场机制调节，将处于不同区域、不同行业以及不同价值链或价值链上不同环节上的资源进行整合，以增强制造业外包企业的核心能力。创新驱动下的内生增长机制是核心，只有在创新驱动下，外包企业建立标准化体系，实现自主创新，主要依靠制造业企业自身技术进步和要素质量提高来实现企业内涵型发展，实现产品升级和产业升级。产业集群推动机制是平台，中国制造业外包企业应充分发挥产业集群优势，为外包企业提供示范、技术溢出以及扩散等效应，同时做到产业投入的生产要素的"质"与"量"匹配，达到要素适宜，以支持外包企业在创新驱动下实现内生增长。全球价值链下的治理机制是保障，中国制造业外包企业需参与规则制定与价值链治理，避免外包企业间恶性竞争与内耗，从被动从属到平等参与和引领，以利于制造业外包转型升级。在全球价值链下推动各种机制共同作用以实现制造业外包升级，具体如图6-1所示。

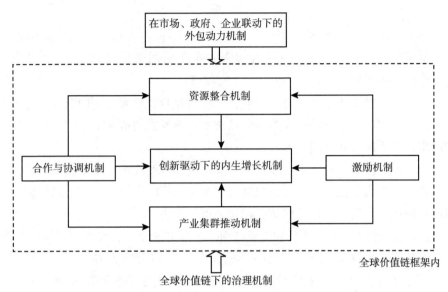

图6-1　全球价值链下促进制造业外包升级的实现机制

6.1　全球价值链下外包企业间的合作与协调机制

随着制造业外包发展，全球价值链体系中的企业合作越来越密切。在全球价值链体系中，为了使所有企业都能够实现价值增值，企业之间必须制定有效的合作机制来完成彼此间合作，这一过程常常会借助代理机制来实现。在合作过程中又需要协调机制来协调彼此之间的资源使用、利益分配等问题。处于全球价值链上的企业在发挥其自身核心竞争力的同时，会将其非核心业务进行外包给价值链上的其他企业，这就需要价值链上的企业间通过有效合作与协调来谋求"共赢"目标。换句话说，要在全球价值链内资源有限的情况下，不但实现单个企业的价值最大化，还要实现整个价值链的价值最大化，基于此建立的决策目标函数如下：

$$V_i = F(D_i);$$

$$V = T(\sum_{i=1}^{n} D_i)$$

151

约束条件：

$$S_1(D_1) + S_2(D_2) + \cdots + S_n(D_n) \leqslant S_{sc};$$

$$\sum_{i=1}^{n} V_i \leqslant V$$

其中：D_i 表示在价值链中单 i 个企业的决策；V_i 表示企业在实施决策 D_i 时的价值增值；$S_i(D_i)$ 表示企业在实施决策 D_i 时的资源使用情况；S_{sc} 表示的是整个价值链的资源总量。

在该合作模型指导下，每个企业在寻求自身利益最大化的同时应满足全球价值链上价值增加的条件。在当今信息技术不断发展的情况下，应依据上述模型的宗旨来完成彼此之间合作。

在具体合作实施过程中，制造业企业通过外包实现彼此间的合作，这种外包模式也被称为委托—代理。发包商和接包商之间的合作、冲突解决、协调发展的机制选择可借助最优策略选择模型来得以解决。

假设价值链上存在一家发包企业 A 和一家接包企业 B，彼此完成外包合作。企业 A 的策略为 $DA_i(i = 1, 2, \cdots, m)$，企业 B 的策略为 $DB_j(j = 1, 2, \cdots, n)$，当二者合作时企业 A 采用策略 DA_i 而企业 B 采用策略 DB_j，企业 A 的收益为 C_{ij}，企业 B 的收益为 C_{ji}，基于此企业 A、B 之间的各种委托—代理策略的博弈结果可以表示为：

$$F = \{S_{DA}, S_{DB}; C\};$$

其中，

S_{DA} 为企业 A 的策略集合，$S_{DA} = \{DA_1, DA_2, \cdots, DA_m\}$；

S_{DB} 为企业 B 的策略集合，$S_{DB} = \{DB_1, DB_2, \cdots, DB_n\}$；

C 为企业 A 在企业 A、B 不同策略组合的情况下的收益矩阵，

$$C = \begin{pmatrix} C_{11} & \cdots & C_{1n} \\ \vdots & \ddots & \vdots \\ C_{m1} & \cdots & C_{mn} \end{pmatrix};$$ 同理可以得出企业 B 的收益矩阵。

综上所述，在此情况下应寻求 $Max(C_{ij} + C_{ji})$，即 SD_i，SD_j 为 A、B 企业在合作过程中应寻求的最优合作、协调发展策略。中国制造业外包企业在外包过程中应该在不断增加自身收益的同时，注重合作共赢，考虑对方的收益及整个价值链的收益情况，即创建有效的合作与协调机制。

6.2　全球价值链下制造业外包升级的激励机制

在全球价值链体系中，外包会由于市场失灵而产生各种各样的风险，这样为了确保外包顺利进行以及外包企业在价值链中获益，应制定有效的激励机制来规避风险。制造业外包激励机制的建立一方面是为了对外包企业进行约束，另一方面是为了使外包企业间的合作能够顺利进行。

制造业外包就其实质而言是一种契约行为，合同激励是在外包合同达成后，双方应依据合同中条款来履行彼此之间的委托—代理责任，所以合同是一种重要的激励手段。发包企业可以依据合同条款监督外包企业业务的完成情况，然后通过信息反馈进行风险分析，并通过风险预警及处理情况来执行合同；在制造业外包发展过程中，需要一定的组织激励机制，而这种激励机制又不同于组织对内部员工的一般组织激励机制，而是需要跨组织的激励机制。本书利用自治主体间的激励机制进行分析，发包企业对接包企业的激励机制不仅包括合同项下的承包费用的支付，还应该包括合同项下未包括的，例如，建立社会声誉、提供更多的合作机会等非正式的激励机制；在外包过程中建立有效的信息沟通渠道进行信息激励，是进行规避风险、实现市场有效性的主要途径。作为自治主体之间的信息激励包括发包企业与接包企业之间相互提供新的市场信息以做到产品更新换代、技术革新、销售战略调整等。这样不仅可以使彼此间减少风险，还可以为企业长足发展提供更多机会；经济与非经济激励机制强调发包企业与接包企业之间是一种合作共赢关系，所以彼此间在剥除竞争因素外应给予相互援助和支持，这就包括如经济上奖励、技术上支持等经济与非经济激励，以求彼此间的合作更加顺利。经济与非经济激励机制的实施一方面可以提高彼此合作关系的满意度，另一方面会提高彼此的信任水平，为二者之间的长期合作打下基础。综合上述分析，可以将制造业外包的激励机制用图示进行分析，具体如图 6-2 所示。

6.3　全球价值链下制造业外包升级的外部动力机制

制造业外包升级的外部动力机制主要指中国制造业外包企业在全球价值链

153153

体系中通过市场机制、行政机制和社会机制推动制造业外包企业全面融入全球价值链体系并提升在全球价值链中的位置的过程。

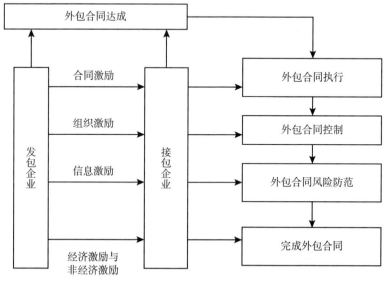

图 6 – 2　激励机制作用

6.3.1　完善市场调节功能

市场机制在当今制造业外包升级过程中起到重要作用，因为市场机制的一个重要特征就是竞争从而带来的优胜劣汰，而同时市场机制下资源的共享性能不断地降低外包企业的学习成本，所以要充分利用市场机制促进中国制造业外包升级，保障制造业外包有效、健康发展。

在制造业外包市场中，外包企业发展水平良莠不齐，外包过程中不能避免出现"柠檬市场"，反复下去会严重影响中国制造业外包的发展。市场作为外包的纽带，不仅能够反映外包业务发展整体的合理性，还能够反映外包企业自身的问题所在。这就需要一方面利用价格调整机制发挥中国制造业外包企业的成本优势全面融入全球价值链体系中去以完成接包业务；另一方面要依据市场的供求变化情况，外包企业完成自身生产结构和业务结构的调整以适应全球价值链体系内生产结构的变化。同时，竞争在市场机制中成为企业实现自身价值的重要条件，制造业外包企业在此条件下可以充分发挥其在各个环节的竞争力，多角度参与到全球价值链分工体系中去。

6.3.2 健全政府行政职能（调控、监管）

政府行政职能主要是指政府在制造业外包升级过程中所发挥的宏观调控和监管职能，以确保制造业外包升级的实现。政府一方面要实施有效的宏观经济调控政策以激励制造业外包企业的发展，另一方面还要提供有效的监督管理手段以遏制在鼓励制造业外包发展过程中出现的"搭便车"现象。进一步加强海关、税务、财政等各部门之间的合作，促进联合监管，以推进制造业外包企业在全球价值链上的转型升级；随着信息产业及互联网的发展，监管部门应转变原有监管模式，电子订单的出现及发展使得监管不能仅局限在传统外包合同上。在宏观经济调控方面政府不仅要通过实施有效的财政和金融政策来促进中国制造业外包的发展，同时还要充分发挥政府在市场失灵治理、资源配置、信息共享以及技术进步等方面的作用。另外，政府部门要利用好自身职能，做到政府"适度参与"，以充分发挥企业自身的发展潜力。

制定有效的监管体制是政府确保市场有序运行的主要行政机制之一，也是政府区别于其他各类主体的一个主要特征，政府有效监管才能保证市场良性运行，能够保证制造业外包企业业务完成的质量。从长远角度出发，不仅能保证制造业外包企业长期利益所得，还能保证制造业外包的健康、持续发展。

6.3.3 发挥社会联动作用

本书讨论的联动机制是指制造业外包企业在其生存的社会系统中，企业本身、政府以及其他社会群体之间的联动，在全球价值链不断演变的基础上，对制造业外包升级产生的促进作用。制造业外包企业、政府与其他社会群体之间主要通过手段、联动和惯性这三个要素相互依托在一起。首先，政府实施鼓励外包发展的手段会促进制造业外包发展，但仅仅依靠政府的鼓励政策则远远不够，因为制造业外包的发展还需要从社会引进人才、资本以及知识技术等，这就需要其他社会群体也要进行扶持发展以适应制造业外包的发展，如教育培训。另外，制造业外包企业也应该制定有利于自身外包发展的手段方法，如在外包过程中对市场的认知、外包能力的增强等。在各个主体采取相应方法后，社会系统内部的各相关要素就会产生相互联动的关系，如政府鼓励外包升级会带来大专院校设置相应的外包专业，从而使外包从业人员素质不断提高、外包业务质量提高、社会经济发展等一系列的综合效应。在此效应产生后，各主体会将这种鼓励外包发展的手段不断内化，进而形成惯性力量，推动制造业外包升级。①

6.3.4　促进国家政策支持

产业政策支持对于产业发展将起到积极的促进作用，对于全面参与国际分工的制造业外包更是如此。本书引用杨立强（2008）对制造业外包促进作用的一般传导机制来说明国家产业政策对外包发展的重要性。

从图6-3中可以看出，国家产业政策对于中国造业企业制定外包决策、外包产业集群发展以及技术集群的产生都有促进作用。② 同时，技术集群及产业集群的产生会产生放大效应，也会给制造业外包企业带来示范效应以及技术知识溢出效应；而国家产业政策对于制造业外包企业的支持会带来外包企业之间互促机制的形成，从而推动制造业外包升级。从图6-3中可见，国家产业政策支持带来一系列的传导效应，最终将促进制造业外包升级。

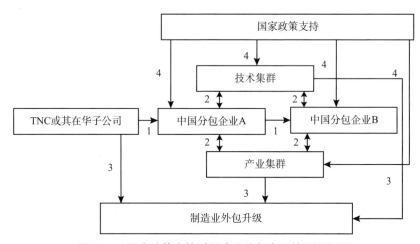

图6-3　国家政策支持对制造业外包发展的促进机制

注：图中数字的含义分别为："1"是制造业外包行为的互促机制；"2"是产业集群的放大效应；"3"是制造业知识溢及扩散作用；"4"是国家产业政策支持。

---

① 严家明：《社会机制导论》，载于《江汉论坛》1992年第6期。
② 杨立强：《中国制造业企业承接外包生产与自主创新》，载于《当代财经》2008年第9期。

6.4　全球价值链下制造业外包升级的资源整合机制

制造业外包的资源整合机制是指从制造业外包的区域分布、行业分布、价值链分布的角度出发，将处于不同区域、不同行业以及不同价值链或价值上不同环节的资源进行重新整合，以促进制造业外包升级。

根据上文分析，中国制造业外包企业存在区域分布不均衡以及行业分布不均衡等问题，造成中国制造业外包整体发展水平不高，只有将现有的外包资源依据企业所处的价值链及位置进行资源重新整合才能使中国制造业外包得到长足的发展。在制造业外包资源整合的过程中，需要政府通过外包产业政策及相关的鼓励政策进行有效引导以增进区域间的相互协调，使各区域间相互配合确保资源的有效利用；同时，也需要发挥市场对资源的调节作用和行业协会的协调作用，来促使有限的资源在外包行业间流动以促进处于价值链不同阶段或不同价值链上的企业相互配合、共同作用来实现整体发展。中国制造业外包在资源整合过程中也应该包括：对全球价值链体系中处于不同国家跨国公司价值链上的中国制造业外包企业进行整合，可以通过企业之间的合作、并购等方式来增强企业在全球外包业务中的综合实力以更好的承接外包；对处于同一价值链上的不同企业所拥有的资源进行整合，如上游企业对下游企业给予相应的技术支持，发包企业对接包企业给予更多的信息资源等。制造业外包的资源整合机制的作用源泉主要来源于政府、市场、行业、同链企业以及异链企业的共同作用，具体如图6-4所示。

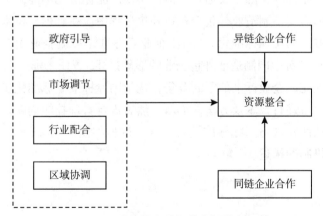

图6-4　制造业外包升级的资源整合机制

从图 6-4 可见，中国制造业外包升级的资源整合不仅需要通过政府引导、市场调节、行业配合以及区域协调来整合国内资源，还需要制造业外包企业通过合作加强处于同一价值链内的企业间资源的整合以及不同价值链间企业间资源的整合，实现"国内国外""链内链外"资源的有效利用。

6.5　全球价值链下制造业外包升级的内生增长机制

制造业外包的内生增长机制是指除了依据外部条件来促进制造业外包升级外，制造业外包企业还应该根据自身的条件来实现由价值链低端向高端不断攀升的转型升级。

6.5.1　鼓励建立标准化体系

中国制造业外包企业在外包完成产品生产后经常会遇到一个致命问题：技术贸易壁垒，这影响到中国制造业外包长期发展。随着技术贸易壁垒兴起，中国制造业外包产品不能达到发达国家市场准入标准，外包能力下降，这会严重影响制造业外包企业的国际竞争力，制定标准化体系发展机制势在必行。

中国制造业外包企业起初在模仿中不断引进技术并进行技术创新，完成外包业务，并在模仿中不断使其生产、加工产品达到国际水平的过程是制造业外包企业实现产品标准化的主要途径。但仅实现产品标准化不能满足当前全球外包业务发展的需要，制造业外包企业在外包过程中应在管理、技术、产品以及方法等多个方面均实现标准化。"一流企业卖标准，二流企业卖产品，三流企业卖苦力"正是对中国制造业外包企业的形象描述，为了摆脱三流企业卖苦力的状态，必须完成企业标准的不断升华，达到国际标准。标准化实现机制主要是通过模仿学习进行技术及方法的创新，然后进行管理技能创新以及产品生产不断升级，从而实现与国际标准接轨，这一过程如图 6-5 所示，对外包企业标准化实现机制的描述。

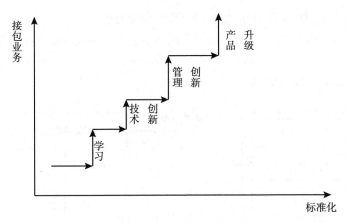

图 6 - 5　标准化机制

6.5.2　鼓励企业自主创新

《中华人民共和国国民经济和社会发展第十二个五年规划纲要》（以下简称《"十二五"规划纲要》）中明确指出：要加快创新型国家建设，而企业是国家产业技术创新的"细胞"，对于制造业企业更是如此。但近些年来，中国技术创新和进步主要依托于外资引入，特别是制造业外包企业的创新主要依托于外资配套企业的技术创新。就外资投资制造业外包企业的环节分析，主要是外资企业在其全球价值链生产体系中的"低端环节"，故其所让与的技术一般为低层级技术。另外，随着当前国际经济活动的整体变化，制造业外包企业创造的价值增幅不大，大部分外资企业开始由生产制造转向服务，这说明中国制造业外包企业失去了从外资企业获得技术的源泉，在此情况下中国制造业外包企业要想继续成长就必须进行自主创新。

自主创新的发展机制是指中国制造业外包企业在制造加工技术、外包模式、外包对象以及相关产品生产等方面摆脱对外资企业的模仿，立足于自身发展情况以及自身存在的优势，在技术引进与消化的基础上制定相应的发展策略。由于中国制造业外包企业不是一个孤立的个体，其创新驱动发展需要内部条件和外部条件共同作用来驱动制造业外包自主创新（如图 6 - 6 所示），而外部条件在制造业外包的外部推动机制中已经进行了探讨，所以在此更加强调制造业外包企业实现自主创新的内在条件。对于制造业外包企业而言，企业家精神是企业实现自主创新的原动力，只有企业家具备了一定的冒险精神和创新精神，企业才会在原有"锁定"外包的基础上搜索新的知识技术。但外包企业对技术的认知能力、吸收和消化能力以及创新能力也非常重要，只有有效地吸收和消化，才能带来技术的创新，最终实现自主创新，推动制造业外包升级。

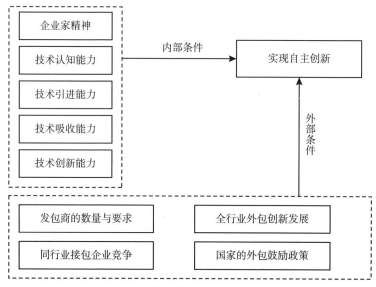

图 6-6　制造业外包企业自主创新机制

6.5.3　推进制造业外包企业在创新驱动下实现内生增长

著名经济学家罗默及卢卡茨提出了内生增长理论，指出技术进步、知识积累、人力资本增加等对经济增长具有重要作用，且为内生变量。这反映了知识、技术在经济增长中所发挥的作用日益增加。制造业外包企业的内生增长是指主要依靠制造业外包企业自身技术进步以及所投入知识要素的提高来促进生产效率和经济效率的提高，从而实现制造业外包升级的一种机制，其是制造业外包升级的核心。

中国制造业外包企业最初主要依靠自身的成本优势而进行大规模外包业务，这使中国制造业外包企业大部分都处于全球价值链低端，大规模加工生产并没有给企业带来高额收益，所以中国制造业外包企业应转变传统发展机制，突破量变、实现质变。制造业外包企业实现内生增长要在创新驱动下以原有大规模生产为基础，不断吸收新的技术知识并加强外包人才培养，使外包工艺不断改进、外包产品不断升级、外包企业功能发生转变，以在生产加工阶段创造的价值不断提高。技术进步一方面要靠引进，另一方面则要求自主创新，在创新驱动下实现内生增长。

6.6　全球价值链下制造业外包升级的产业集群推动机制

制造业外包升级要注重制造业外包企业之间的联动效用，发挥产业集群的扩大效应以及示范效应，即从产业角度出发要实现制造业外包产业升级，同时要确保产业"适宜度"，即对单个企业而言投入要素具有有效性。

6.6.1　产业集群化发展是前提

中国制造业外包企业在空间上集聚或者全球价值链内不同环节的企业所形成的产业关联是推动制造业外包升级的前提。这种产业集群化发展可以为制造业外包企业提供示范效应、技术溢出效应等。

2013年4月15日在哈佛大学举办的哈佛中国论坛中，有专家明确指出："中国制造业在产业集群效应方面仍有优势，美国重振制造业对中国冲击有限"。但就中国制造业外包产业集群的发展还是需要一定的驱动机制。不同学者对于产业集群驱动机制的作用机理存在不同观点，如表6-1所示。

表6-1　　　　　　　　　　　　　产业集群驱动机制

提出者	模型	模型特征	驱动机制
波特 （Porter，1998）	钻石模型	四个基本要素和两个辅助要素	六要素共同作用
施塔默 （Stamer，2002）	集体效率模型	正的外部性与多个企业联合行动	外部性与企业联合共同行动
韦尔 （Wells，2001）	灵活专业化模型	灵活经营下的市场细化与高专业化、高创新度	灵活性与创新迅速反应
贝斯特 （Best，2001）	企业专业化动态模型	技术溢出下专业化与多样化共存	知识溢出：专业化与整合

基于以上产业集群驱动机制的探讨，本书借鉴施塔默（2002）的思想在全球价值链下建立了集群化产业发展机制导向图，具体如图6-7所示。

从图6-7可见，产业集群化发展需要政府产业政策、外包企业、全球价值链以及社会资本等共同作用；而外包产业集群发展后，其又会反作用于制造业外包企业，推进制造业外包升级。所以，中国制造业外包企业应该充分发挥外包产业集群优势，寻求有效的驱动机制来完成制造业外包企业的集群化发展，以使中国制造业外包在全球价值链下实现升级。

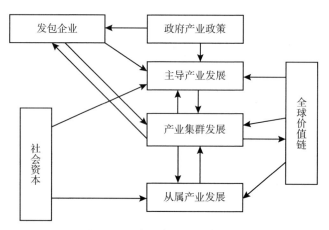

图6-7　产业集群化驱动机制

6.6.2　寻求推进制造业外包升级的要素适宜度

从中国制造业外包发展行业分析可见，只有部分行业的外包发展水平较高，而这些外包发展水平较高的行业也只是通过利用廉价成本进行大规模生产实现的，并没有做到要素适宜。产业要素适宜发展机制是指外包产业所投入生产中的要素要做到"质"与"量"的相互匹配，即所谓的"要素适宜"。做到产业发展的要素适宜既不会出现要素浪费，也不会阻碍外包持续发展。制造业外包产业创造要素适宜的发展机制主要从投入要素自身的条件和要素的利用程度两个方面着手，就中国制造业外包所投入的自然要素和非自然要素角度分析，制造业外包产业投入的要素具有空间异质性，外包产业发展较好的东部沿海地区，自然要素条件一般，而非自然要素条件则相对较好，要素的利用程度则要好于西部和内陆地区。对于要素适宜度的分析，一般使用下面的公式。[①]

----

① 郝大江：《基于要素适宜度视角的区域经济增长机制研究》，载于《财经研究》2011年第2期。

$$FAD = \left(\frac{\sum\limits_{i}^{n} \omega_i FUD_i}{\sum\limits_{i}^{n} \omega_i FC_i} \right)^{-1} \tag{6-1}$$

其中：FAD 为要素适宜度；FUD 为要素利用度；FC 为要素条件；ω 为各要素的权重；i 为要素类型。

从式（6-1）中可以看出，制造业外包企业拥有较高的资源禀赋优势，未必带来外包企业的发展，而是应寻求各要素条件的适度。寻求有效促进制造业外包升级的要素适宜机制就是要将外包企业对要素的利用程度、要素自身条件以及使用比例等因素均考虑在内，并按照一定的机理进行要素选择，达到物有所用、用有所值的效果。

6.7　以全球价值链为依托中国制造业外包升级的治理机制

全球价值链治理主要是指在全球价值链体系中功能上分割或者地理上分散的参与者之间形成的各种交易状态，具体是指价值链中的领导者通过各种方式对其他的参与者进行的某种规则和标准的制定，以便更好地协调价值链上的各种经济活动，避免恶性竞争和内耗。中国制造业外包企业大部分在全球价值链体系中处于从属地位，为了使中国制造业更好地融入全球价值链并转变原有模式，就必须对全球价值链的治理模式进行研究，以便使中国制造业外包企业能够适应全球价值链演变，实现制造业外包的转型升级。基于全球价值链驱动机制分为的生产者驱动型、消费者拉动型以及"混合型"三种机制，在此将对这三种类型的价值链治理机制进行探讨。

生产者驱动型价值链的治理主要是指价值链中的主要驱动力量为产业资本，所以对于这种驱动型价值链的治理主要产生于资本密集型行业，且进入的壁垒相对较高，生产者在价值链中的领导地位相对稳定。对于生产者驱动型价值链的治理主要通过市场型、科层型、领导型三种类型对全球价值链进行治理，如表6-2所示。

表6-2   生产者驱动型价值链治理的类型

类型	特　点
市场型	最简单的一种治理模式，价值链上的参与者之间的联系松散，主要通过市场进行相关活动的调节，特别是供给
科层型	表现为上一级别的生产者具有一定的控制能力，能够制定规则并发布命令，由下一级别生产者负责执行
领导型	个别大型企业居于全球价值链的主导地位，其他的参与者则处于从属地位，主要体现为前者对后者的控制或者后者对于前者的依赖

消费者拉动型价值链的治理主要是指在价值链中的主要驱动力量为商业资本，所以对于这种拉动型价值链的治理主要产生于劳动密集型行业，处于领导地位的参与者主要处于价值链中的销售及品牌管理环节。对于消费者拉动型价值链的治理主要通过市场型、准层级型、俘获型三种类型完成，如表6-3所示。

表6-3   消费者拉动型价值链治理的类型

类型	特　点
市场型	最简单的一种治理模式，价值链上的参与者之间的联系松散，主要通过市场进行相关活动的调节，特别是需求
准层级型	消费者对生产者有较强的控制力，且对生产者的能力持有保守意见。消费者会依据自身意向选择生产者进行投资
俘获型	个别大型零售企业直接控制价值链上的生产者来完成某些产品的定性

"混合"驱动型价值链的治理主要是指在价值链中产业资本和商业资本共同作用，所以对于这种驱动型价值链的治理主要产生于各个环节参与者的控制力量相当，主要通过相互作用产生综合效益的一种治理模式。对于"混合"驱动型价值链的治理主要通过市场型、网络型、模块型、关系型四种类型来实现，如表6-4所示。

表6-4   "混合"驱动型价值链治理的类型

类型	特　点
市场型	最简单的一种治理模式，价值链上的参与者之间的联系松散，主要通过市场进行相关活动的调节，特别是生产者与消费者之间的相互作用

续表

类型	特　点
网络型	不同价值链上的参与者形成一个价值网，每个参与者都是一个结点，通过各种经济交易活动相互影响
模块型	生产者与消费者之间存在着较复杂的关系，二者之间在信息等方面存在沟通与共享
关系型	各参与者之间相互信任或相互依赖，彼此之间紧紧抱成一团，很难分解

　　制造业外包企业在全球价值链内进行何种类型的治理取决于发包商和接包商在全球价值链中所处的地位、市场环境以及相互之间的交易成本。制造业外包企业的全球价值链治理机制主要就是指在考虑各种要素后，接包商和发包商最终会选择何种类型来进行相互合作，具体治理机制如图 6-8 所示。

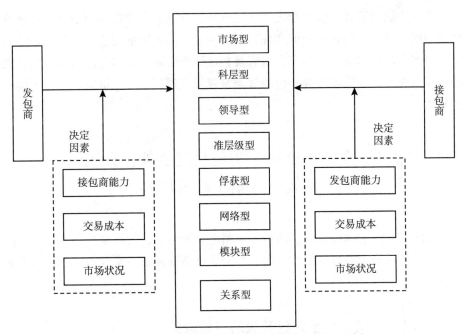

图 6-8　制造业外包企业的全球价值链治理机制选择

　　从图 6-8 可见，制造业外包企业依据发包商及接包商能力、交易成本以及市场状况在市场型、科层型、领导型、准层级型、俘获型、网络型、模块型以及关系型进行选择，依据接包商与发包商在交易过程中彼此的地位选择生产者驱动型、消费者拉动型以及"混合型"中的一种适合治理机制，以制定规则和标准来规范价值链上的企业，促进制造业外包发展。

第 7 章

全球价值链下实现中国制造业
外包升级的保障措施

为使中国制造业外包快速发展并完成转型升级，在考虑中国制造业外包升级路径的同时，保障各机制的实现，需要企业主体还应继续努力并得到产业以及政府产业政策的支持。本书在政府及企业两个层面提出实现制造业外包升级的保障措施，以确保制造业外包的健康发展及实现其在全球价值链体系内的转型升级。

7.1 全球价值链下实现制造业外包升级的保障措施——基于政府层面

各级政府对于制造业外包的引导是制造业外包升级的外在推动力，有效的外包发展政策是指引制造业外包企业在全球价值链体系中实现转型升级和发展的保障。

7.1.1 制定有利于外包升级的引导政策

积极的外包发展政策将有利于外包产业朝着健康、持续、有效的方向发展，同时能够对外包产业中的不同企业进行正确引导。

7.1.1.1 加大沿海、沿边开放区建设

第一，推进综合保税区建设，发挥其实际作用。自中华人民共和国海关总

署在 2007 年颁布《中华人民共和国海关保税区管理暂行办法》，中央政府首次将税收、产业以及贸易等优惠政策付诸立法实践，为国家海关部门行政执法提供了法律依据。当前各保税区主要发展的就是"两头在外，中间在内"的制造业外包业务。随着科技进步，部分保税区所从事的简单代工生产已经不符合其经济发展模式。另外，保税区管理办法仅界定了海关的监管模式，却无法赋予保税区在立法方面的权力和地位。虽然在此办法出台之后，部分地方政府也先后出台了一些关于保税区的地方法规，但是还有一些地区地方法规还处于空白状态。这样就会使保税区的发展不能结合地方经济发展特点，从而没有明确的思路和方向。各级政府部门不仅要积极推进保税区建设，还要将相应的财税政策付诸实践。这样以财政资金支持来引导保税区功能定位，同时基于此进行相应的功能拓展，使功能型保税区向综合型保税区发展。同时，政府应对不同外包产业依据地方经济发展特点给予税收方面的优惠待遇，在制造业外包发展过程中，依据制造业外包创造价值的多少使用反向"关税升级"政策，这样倒逼制造业完成外包升级。

第二，推进出口加工区整体转型升级。外贸加工区的建立及发展为制造业外包发展提供了契机，成为制造业外包发展的"桥头堡"。截至 2012 年 5 月，全国共建立了 51 个出口加工区。同年，国务院又颁布了《关于促进海关特殊监管区域科学发展的指导意见》（以下简称《意见》），该《意见》旨在将出口加工区完成转型升级。这就需要拓展出口加工区内产业类型，实现动态多元。从全球范围内出口加工区的发展来看，出口加工区始终处于动态发展的变化之中，出口加工区从单一的功能区向多元化的资本密集型及技术密集型的外贸加工区方向转变，这需要对出口加工区内制造业外包企业的激励机制进行重新界定。一是采取优胜劣汰制度，对制造业企业进行有选择的转型。建立明确的淘汰机制，对于已经享受财税优惠政策的外包企业，通过建立各种外包升级的指标（如进出口额、加工贸易增值率、工业总产值等），设置一定的时间期限，对于在规定时间内没有达到指标的制造业外包企业要求退出出口加工区或免除所享受的优惠待遇；二是对于出口加工区各项指标均完成较好的制造业外包企业在政策上应加大倾斜，给予更多的优惠待遇，同时在技术上进行引导，使制造业外包企业向全球价值链的两端攀升。

第三，加快中国自由贸易区建设的步伐。2013 年 9 月，中国正式批准中国（上海）自由贸易试验区，其集合了保税区、物流园区等四个海关特殊监管区域。自由贸易区内实现了"一线放开，二线管住"的政策，并实现准国民的负面清单政策。在区内就可以进行国际货物的中转集拼业务，加大了制造业外包企业外包业务的灵活性；另外，在区内实现了货币兑换的自由化，为制造外包发展提供了便利，也为外国企业来华投资提供了更加广阔的空间，使得跨国公司在中国投资的制造业企业配套生产的机会越来越多。所以，在上海自贸区发展的基础上，应汲取上海自贸区发展的经验，推进其他地区的保税区及出口加工区等向自由贸易区转型。

第四，中国在发展制造业外包时，应注重政策引导的重要性。现阶段中国东部沿海地区制造业外包发展迅速并已初具规模，需要出台一系列相关政策引导制造业外包企业将业务向中西部转移，这样不仅可以进一步增强外包企业的竞争优势，还可以发挥内陆地区的成本优势，促进内陆地区外包产业的发展。以墨西哥为例，墨西哥制造业外包之所以能够迅速发展，其中较关键的一个因素就是自 20 世纪 60 年代起，墨西哥就开始实施一系列促进客户工业发展的政策，如《北部边境工业计划》。有效的政策规定是确保墨西哥制造业外包市场有序发展的前提，推动了墨西哥国内产业在价值链上不断延伸，配套产业不断发展成为墨西哥国内工业发展的支柱，并促使制造业外包在各个区域均衡发展。墨西哥最初的制造业外包主要集中于北部边境地区，而后随着边境地区制造业外包的发展逐步向南部地区及中部地区延伸，从而使墨西哥整体的制造业外包都有所发展。可见，有效的政策引导不仅可以扩大制造业外包产业投资领域和投资范围，还可以推进制造业外包在全球价值链内转型升级。

7.1.1.2 加大基础设施建设投资

中国制造业外包升级需要创造良好的软、硬环境，对于硬环境的建设则主要以基础设施建设为主，特别是对于重大科技基础设施的建设，这不仅有利于中国制造业更好的承接外包业务，还有利于中国制造业外包的转型升级。当前，跨国公司在中国从事制造业外包的比例极高，跨国公司投资于中国的主要原因在于中国具有廉价劳动力和丰富的资源，然而这种优势将越来越小。在此情况下应不断改善基础设施建设，为外包提供优良的研发、物流等配套设施，增强各地区吸引外资的能力。

首先，要加大基础设施建设的投资力度。虽然很多学者认为，对于基础设施的投资在促进产业结构升级、推动经济增长以及吸引 FDI 等方面仅具有一定的"拉动效应"，然而就制造业外包而言，基础设施建设不仅可以改变制造业外包产业的发展环境，还能够推动制造业外包的转型升级。一方面要扩大基础设施建设的投资渠道，最初基础设施建设的资金来源主要是政府的财政拨款，这成为很多地区基础设施建设的瓶颈，应拓展政府和非政府两个融资平台；另一方面还要加强对非政府融资平台的建设，主要通过政府 BOT、BI 等模式引入或者建立合资企业引入投资主体，特别是对于大型出口加工区的建设，同时还要提高基础设施资金的利用效率。

其次，扩大基础设施建设投资区域。基础设施建设是制造业外包发展的基础，政府在基础设施建设投资过程中主要投资于地方政府计划投资发展的区域，其仅考虑了该地区发展的整体方向，这样极容易引起一些区域的过度开发，有限资源被瓜分，还会使制造业企业施展制造业外包的空间相对缩小。所以，政府应加大基础设施建设的投资区域，统筹全国的区域分布状况，依据主体功能区划的发展战略，将基础设施建设投资逐渐从优化开发区域转移至重点开发区域，因为重点开发区域具有较好的经济和人口集聚条件及较强的资源环境承载能力。

最后，优化基础设施投资结构。中国基础设施建设相对落后的一个主要原因就是其投资的资金来源主要是政府，而一些企业特别是跨国公司则"坐享渔利"。所以，优化基础设施投资结构的关键就在于扩大基础设施投资的资金来源，一方面，政府应统筹规划并优化投资的区域及投资部门；另一方面，政府应提倡"谁受益，谁买单"的基础设施建设理念，积极引入一些外包企业对于基础设施的投资，这样不仅能扩大基础设施投资的资金来源，还可以使基础设施建设更符合制造业外包升级的要求。

7.1.1.3　加大制造业外包人力资本积累及引进

"人才为本"是通过制造业外包实现转型升级的根本。人力资本主要是指在制造业外包发展过程中，应对与制造业外包发展标准相匹配的技术人员进行培训，以加快企业对技术的消化和吸收，从而转化为一种新的生产能力。制造业企业承接外包过程中，企业所拥有的技术是其吸引发包企业的法宝。而人力资源是影响企业技术进步的主要因素，加大人力资源培训力度不仅可以提高外包企业的技术水平，还可以提升外包企业在全球价值链上的地位，使制造业外包企业不断向全球价值链的两端攀升。张健（2010）曾在研究中指出通过培训效应可以在新技术引入之后提高生产率并加大技术转移的成功率。[①] 在制造

---

① 张健：《中国区域经济发展差异及其形成原因分析》，载于《前沿》2010 年第 15 期。

业外包方面，加大人力资源积累的具体做法如下：

首先，加大产学研联合，加大教育投入力度。中国制造业外包发展过程中存在严重的产学研脱节现象，使得制造业外包企业在承接外包过程中，对国外输入的生产技术会全盘接受，而接受之后的消化吸收效果并不好，基于此进行自主研发产生蜕变的企业则少之又少。而中国大多数科研院所进行的外包研究都只限于理论层面，没有和企业的实际接包业务相结合，所以要进一步加强产学研联合，完成人才培养，实现技术创新。在技术创新和科学创新方面企业和科研院所扮演的角色应明确，相互配合；在条件允许的情况下，在制造业外包企业中应创办研发机构，努力创建"反向工程"。加大政府的目标性资金投入，可以使中国部分科研院校发挥更大作用为制造业外包输出人才，正如美国的斯坦福大学成为硅谷主要人才的输出校。同时，政府对教育的投入应具有导向性，不能将资金全部投入科学研究领域，而应将一定比例的资金应用于职业教育。因为在中国制造业外包发展需要更多的高级技术工人，他们可以更好地将所获得的技术应用于生产实践，并在承接外包过程中将接包产品的加工生产与本企业自身的生产制造有效结合起来。

其次，改善就业环境，促进外包人才引进。良好的就业环境是外包人才进行择业所考虑的重要因素，政府应加大制造业外包企业周边配套设施的建设，使外包从业人员能够全心投入外包业务中去；另外，要改善技术交流环境，加强外包人才的国际交流，使之能够掌握当前世界前沿的技术及知识。政府积极实施有利于外包发展的人才引进政策的同时，应该将国内的技术人员通过政府的相关优惠政策输往国外进行学习，以便归国后为国内制造业发展服务。因为一般企业害怕对于企业本身输往国外的技术人员的流失，一般不愿意将更多的资金用于此，只有政府实施有效的技术交流才能弥补此项不足。加强政府间的技术交流与合作，要求政府一方面要选择好交流的对象，将资金用于"刀刃"上，另一方面要做好人才选拔工作以及学习交流后归国工作的人才吸引工作，并创建以政府为主导的科研环境以促进技术的交流。

7.1.1.4 健全外包法律制度

制造业外包的起点是制造业外包契约的达成，所以从制造业外包开始就涉及相应的法律；同时，制造业外包本身就涉及多个国家共同完成相应产品生产的问题，所以必然会涉及多国的法律及惯例，例如，欧盟的"95指令"及劳工标准，曾给中国加工贸易出口带来困难。为使中国制造业外包在全球价值链上健康发展，制定健全的法律制度势在必行。同时在法律制度制定时，应考虑中国加入 WTO 后所作出的相关承诺，避免违反《服务贸易总协定》与《货物贸易总协定》中相关规定；另外也应考虑欧盟及美国等发达国家关于外包的相关法律制度。以加工贸易为例，中国对加工贸易制定的法律在经营范围、法定期限等多个方面都存在不足，必须大力借鉴欧美的成功经验，例如，在《美国法典》中涉及制造业外包的条款和规定非常之多，对美国制造业外包的发展提供了有效的法律保障。所以，政府应完善海关的信息监管制度，提高监管水平，做到"监管有效"，增强加工贸易立法与执法的统一性，为加工贸易的持续发展建立良好的法律环境。所以，健全外包法律制度是制造业外包升级的重要保障。

7.1.1.5　加大政府的财税政策倾斜

为了促进外包业务更好、更快发展，国家及地方政府虽然颁布了一系列的财政与税收政策，例如，《关于 2014 年度外经贸发展专项资金申报工作的通知》以及《关于做好 2013 年度承接国际服务外包业务发展资金申报管理工作的通知》等一系列促进外包发展的政策，但促进制造业外包发展及鼓励其转型升级的财税政策却少之又少。

（1）推进制造业外包转型的税收政策。税收政策对于制造业外包升级具有较大影响。目前中国对于制造业外包的税收政策主要有两种，即年底退税和进口免税。而这两种税收政策都是以从国外进口原料为基础的优惠政策，已经执行了近 30 年，但是制造业外包当前发展则会转向以国内原料为生产基础的配套生产以及自主成长。这样会导致资源配置的不合理以及国内原料没有市场，从而降低了国内与制造业外包有关产业的配套生产能力。所以应该给予采用国内原料进行生产的制造业外包企业和来料加工的外包企业相同的税收优惠待遇。

由于中国制造业外包发展的主要优势在于劳动力成本低廉且劳动力充足，但是近几年来劳动力成本不断增加，以及部分原料价格不断上涨，使得中国制造业外包发展的优势不断下降。只有通过相应的税收政策，如与劳动力相关的税收政策、生产投入品的优惠税收政策以及货物运输相关的税收优惠等，满足制造业外包的投入供给，并增强制造业外包的吸引力。

目前中国对于制造业外包的税收优惠政策主要集中于生产加工环节，而此环节依据价值链增值分析，是价值增值最低的环节。但是对于价值链上增值较高的环节如研发设计、仓储、营销等却没有相应的税收鼓励措施。例如，国家税务总局2005年颁布的《关于经保税区出口货物申报出口退（免）税有关问题的批复》中指出："加工贸易出口企业以最后一批出口货物的备案清单上海关注明的出口日期为准申报出口退税"，虽然制造业外包企业可以将外包产品先运至保税区进行仓储，但是这会影响制造业外包企业的资金流转效率，从而影响制造业外包企业外包业务的开展。

中国制造业外包转型升级的目的是不断增加制造业外包企业在中国境内创造的附加值。例如，深加工结转方式，即外包企业将生产后的外包产品转至另一家外包企业进行深度生产的活动过程，这种方式有利于延长价值链条，从而增加在中国的增值，同时又可以消化掉一定的国内原料。但是中国政府对于深加工结转方式中的深加工结转环节实行先征税，然后再出口退税，但对于该环节所使用的国内原料则不予退税；同时，不同地区对于深加工结转的退税机制也存在较大差异，有些地区为了吸引外资仅对外资企业的深加工结转进行免、退税，这不仅增加了中国制造业外包企业的税收负担，还影响了中国制造业外包的发展。如果对所有的中国制造业外包企业中的深加工结转业务实行免税，虽然可能带来一定的税收流失，但可以解决征税带来的不公平问题，并利于深加工结转业务的进一步开展，从而促进中国制造业外包的转型升级。

（2）推进制造业外包转型升级的财政政策。增加制造业外包产业重点发展的专项资金，加强对配套产业的财政支持力度。对于制造业外包企业的财政支持不能采取"一锅端"的模式，这对制造业外包企业的升级不具有激励作用。而应将更多的财政扶持用于向价值链两端不断攀升的企业，实行重点引导、专款专用，对于转型升级比较突出的企业可按照其进出口的差值比例给予一次性补助，对于能够自主创新并承接关键零部件及产品生产的制造业项目，按其生产线投资额给予一定比例的资助。

加强以奖代补措施的实施。对于制造业外包企业能够在研发和管理环节出现创新且成效显著，并能更好地承接外包且增加财政收入的企业应该给予一定的财政奖励。对于成功完成价值链升级和跃迁的制造业外包企业在承接外包业务过程中购入大型设备进行的贷款给予低息支持，并降低制造业外包企业进行融资贷款的门槛。

加大政策的采购力度，推进制造业外包在价值链上不断攀升。对于外包产品的认定标准以及评价体系的相关工作纳入政府目录，由政府进行统一免费认定，这样可以节省制造业企业的财务开支，从而降低生产成本；同时政府部门可以加入发包企业行列，以增加外包的生产效率及生产规模，从而实现规模经济，实现制造业外包的转型升级。

7.1.2　运用产业组织政策促进外包产业联动发展

政府是政策的制定者，也是实施者，有效的产业组织政策可以对制造业外包升级起到多重效应，因为外包产业发展本身就不是孤立存在的，需要与价值链中的上下游产业以及平行产业协调发展，所以会产生推动效应、拉动效应以及辐射效应等。

中国政府应该通过制定有效的外包产业政策来优化产业结构，并使国内形成有序、公平、透明的市场竞争环境，并实施相应的优惠政策鼓励跨国公司的进入并形成有效的市场竞争机制，使跨国公司在此种竞争压力下不断进行技术革新、产品升级等，从而推动中国制造业外包产业技术进步以及整个产业的升级。

政府应注重国内成功制造业外包企业的培育，并发挥产业联动效应。这样的外包企业不仅能够成功地承接发包企业的业务，还能在国际价值链上树立自己的品牌地位，进行研发，独立完成新产品的生产，从而对其他的制造业外包企业产生带动作用；同时，政府应该运用政府政策实施的有效性，努力构建国家价值链，努力培育一流的营销企业，加大力度进行研发，使得国内价值链上的各个部门之间能够相互促进，产生联动效应，从而使制造业外包企业可以完全脱离国外跨国公司的控制，在国内形成企业相互协调发展的良好态势。美国制造业外包之所以能够从本土外包发展到离岸外包，并掌握外包的主动权和价值链上的核心环节，其主要原因在于其相关产业的发展，如信息产业、零售业等。所以中国要想使制造业外包完成转型升级并提高其价值增值，必须保证价值链上相关产业的全面发展。

政府应实施有效的产业组织政策充分发挥产业集聚带来的有利机遇，促进制造业外包转型升级。在产业集聚情况下，外包企业之间的竞争加剧，使外包企业的分工更加深入并细化，从而使相互竞争的外包企业变成在产业聚集地内相互协作的上下游配套生产的伙伴关系，这样各外包企业之间会相互促进、共同发展；同时随着产业集聚，生产性服务业也会随之发展、完善，为制造业外包的更好发展提供夯实的基础，使制造业外包进入"良性循环"状态。可见，产业组织政策的有效实施，是促进制造业外包转型升级的重要工具。

7.1.3 促进传统制造业产业转型升级

对于结构的优化主要包括产业结构的优化以及企业所有制结构的优化，只有二者共同作用才能促进传统制造业外包企业转型升级。

产业结构的优化是促进各产业协调、快速发展的关键，对于制造业外包企业而言，其仅占据价值链中的一个细小环节，需要其他产业的共同作用，才能使之快速发展，所以优化产业结构并完成传统制造业外包企业转型升级是制造业外包企业能够更好地承接国际外包业务的重要基础。从上文分析可知，制造业内部结构并不合理，对于外包而言，中国制造业更多从事的是初级加工品的生产，而对于资本品的生产则寥寥无几，而初级加工品在国内创造的价值远远低于资本品，追溯其原因就在于中国制造业产品的结构存在一定的不合理性，所以优化产业结构是制造业外包企业改变其在价值链上位置、创造更高价值的有效途径。而对于制造业产业结构的优化针对上文分析的 15 个行业可知，对于通信电子行业、仪器制造等这些低投入、高产出的行业应加大支持力度，而如木材加工、金属冶炼等行业，虽然中国制造业外包企业具有一定的资源优势，但是不宜长期处于主导地位，这些行业应该更多地进行深加工，延长自身的产业链条，提高企业在价值链中的位置，避免进行外延型的规模生产。

企业所有制结构一直以来都是阻碍中国制造业外包企业充分发挥竞争优势的主要原因。在各个行业中处于主导地位的企业在中国主要为国有企业，而国有企业中部分企业在竞争中大多依靠政府扶持，创新及竞争等意识不足，对中国制造业外包的长期发展不利，要推动国有企业完善现代企业制度，要健全协调运转、有效制衡的公司法人治理结构，更好发挥企业家作用。而随着中国"入世"，非公有制企业在制造业外包中发挥的作用开始崭露头角，其不仅自主性增强，而且适应市场能力强，在外包发展过程中能够紧密结合国际外包市场的动向，并在对跨国公司配套生产中更具有竞争力。所以要加快中国企业所有制的改革，使非公有制企业更好地参与到制造业外包业务中。

7.1.4 鼓励制造业外包企业自主创新

《中国制造 2025》指出，创新要始终处于制造业发展全局的核心位置。政府需围绕制造业重点行业转型升级和新一代制造业发展重点，并依据各领域创新发展的重大共性需求，制定完善的制造业中心的评选标准和程序，以培育形成一批新的制造业创新中心。

中国制造业外包企业在外包发展过程中容易形成路径依赖，使得企业对于技术的突破性创新以及管理方法的改进不能有效进行，同时企业由于成本压力也不愿意将大量的资金投入研发中，从而容易形成"恶性循环"。各级政府要充分利用国际公约及法律法规，如世界贸易组织的《与贸易有关的知识产权协定》（TRIPS）来保护本国外包企业的知识产品，并为制造业外包企业进行产品研发以及自主创新提供有利的法律保障，特别是在企业无法对自己创新产品的独创性进行鉴别的情况下，政府应实施有目的的监管策略来进行知识产权保护，从而使创新者的利益受到保护。

政府应实施区域分权化管理，各级地方政府依据本地区的制造业外包发展状况以及技术吸收能力制定适当的鼓励自主创新的政策，特别是对于工业发展水平较快的地区，在鼓励专利以及技术许可引进的基础上，政府应投入大量的资金引入尚未商业化的国外先进技术，帮助企业实现自主创新。同时，各级政府应积极发挥自身的吸收能力来创建合理的研发团队及科研院所，做到资源不浪费、技术不落伍。

虽然各级政府为了促进制造业外包的发展，给予了大量的资金支持，但有些企业为了获得政府资金支持则盲目购买，使得所获得的"先进技术"与自己的生产能力不匹配，造成引进浪费。所以在技术引进时应该注意本国企业的吸收、消化能力。并在此基础上，政府应鼓励外包企业进行外包模式、产品及技术的创新，并制定严格的奖惩制度和公平的评判标准，为企业的发展提供更强的动力，从而实现制造业外包升级。

7.1.5　加强政府间合作与交流

中国已经建立了稳定的社会主义市场经济体制，实施对外开放以来，正努力与国际经济运行并轨，同时中国在世界经济中的地位开始凸显。但中国制造业外包企业长期处于全球价值链的低端，为了改善外包企业在价值链中的地位，政府应该积极推动中国制造业外包企业的发展与进步，这就需要中国政府要进一步加强政府间技术援助与交流；同时，由于制造业外包对技术要求的特殊性，政府需充分发挥其权威及纽带作用，一方面要加强对知识产权的保护，另一方面还要通过政府间的技术交流来为制造业外包提供更多的技术支持。

随着区域经济一体化趋势增强，中国应积极加入各种适合中国经济发展的一体化组织中，在一体化组织内部培育"区域价值链"。以北美自由贸易区为例，大部分美国的发包企业会将自己的业务发包给墨西哥，最主要的原因就是他们同处北美自由贸易区内，商品流动是零关税，为外包发展减少了较多障碍。同时，作为一体化组织，其在国际社会中的谈判地位也会有所增强，承接外包业务会带来许多机遇。所以，中国应该努力寻求机遇加入有利于自身经济发展的一体化组织中去，为制造业外包发展提供更多机遇；中国政府在国际经济领域中发挥的作用应当进一步增强，如对于国内制造业企业的知识产权保护，增强以国家为首的谈判力量，使得企业承接外包的信心更加充足。充分发挥中国政府在国外的使领馆的作用，通过他们加大对中国制造业外包优势的宣传力度，同时努力掌握其他国家的经济态势，为国内的外包企业提供积极的向导。另外，政府应推动国内外的科研院所之间的合作交流，为技术创新及技术合作搭建平台，积极发挥政府的桥梁作用，为制造业外包提供更多有利的机会。

7.1.6　促进制造业外包与生产性服务业协同发展

生产性服务本身就是运用专业技术知识来服务制造业的过程，并能提高生产效率的中间性服务。而生产性服务业的发展对制造业外包的发展具有促进和辅助作用，应进一步加强制造业外包与生产性服务业协同发展，让生产性服务业更好地服务于制造业外包。因为，制造业外包的发展需要一系列配套企业的发展特别是如金融、物流、教育等生产性服务业，其可以提高制造业外包企业的生产效率。中国制造业外包升级需要研发设计、生产、管理以及营销等各个方面共同作用，而这四环节对于生产性服务业的业态要求存在差异，但从总体发展来看，制造业外包与生产性服务业融合的越来越紧密。

从价值链自身角度出发，生产性服务业应包括研发设计、管理以及营销三个环节，其分别位于生产环节的上游和下游，可视为生产性服务。实现制造业外包与生产性服务业互动意味着在价值链内部实现各企业间的互助，发挥彼此间的互动关系，相互促进。这就需要政府在促进制造业外包与生产性服务业协同发展的过程中发挥作用，加强对于配套产业的财政支持力度，进行全局统筹，这不仅有利于制造业外包与生产性服务业协同发展，还有利于制造业外包升级的实现。

7.2 全球价值链下实现制造业外包升级的 保障措施——基于企业层面

企业自身核心竞争力的增强是制造业外包企业能够顺利完成制造业外包升级的关键，所以制造业外包企业应从自身实际情况出发，制定有效的企业发展战略以提高自身的外包实力。

7.2.1 增强企业核心竞争力

《"十二五"规划纲要》中明确指出："提升制造业核心竞争力是加快转变中国经济发展方式的主攻方向，同时也成为经济结构战略性调整的发展重点。"制造业外包迅速发展的原动力在于企业核心能力的增强，增强企业核心能力成为制造业不断拓展国际外包业务的密钥。当前中国制造业企业能够承接国际外包的优势在于廉价的劳动力资源以及生产成本。从长远角度考虑，随着资源的耗竭以及劳动力价格的上涨，中国制造业外包企业所具有的优势会慢慢消失。在此情况下，企业只有通过技术革新、工艺改良等方法来提高生产效率及竞争优势，从而增强企业的核心能力，并结合自身情况提升外包优势以不断扩大业务。

制造业外包企业在不断提高自身生产能力的同时，应不断向全球价值链的两端拓展，一方面企业要提高自身的研发能力，增强自身对于国外先进技术的消化及吸收能力，增强企业所生产产品的科技含量，建立低能耗、低污染的生产体系，并在此基础上用高新技术来改造企业原有的制造业生产模式；另一方面，制造业外包企业应充分利用自身对于国内市场的熟悉情况，占据本国市场网络资源，开拓产品市场，不断提高企业对于品牌和营销等价值环节的经营能力，努力使企业成为全球价值链的"链主"以扭转原始局面，企业可以将一些创造价值低的环节外包给海外企业。另外，制造业外包企业特别是加工组装企业核心竞争力的增强指的不仅是掌握产品某一部分的加工组装技术，还包括总成技术，即完成一个完整产品的组装。这样中国制造业外包企业就可以不受某个发包商的制约，在没有外包业务的情况下，企业也可以通过购进相应的零部件进行产品组装然后销售，完成价值链上全部环节的生产。

7.2.2 强化企业间的合作竞争

中国制造业外包升级不是单一外包企业可以实现的，需要外包企业之间的密切合作，虽然在某种角度上外包企业之间存在一定的竞争关系，但是合作才能共赢，所以要彻底改变"窝里斗"状态，加强企业间的合作竞争。

制造业外包企业之间的合作主要是指一方面要加强企业之间的研发合作，每一个企业的研发能力有限，因为其会受到资金、人才等多方面因素的制约，而研发合作则能够解决这些问题；另一方面要加强外包企业之间的信息共享，这样会使得外包企业及时掌握国际市场的发展动向，避免不必要的投入，并能做到技术实时更新；企业间的合作还应该包括外包业务的共同完成。在承接大订单情况下，单一外包企业无法在指定时间内完成外包任务时，可通过共同接包来实现，这不仅可以提高企业的谈判能力、业务能力，还可以提高国际声誉。

制造业外包企业除了要进行同类企业之间的合作外，还需要与价值链上两端的企业合作。制造业外包企业除了要提高发包企业自身的技术研发外，在价值链的上游，还可以与专门的研发部门合作，完成产品技术的革新或工艺的提高；在价值链的下游，企业可以与专门的销售部门合作，来不断搜寻新的市场动向，完善所生产的产品等，也可以与相应的管理企业合作，提高企业对于人力资源管理、市场运作等方面的效率。

7.2.3 努力缩短技术差距

技术差距是造成中国制造业外包企业长期处于价值链低端的主要原因之一，联合国工业发展组织指出："发展中国家的制造业企业虽然可以融入跨国公司的全球价值链分工体系，但是能够符合高端技术标准的却少之又少，而能够融入的大部分企业都是通过 FDI 得以实现的。"中国制造业外包企业与跨国公司之间的技术差距过大，外包企业学习模仿能力受到抑制，为了促进制造业外包升级，缩短技术差距势在必行。①

制造业外包企业缩短与发达国家跨国公司的技术差距主要可以通过以下几

---

① 联合国工业发展组织：《工业发展报告 2002/2003：通过创新和学习提高竞争力》，中国财政经济出版社 2003 年版。

种方式得以实现：首先，在知识产权保护下充分利用 FDI 带来的技术外溢，提升制造业的技术水平。在此情况下应确保 FDI 所带来的技术是最先进的，以避免所模仿的技术无效，同时还应该不断提高制造业企业对技术的消化和吸收能力，这就需要企业充分利用已有的技术服务机构以及国家对技术扶持的优惠政策不断提升挖掘改造技术的能力。其次，大力发挥科研团队的作用。制造业企业应重视企业内部科研人才的培养以及对高素质人才的引进工作，同时企业应改变原有的用人机制，对于科研能力强，对技术革新作用大的员工应给予更多的奖励，另外企业还应该输送企业科研人员到先进的科研院所以及海外机构进行学习深造，以培养他们的技术创新能力，为缩短与跨国公司的技术差距贡献力量。最后，制造业外包企业应主动与一些掌握先进技术的跨国公司合作，建立共同的研发机构，以缩短技术差距。虽然制造业外包企业与跨国公司之间处于潜在的竞争状态，但是随着国际化潮流的发展，跨国公司开始在全球拓展业务，中国制造业外包企业应抓住这个机会，充分发挥自身的优势与其合作，吸收、借鉴跨国公司的先进技术。

7.2.4　积极参与全球价值链分工

随着全球价值链分工体系的不断细化和深入，使得任何企业不再孤立存在，特别是制造业外包企业。中国制造业外包企业必须积极主动地融入全球价值链分工体系中去，才能确保制造业外包升级得以实现。中国制造业外包企业融入全球价值链分工体系主要通过三种途径得以实现：

（1）通过外国的跨国公司，为其在华投资的企业进行配套生产融入全球价值链分工体系。这种途径对中国制造业外包企业而言，外包投入较少，融入全球价值链分工体系相对容易，对于刚刚起步的制造业外包企业比较适用，若外包企业能够跟住跨国公司投资步伐，即可实现外包升级。（2）通过中国制造业外包企业海外投资建立国际分工网络，完成全球制造的网络布局。这种途径是中国制造业外包发展的未来方向，将全球各地的资源充分利用，承揽全球各地的外包业务，而且做到"上门服务"，这种途径会使中国制造业外包发展产生蜕变，实现外包升级。（3）通过接包跨国公司的外包业务融入全球生产制造网络。这种途径是中国制造业外包企业当前进行最多的一种，即通过发展加工贸易融入全球价值链分工体系。

从中国制造业外包发展现状可见，中国主要采用的是第一种和第三种途径融入国际分工体系中，具有一定被动性。在中国制造业外包发展过程中，对于全球价值链分工体系的融入应采取主动，即在产品生产和分工合作中占有主动权。近些年来，随着全球价值链分工网络不断扩张，产品内分工也随之快速发展，越来越多的制造业外包企业不再专注于单一完整产品的生产，而是将其内部价值链条上的部分生产环节不断外包给专业化的企业去完成，给中国制造业外包企业提供了更多融入全球价值链分工体系的机会，促进了中国制造业外包企业劳动生产率的提升。在此情况下，中国制造业外包企业应该抓住机遇，积极融入全球价值链分工体系中，实现外包升级。

7.2.5 提高自身在全球价值链中的地位

中国制造业外包企业要发展制造业外包首先应该认清自身在全球价值链中的地位并分析外包是否适合企业的长期发展，若不适合则应选择退出，另辟蹊径，若适合则应努力提高自身在全球价值链中的地位。

制造业外包企业在全球价值链中的地位关键在于其核心竞争力的提高，外包企业首先需要充分利用当前迅速发展的信息产业，掌握最前沿的技术以及消费动向，以改善自身的生产能力和产品内容，做到虽然制造但却占据价值链核心环节的效果；另外，制造业外包企业应该努力从制造加工环节向价值链的两端拓展业务，这样不仅可以提高制造业外包企业国内增值率，还可以摆脱对发包商的依赖；同时，随着全球价值链网块模式的形成，制造业外包企业应努力由生产向综合性服务转变以确立外包企业在价值网中的核心地位，能够为其他企业提高多样化、全方位的生产制造业服务。

随着产品所涵盖的技术不断提高，外包企业应该努力掌握先进的技术以及管理经验提高企业的生产效率，发挥自身优势并结合国内外市场的实际情况使企业的核心竞争力不断提高，以使之在全球价值链中的地位得到改善，主要体现在以下几个方面：

首先，制造业外包企业在全球价值链体系中应开展横向外包。制造业外包企业不应锁定于单一价值链，应进行不同价值链上的外包业务。外包企业主要承接标准化阶段产品（此阶段产品主要为劳动密集型产品），发达国家已经失去生产优势。外包企业掌握标准化生产技术后，依靠廉价劳动力，承接不同发包商的外包业务。这样，中国制造业外包企业可以利用自身优势在全球价值链体系中开展横向外包，虽然单件产品价值增值不变，但企业外包业务量可以增加。

其次，制造业外包企业努力向全球价值链"两端"攀升。中国制造业外包企业发展外包过程中应意识到，占据以知识为基础的价值增值环节对于企业发展具有重要意义。中国制造业外包企业在发展本身业务基础上，应努力发展价值链"两端"业务。在外包发展过程中，由于地缘优势，中国制造业外包企业在开发本国消费市场时表现出较强优势，所以外国企业也会将全球价值链上增值空间大的环节转移给中国制造业外包企业。

最后，制造业外包企业在全球价值链体系中开展多元化外包。多元化经营是企业的重要发展战略之一，中国制造业外包企业在发展外包业务时应开展多元化外包。中国制造业外包企业在开展横向外包业务同时，应不断提升自身外包业务能力，向全球价值链"两端"攀升。企业外包业务不仅包括产品生产，还包括产品设计、配套包装等。多元化外包业务是企业整合自身资源的有效途径，给企业带来更大增值空间，使制造业外包企业在全球价值链上的位置得到改善。

7.2.6　积极倡导自主创新与研发

自主创新是制造业外包发展的高级要素，对制造业外包升级具有重要意义。制造业外包企业发展外包时，应该致力于企业的自主研发与创新，对于制造业的自主创新包括原始创新、集成创新和吸收消化再创新三种形式。

制造业外包企业在现有的产品生产和外包业务发展基础上掌握了相应的产品生产加工技术，根据当前市场的发展动向可以进行原始创新以推出新的产品。这种原始创新既能在知识产权方面得到保护，又能在国际市场上掌握主动权，从而脱离对于发包商的依赖。这就需要制造业外包企业在外包发展的同时要注重人才的吸引以及自主研发环境的营造，利用国家现有的优惠政策得到有效的研发资金支持，使原始创新成为可能。

所谓集成创新更加强调的是企业所具有的总成技术，而当前大部分外包企业只负责产品的某个部分的生产加工，不能独立进行单一产品的生产或者进行产品组装加工的技术水平较低。制造业外包企业可以通过改进产品生产加工的总成技术进行流程升级，这不仅可以提高生产效率，还可以吸引更多的发包企业将业务交给中国制造业外包企业来完成。

消化吸收再创新，亦为反向工程，即在接包产品的生产基础上，外包企业对产品进行深入研究后，对产品的一些功能、效用以及使用方法进行进一步的改良来推出更加迎合消费者需求的产品创新过程。虽然这种吸收消化再创新的方法很容易受到发包商关于知识产权的控诉，但这种创新方法的成本低、创新产品的市场风险相对较小。

但从企业长远发展看，"拿来主义"并不适合外包产业的长期发展，制造业外包企业必须致力于科研，实现外包企业的自主研发和创新，才能真正实现外包的转型升级。

7.3 政府、行业、企业"三位一体"推进制造业外包升级

推进中国制造业外包升级依靠政府或者企业一方努力不能完成，而需要政府、行业、企业"三位一体"共同推进中国制造业外包的转型升级以实现全面发展。

7.3.1 推进"地区价值链"发展

"地区价值链"能够使制造业外包企业在某一地区内部即可完成完整产品生产并进行营销，价值链上各企业信息沟通便利，配合紧密。在"地区价值链"发展的基础上，制造业外包企业在立足地区内部外包发展的同时，不断提升自身外包能力，承接国际外包。但制造业外包升级具有一定的地域性，只有部分地区的制造业适合发展相应的制造业外包，并形成"地区价值链"。推进制造业外包"地区价值链"的形成既要考虑到产业集群化发展带来的机遇，又要考虑企业过度集中带来的资源抢占使企业外包优势下降等问题，所以政府、行业、企业应共同努力发展制造业外包"地区价值链"，推进制造业外包的转型升级。

政府、行业、企业应共同作用选择"地区价值链"形成的区位。在中国制造业的 15 个行业中，对于通信设备、计算机及其他电子设备生产制造业等属于资本技术密集型产业，对于流动性要素依赖较大，容易产生区域集聚。经验证明，信息、电子企业集群化发展对于外包企业而言不仅能够产生外部规模经济，而且可以通过相互模仿以不断改进技术；但对于纺织业、金属制品业等外包企业属于资源密集型产业，需依靠自然要素禀赋而发展。自然要素的区域

分散使外包企业不易于产生区域集聚，"地区价值链"不易形成。所以在外包企业区位选择时要考虑企业所依赖的要素类型。

政府、行业、企业应该考虑 FDI 在"地区价值链"形成中的作用。FDI 区域分布会带来辐射效应，因为一部分接包企业是为外资企业进行配套生产，所以其必须与 FDI 分布保持一致，例如，造纸印刷及文教用品制造业虽然对资源的禀赋依赖较高，但是进行配套生产过程中会与外资企业保持一致，便会形成产业集聚，"地区价值链"容易形成。

在考虑以上两方面因素后，政府、行业、企业应发挥各自职能，在中国部分地区发展"地区价值链"，使产品价值增值环节在某一地区即可完成。所以，政府应对制造业外包发展给予正确引导，做好上下游产业的配套发展；行业协会充分发挥其作用，为制造业外包企业外包业务选择及发展提供建议；企业应不断提高自身核心竞争力，结合自身发展情况以及外部环境来进行外包定位。

7.3.2   以国家价值链为依托打造制造业外包的"升级版"

政府、行业、企业三方应共同努力为不同行业依据其发展优势以及行业特点构建国家价值链，并在此基础上实现制造业外包的转型升级。因为在全球价值链分工体系内中国制造业外包发展容易被套牢，被长期锁定于全球价值链最低端。而构建国家价值链意味着将国家内部的资源进行重新整合，发挥具有自主创新能力的外包企业在国家价值链中的主导作用，并依据价值链分割后的不同增值环节，在空间上进行重新布局，使在不同地区具有不同要素禀赋优势的企业全面参与国家价值链的构建。

不同企业在参与国内价值链分工承接国家价值链内外包业务的同时，还应承接全球价值链中的外包业务。由于国家价值链存在，制造业外包企业不必担心被跨国公司套牢，从而专注于各环节业务的提升；同时在政府、行业、企业三方共同作用下国家价值链内的企业相互补充，主导企业为其他接包企业给予技术支持、提供示范效应等，这样还可以避免产品价值链在国内出现脱节现象。同时，政府及行业应制定适当的市场保护，以国内巨大的市场潜力来拉动国内价值链上制造业外包企业的升级和发展。政府、行业、企业三方应从制造业外包发展的现实状况出发为不同行业构建能够培育具有各自竞争优势的国家价值链的同时还应培育自主创新能力，政府发挥指导作用使各科研院所的创新真正用于生产领域，行业发挥纽带作用将创新与适宜的企业衔接，企业充分发挥自身优势做到有效吸收消化。在此基础上，制造业外包企业的技术能力和外包能力都会大大提升，从而完成转型升级。

7.3.3 实现国家价值链向全球价值链转化

从发达国家企业在全球价值链中的发展可见，要想使企业长期处于不败之地，就必须在全球价值链内处于主导地位。为了促进制造业外包在国内、国外的全面发展，必须在立足国家价值链构建的同时使制造业外包企业全面融入全球价值链体系中，这就需完成国家价值链向全球价值链转化。政府、行业、企业在培育国内制造业企业在国家价值链内完成升级的同时，使其国内具有优势的制造业企业参与到全球价值链分工中，即通过横向跨越路径实现国家价值链向全球价值链的转化。而在转化过程中，国家价值链中在设计、研发、生产以及营销管理等环节具有控制力的制造业企业应被给予十足动力去参与全球价值链分工体系。

在国家价值链向全球价值链转化的过程，政府、行业、企业应各自做好相应工作。政府应积极参与经济一体化的建设，充分发挥区域经济一体化给中国制造业外包带来的机遇，使国家价值链逐渐延伸至一体化组织内部，然后再向全球拓展；政府应做好宏观规划，指导企业层级式有序地融入全球价值链体系，让外包实力强、技术进步快的外包企业通过转型升级融入全球价值链的高端环节，而对于外包实力一般、技术水平低的外包企业先在国内进行转型升级向国家价值链的两端攀升，然后再融入全球价值链体系。行业应进一步发挥其桥梁纽带作用，通过建立行业协会，增强国内外同行业企业的联系，搭建相互学习的平台，使产品价值链上的各个企业有机融合；外包企业立足国家价值链的同时，应不断提升自身的核心竞争力，逐渐融入全球价值链体系。在三方的共同作用下，实现国家价值链向全球价值链转化，实现制造业外包的转型升级。

第 8 章

GVC 下制造业外包发展的
国内外经验借鉴

8.1 美国制造业外包的发展

8.1.1 美国制造业外包的发展成就

第二次世界大战之后,美国始终保持着世界制造业产品第一出口大国的地位。随着全球价值链的升级以及全球网络紧密交织在一起,美国制造业成为产业间、产业内、产品内以及公司内贸易的先锋,从而也成为制造业外包发展的先导,拉动了全球制造业外包的全面发展。

美国制造业外包的发展始于 20 世纪 30 年代,最初进行的外包业务主要是出料加工方式,即进口使用美国出口的零部件和原材料所加工组装的产品;设定主要贸易区从事加工贸易,例如,在 1934 年,美国就颁布了《对外贸易区法》。第二次世界大战后,美国制造业进一步发展,使之成为全球最大的工业品生产国,并开始逐渐向外扩张,形成跨国公司,使美国成为产业间贸易、产业内贸易和产品内贸易的主要领导者,从而成为制造业外包发展的开创者和先锋,对全球制造业外包的发展到起到了极大的推导作用。

美国制造业外包发展迅速的主要原因得益于以下几个方面:

第一,美国制造业发展模式的转变。美国制造业占美国实际 GDP 的比例从 20 世纪 60 年开始一直处于相对稳定的状态。而美国制造业之所以能够保持如此稳定的发展步伐，主要受到其计算机和电子产业发展的影响。但美国货物贸易近十年来一直处于贸易逆差，例如，2012 年其贸易逆差达 4600 亿美元。如此巨大的制造业比例还存在贸易逆差的主要原因在于其制造业企业近些年来更多的从事离岸外包。

第二，美国制造业外包发展的立法相对健全。美国关于制造业外包的制度主要体现于《美国法典》的第 15 卷、第 19 卷以及第 21 卷。美国法律规定作为加工贸易发展的主体应主要集中在自由贸易区或出口加工区。同时，美国又通过了专门的外贸加工区法案，依据该法案允许在美国进入国境后的临港区域或边境区域建立特别的封闭区，而这些区域仅视为美国关境外区域。除此之外，在美国的《弹簧刀法案》以及《进出口物品管制法案》中均可以看到其关于制造业外包的相关规定，可见，美国对于制造业外包发展的法律规定的全面、细微。

第三，美国鼓励制造业外包发展的"特区"效应。美国是世界上设立自由区最多的国家，同时在区内，美国政府对于进口的商品不实施增值税制度，同时美国设立的外贸加工区遍布于美国的各个港口，使制造业外包发展在任何区域均可实施。美国企业可利用外贸加工区延付关税，避开外国原产标记规定，获较低税率或免税，规避许可证限额，以及避免双重征税。而外包加工区虽享受相应的关税减免待遇，但外贸加工区经营者必须偿付海关监督管理活动的费用，这主要是为了确保关税与贸易法的统一，确保美国海关监督地位。这也正说明了美国制造业外包发展是在国家的有效监督管理的情况下，有序、健康的发展。

第四，美国制造业的发展是美国制造业外包能够迅速发展的前提和基础。随着世界上一些发达国家制造业的蓬勃发展，以及发展中国家的崛起，美国制造业为了继续保持其在全球制造业出口大国的地位，不得不寻找更加有效的方法来增强其产品竞争优势，基于全球价值链的增值空间不同，在美国，发展相对成熟的制造业企业在生产过程中将更多的资源逐步转移至研发环节和销售环节，而后将生产、加工环节外包给那些发展相对缓慢的企业，同时这些发展相对成熟的企业也开始接包来自全球各地同类产品的设计、广告、营销等业务。

第五，美国现代零售业的发展成为拉动美国制造业外包全球化的主要动力。自 20 世纪 80 年代以来，美国零售业革命掀起了制造业外包继续发展的新浪潮。美国很多零售企业，如沃尔玛开始迈出国门，在全世界各国建立零售企业，而为了进一步打开市场，增强企业竞争力，降低进货成本则成为主要途径，而其又想保持原有销售产品的品牌效应，故其对美国制造业企业提出了新的要求。而降低成本的捷径莫过于采取外包，从而时美国制造业外包采取了一种美国设计、美国销售、他国组装的模式。

8.1.2　美国制造业外包发展对中国的启示

美国作为制造业外包发展相对成熟的国家，在很多方面值得中国借鉴以推动制造业外包全面发展。

第一，全面发展制造业，改善制造业发展模式。美国制造业发展迅速，为美国制造业外包发展打下了良好的基础，若制造业不发展，美国也只能从事低附加值的产品加工和生产。所以，中国也应该制订相应的产业发展计划，推进制造业更加全面、深入的发展。中国制造业发展已经具备了各种有利条件，应使制造业全面融入全球价值链，在顺应全球价值链以及制造业发展的浪潮，促进中国制造业进一步改革，使其真正成为制造业外包发展的坚实基础。

第二，建立完善的外贸加工区，营造适于制造业外包发展的良好环境。美国外贸加工区的建立为美国制造业外包的发展提供了契机，成为美国制造业外包发展的"桥头堡"。中国也正在建立各种类型促进经济发展和对外开放的经济区，如上海自贸区、出口加工区，但是为专门发展制造业外包并能够引导制造业外包转型升级的外贸加工区却几乎没有，都是简单的承接加工业务或者多种功能集于一体的经济开发区形式，其区内实施的各种优惠政策不都是考虑到制造业外包全面转型升级的实际情况，对制造业外包的发展的促进效果不明显。故应建立适合制造业外包发展及转型升级的外贸加工区。

第三，健全现有的法律体系，保障制造业外包顺利发展。在《美国法典》中涉及制造业外包的条款和规定非常之多，对美国制造业外包的发展提供了有效的法律保障。而中国对于制造业外包的发展现阶段主要集中在两个方面：加工贸易和服务外包，而对于加工贸易转型升级的法律规定少之又少，对于制造业外包的接包与发包的行业规定更是寥寥无几。所以，在此情况下应进一步健全现有的法律体系，以为制造业外包在价值链上各个环节都得到发展，并保障制造业外包转型升级的顺利进行。

第四，发展促进价值链上的相关产业全面发展，使其对制造业外包企业起到拉动或推动作用。价值增值是改善现有制造业外包发展模式的主要目的，而制造业外包的发展不是一个孤立的过程，其需要上下游相关产业的共同发展。

美国制造业外包之所以能够从本土外包发展到离岸外包，并掌握外包的主动权和在价值链上核心环节，其主要原因在于其相关产业的发展，如信息产业、零售业等。所以，中国要想使制造业外包完成转型升级，提高其价值增值，必须保证价值链上相关产业的全面发展。

8.2 墨西哥制造业外包的发展

8.2.1 墨西哥制造业外包的发展历程

墨西哥制造业外包的发展不仅得益于北美自由贸易区的发展，还得益于来自发达国家的跨国公司，其打破了墨西哥原有的产业发展模式，从而转向了客户工业，当然利于国内制造业外包发展的相关因素如政治环境、要素禀赋等方面的改善也增强了发包商的信心和发包热情。

墨西哥制造业外包的发展起源于 20 世纪 60 年代，墨西哥政府开始制定发展以边境贸易为依托的出口加工贸易，同时通过给予外资企业优惠政策大量吸收外资，增强本地出口加工优势；1983 年墨西哥政府又颁布了《墨西哥客户工业发展和经营法》，旨在将出口加工贸易扩展至全国范围，这一举措致使墨西哥的出口加工企业达两千多家；自从 1994 年，美国、加拿大、墨西哥三个建成北美自由贸易区以后，墨西哥的出口加工业出现了突飞猛进的发展，使之出口加工贸易以年均 20% 的速度增长。在整个出口加工贸易中，制造业外包所占比重相对较大，墨西哥从事的外包模式主要就是由美国企业在墨西哥投资设厂，通过进口或国内采购所需零部件进行加工、组装，然后出口，而出口主要去向地为美国。

墨西哥制造业外包经过半个多世纪的发展主要呈现以下几个特点：

第一，墨西哥制造业外包产业的所承接的外包主要受地缘因素的影响。在 2005~2013 年间墨西哥的主要贸易伙伴集中在拉丁美洲内部，排名前两位的一直为美国和墨西哥。表 8-1 是墨西哥自 2005 年以来 10 年期间墨西哥的主要出口伙伴国。这说明地缘优势是墨西哥制造业外包迅速发展的一个显著特征。因为墨西哥北部与美国毗邻，利于其承接制造业外包。就墨西哥制造业外包发展的区域分布分析，可以发现八成以上的接包企业都集中于墨西哥的北部地区。

表 8 - 1　　　　　　　　2005 ~ 2014 年墨西哥主要出口对象

	2005 年	2006 年	2007 年	2008 年	2009 年	2010 年	2011 年	2012 年	2014 年
1	美国	美国	美国	美国	美国	美国	美国	美国	美国
2	加拿大	加拿大	加拿大	加拿大	加拿大	加拿大	加拿大	加拿大	欧盟
3	西班牙	西班牙	德国	德国	德国	中国	中国	西班牙	加拿大
4	德国	德国	西班牙	西班牙	哥伦比亚	巴西	哥伦比亚	中国	中国
5	日本	哥伦比亚	哥伦比亚	巴西	巴西	哥伦比亚	巴西	哥伦比亚	巴西

资料来源：WTO 官网。

　　第二，墨西哥制造业外包发展的模式主要为外资企业设厂和本地客户工业，在墨西哥制造业外包发展的过程中，来自国外的投资企业占据相当大的比重，其中美国资本比重可观，与此同时，其他一些工业国家如日本、德国、韩国等也看好了墨西哥以制造业外包为依托的客户工业的发展前景，纷纷在墨西哥北部建立客户加工企业。而这些外资企业和客户加工企业主要从事的就是制造业外包业务，如食品加工、汽车组装、汽车零部件生产等业务。据统计，墨西哥吸收外资的 70% 用于制造业，他们不仅带动了墨西哥通过进口初级产品和半成品进行加工而扩大制成品的出口，还使得墨西哥制造业的生产技术和生产技术不断升级。表 8 - 2 为墨西哥近 10 年客户工业吸收外资情况和制成品的出口额统计，从中可以看出外资企业在墨西哥制造业外包中发挥着极为重要的作用。

表 8 - 2　　　　　　　2005 ~ 2013 年墨西哥制成品出口额　　　单位：百万美元，%

年份	制成品出口额	国家出口总额	制成品所占比重	客户工业吸收 FDI 值
2005	165001	214207	77	16996
2006	189129	249961	75.7	13965.7
2007	204050	271821	75.1	21049
2008	212100	291265	72.8	18863.6
2009	171571	229712	74.7	10902.5
2010	222334	298305	74.5	13738.9

年份	制成品出口额	国家出口总额	制成品所占比重	客户工业吸收 FDI 值
2011	247112	349569	70.7	13608
2012	269821	370643	72.8	—
2013	284762	380189	74.9	—

资料来源：WTO 官网及墨西哥国家地理信息统计局数据整理。

第三，墨西哥制造业外包业务主要集中在汽车组装及零部件生产、自动化产品生产加工。以墨西哥出口的汽车及其零部件、自动化产品为例，其主要通过墨西哥引进外资在本国内部建立加工企业参与制造业外包业务实现的。表 8 - 3 给出了墨西哥汽车及零部件出口情况及在全国出口总额中所占的比重，从表 8 - 3 中可以看出墨西哥自动化产品和汽车产品在出口中所占的比重较大，且有进一步增强的趋势，这说明墨西哥汽车及自动化产品在其制造业外包产业中占有重要地位。

表 8 - 3　　　　2005 ~ 2014 年墨西哥汽车及自动化产品对美出口额　　单位：百万美元，%

年份	运输设备出口额	自动化产品出口额	出口总额	运输设备所占比重	自动化产品所占比重
2004	35525	31906	187980	18.90	16.97
2005	39636	35424	214207	18.50	16.54
2006	47615	42630	249961	19.05	17.05
2007	50632	44777	271821	18.63	16.47
2008	51887	45985	291265	17.81	15.78
2009	39730	36155	229712	17.30	15.74
2010	60883	55633	298305	20.41	18.65
2011	74898	67691	349569	21.43	19.36
2012	83689	75469	370643	22.58	20.36
2013	92197	83394	380189	24.25	21.93

资料来源：WTO 官网。

8.2.2　墨西哥制造业外包发展对中国的启示

首先，政策的支持是确保制造业外包发展的关键。墨西哥制造业外包之所以能够迅速的发展，其中较关键的一个因素就是自 20 世纪 60 年代起，墨西哥就开始实施一系列促进客户工业发展的规定，如《北部边境工业计划》。有效的政策规定是确保制造业外包市场有序发展的前提，同时能够给予发包商更多的发包信心；有效的政策引导是促使制造业外包在各个区域均衡发展，发挥各地区接包优势的先导。墨西哥最初的制造业外包也主要集中于北部边境地区，而后随着边境地区制造业外包的发展逐步放开，开始向南部地区及中部地区延伸，从而使墨西哥整体的制造业外包都有所发展。中国在发展制造业外包时，也应该注重政策引导的重要性，现阶段中国东部沿海地区制造业外包发展迅速并已初具规模，需要出台一系列的相关政策引导制造业外包企业将业务进一步向中西部移动，一方面可以进一步增强外包企业的竞争优势，另一方面可以发挥内陆地区的成本优势，促进内陆地区外包产业的发展。

其次，虽然中墨两国在吸引外商投资方面都出台了相关的政策，但是在发展制造业外包方面的引资政策中国出台的相对较少。墨西哥出台的引资政策相当一部分是为了促进客户工业发展而制定，这些政策的颁布给在墨西哥从事制造业外包业务的外商吃了"定心丸"，从而带动了墨西哥国内产业在价值链上不断延伸，配套产业不断发展，使客户产业成为墨西哥国内工业发展的支柱。所以，中国也需要在扩大制造业外包发展方面出台一些不同于一般招商引资的政策，应更加侧重于制造业外包产业投资领域和投资范围，给予较多的优惠条件，以提高外资企业从事制造业外包的积极性。

最后，区域经济一体化发展是扩大外包市场的主要支持力量。墨西哥制造业外包的迅速发展除了国内政策的有效性，墨西哥的全球经济一体化步伐在发展中国家中相对较快，其已与世界上很多国家签订了自由贸易协定，使得其制造业外包的发展呈现出原料全球供应、产品销往世界各地的趋势。而中国也正致力于区域经济一体化的发展，但是其发展步伐相对较慢，而国内对于与制造业外包相关的产业开放的程度不高，使其所处全球价值链由于上游产业或下游产业发展缓慢而成为制造业外包发展的"瓶颈"。故中国应不断加强与其他国家间的合作，促进贸易自由化的发展，改善贸易以及投资环境。

8.3 印度外包产业的发展及经验借鉴

伴随生产要素世界范围重组和国际产业转移，软件产业的全球化分工日益加强。从地域来看，以美国、欧洲、印度、中国等国家和地区为主体的国际软件产业分工体系已基本形成，全球软件产业链的上游、中游和下游链条分布逐渐明晰。美国作为早期软件产业的发源地和世界软件强国，在软件产品研发和基础研究方面，处于全球领先地位。欧洲在应用软件领域厚积薄发，增势强劲，爱尔兰通过本地化发展成为全球软件集散中心。亚洲软件市场潜力巨大，生产成本优势明显，以印度和中国为代表，占据全球软件外包的较大份额。

8.3.1 印度外包产业的发展历程

印度是个发展中国家，综合国力不强。但印度政府的发展策略是从几个主要产业入手，使用有限的资源和集中的政策扶持发展相关产业。其成效就是使印度成为世界软件第二大国。

印度计算机软件产业产值在 20 世纪 80 年代还不足 1000 万美元，近 10 多年来，印度大力发展信息技术产业特别是计算机软件业，取得了举世瞩目的惊人成就。根据世界银行对计算机软件出口国家能力的调查评估显示，印度计算机软件出口的规模、质量和成本等综合指数名列世界第一。

印度大力发展软件外包服务和离岸开发业务，其以出口为导向的发展模式成就了它今日软件外包霸主的地位。现在，印度的软件出口额占全球市场份额的 20%，是仅次于美国的第二大计算机软件出口国；在美国的软件外包市场中，印度已经占据了 60% 的份额，成为最大的软件外包服务提供国。经过了多年从事软件外包编码的专业代工，印度很多大型软件公司开始承接金融服务、电信设备和制造业的全系列软件工程服务，力图在价值链的上游抢得一席之地。

8.3.1.1 软件产业积累阶段

早在 20 世纪 50 年代初期，塔塔基础研究所制造出了印度第一台计算机。进入 70 年代，一些印度研究机构将软件外包给本地企业，商业用户开始从事软件开发服务。由此,软件开发作为独立产业开始发展。此时,所谓的软件外购仅仅是请软件设计师与企业内的软件开发人员共同写作和开发软件。这为以后印度进入软件产业储备了一大批工程师和科学家。

1974 年,塔塔咨询服务公司(Tata Consultancy Services,TCS)成为印度第一家以出口软件为条件换取硬件进口的公司,并获得高速成长。TCS 的成功起了很大的示范作用,很快印度掀起了软件业发展的浪潮。帕特尼计算机系统公司(PCS)于 1976 年设立印度软件子公司从事软件出口。此后成立的印度软件公司大多数与国外硬件企业建立合作关系(包括 TCS – Burroughs、Tul – Unisys、Hinditron – DEC,等等),除了从事软件出口外,也提供维修计算机系统等软件服务。此时印度已具备发展高科技产业所需的科技人才等一些条件,拥有发展的巨大潜力。由于印度政府对经济的过多干预,软件产业发展受到限制。

8.3.1.2 20 世纪 80 年代初始成长阶段

进入 20 世纪 80 年代,由于西方发达国家 PC 用户剧增和网络的开始兴起,软件专业人才的需求加大。许多发达国家企业在开发核心技术的同时,将低附加值的软件外包。以此为契机,印度软件企业承接了大量的软件业务。其间,印度政府逐渐减少了对经济活动的干预,并且制定一系列优惠政策促进软件产业发展。1984 年软件产业被确定为独立产业;1986 年 12 月制定了《计算机软件出口、软件发展和培训的政策》、1986 年设立软件发展促进局,等等。这些政策消除了软件产业贸易障碍,有利于印度软件企业的发展壮大,大量企业进入软件领域。

20 世纪 80 年代末,印度软件产业模式雏形已经形成。很多企业为大客户提供定制软件开发服务,确立了以承包软件产品开发和服务为主、海外市场为主攻方向的发展战略。1981 ~ 1982 年,印度软件产业出口额首次翻番,达 1350 万美元。1988 ~ 1990 年,印度软件产业出口额首次翻番,达 1.31 亿美元。这阶段,印度软件业发展模式的形成和战略的确立为以后的产业成长奠定了坚实的基础。

8.3.1.3 20 世纪 90 年代初的快速成长阶段

20 世纪 90 年代初,知识经济兴起和美国实行冷战后的新经济政策,与因特网相关的技术成为发展的重点。印度政府抓住了这次机遇,并从 1991 年开始大力发展自由化经济，更大幅度地推动市场化和民营化的进程，特别是软件产业。印度政府在进一步采取优惠政策实行软件产业经济转型的同时，可通过一些途径大力发展国内软件产业。首先，实施"软件技术园（STP）计划"，为本国软件企业提供优惠服务和良好的基础设施，并吸引外企投资。其次，推行典型业自由化，成功地发展具有高宽带电信设施的电信港，保障印度发展外向型软件产业。最后，制定严格的知识产权保护制度。

在这一阶段，印度软件产业经历了突破性的发展。1997～1998 财政年度，印度软件产业出口额第三次翻番，达 16.5 亿美元。1997 年年末，印度共有 3500 家计算机软件公司，其中 95% 提供劳务输出，软件产业从业人数 13.2 万人，其中约有 4000 名程序员到海外工作。通过以上三次翻番，印度在国际软件市场上奠定了自己的基础和名誉，成为软件大国之一。

8.3.1.4 20 世纪 90 年代末至今的高速发展阶段

由于网络热潮兴起、国家政策全力支持、高素质低成本的人力资源和出口导向的战略转型，1998～2001 年间，印度软件出口额以 50% 以上的年平均增长率飞速发展。

20 世纪 90 年代末，印度设立了国家信息技术和软件发展工作办公室，发布包括 108 条政策措施的《信息技术行动计划》，提出"到 2008 年，印度软件出口达 500 亿美元，成为世界上最大的软件生产和出口大国之一。"现在，印度已成为世界上五大计算机软件供应国之一，是仅次于美国的第二大软件出口大国，软件出口额占全球市场份额的 20%，美国客户购买的软件产品有 60% 是印度制造的。2002～2003 年度，尽管客户在信息技术方面的支出大幅下降，全球市场一片低迷，但印度的软件服务业仍获得了长足的发展，成为印度增长最快的行业之一，全年产值接近 200 亿美元，占 GDP 的 7.26%，出口额达 107.64 亿美元。印度软件产业的发展，为国家早日实现信息化奠定了坚实基础，特别是大批软件人才的涌现，为这一产业发展带来新的动力。

8.3.2 印度软件产业快速发展的原因分析

印度政府和一些有远见的印度企业家善于抓住计算机软件发展的机遇。20 世纪 70 年代计算机作为生产工具出现时，他们意识到这将是有发展潜力和优势的产业。加上 1986 年印度政府不失时机地出台了第一个"软件发展政策"，印度企业很快积累了相当的开发与服务能力和开展国际业务的经验。

在 Tata 咨询服务公司、Infosys 等一批成功的软件企业的带动下，以及全球经济的持续繁荣，印度软件企业很快完成了原始积累，一大批软件公司得以成功起飞。这为印度软件业奠定了国际软件业的地位，树立了良好的信誉形象，为其进一步发展创造了极有利的条件。

印度政府一直奉行大力发展计算机产业的方针，采取了许多切实措施支持和发展软件业，具体包括：

（1）融资优惠政策。包括，设立信息技术产业风险投资基金；允许上市软件企业进入国内外资本市场进行融资；允许外资对软件技术园区内的企业100%控股；放宽对20大软件出口企业的融资额度和收购额度的限制等。印度执行倾斜的信贷政策，成立信贷委员会，负责制订全国的信贷计划。通过行政的手段干预信贷规模和流向，优先扶持国民经济计划规定的重点国营部门、优先项目和工程。印度储备银行（即印度央行）实行向高新技术行业提供优先、优惠的贷款政策等，因而印度软件的发展得到了极大的财政信贷支持，在发展中具有大量的资金资源。印度完善金融市场体系，多途径拓展融资领域。首先，修改了国家银行法，开放私人资本经营银行业务，允许国营银行转让股票给私人。在更多非国有持股人增多的情况下，那些对市场反应灵敏的新兴产业如软件业能得到更灵活、更高效的融资服务。其次，建立多层次股票市场体系，完善市场机制。目前，印度有23个股票市场，随着印度经济发展到一定水平，资本市场对经济发展的资源配置作用对产业发展、特别是对促进印度软件产业竞争力的提升发挥了十分重要的影响。最后，大力吸引跨国风险投资。印度目前的投资有60%以上来源于跨国风险投资，其中约有20%以软件产业为主要投资标的。近4~5年来，印度的高科技风险投资得到了快速发展，如1998年为115亿美元、1999年为312亿美元、2000年为10亿美元。到2003年，印度所吸纳的风险投资已位居亚洲第二位。国际风险投资与印度软件产业形成了良性互动局面，国际风险资金促进印度软件产业发展的同时，软件产业的发展反过来进一步加大吸收国际风险资金的容量与力度。

（2）税收优惠政策。包括，对软件企业在2010年前免征所得税；对其开发所必需的软件进口实施零关税；对进口设备实施关税减让；对盈利企业免征进口设备关税；允许企业在国内市场上销售相当于出口价值50%的产品等。

此外，印度政府本身也参与了软件产业。印度驻美大使馆和各地领事馆与当地计算机网络商进行谈判，几乎每星期都有安排；在软件市场中，政府购买约占 30%。政府经常帮助企业分析劳动力市场，以及企业自身的长处和短处。这些为印度软件业的发展提供了信息支持和协助企业找出不足，为企业获得竞争优势提供基础。

印度通过政府引导和企业参与的方式，通过多种途径培养软件发展所需的各类人才。早在 20 世纪 50 年代，印度政府就以美国麻省理工学院为样板，集中国力兴办 6 所国际一流的理工学院，又陆续新办了多所大学和学院，依靠高等院校培养中高级人才。印度政府鼓励私人资本投资教育，兴办学校，培养人才。印度已有私立理工学院 1100 多所，私立的软件培训学校 1.7 万所，依靠民办的软件人才培训机构培养初中级人才。印度政府鼓励软件产业公司办学，如印度著名软件公司——全国信息技术研究所有限公司已在 20 多个国家设立了 800 多个教育中心，每年培养 15 万名信息技术专业人员。这些为印度软件业的发展准备了充足的人力资源。

从 20 世纪 80 年代以来，印度政府兴建了一大批软件产业园区，创造了良好的投资环境，吸引了外国公司投资。1992 年印度正式启动了软件技术园区（The Software Technology Parks，STP）计划，印度软件产业集群的发展得以形成。在 STP 内的企业是 100% 的出口导向型企业（其出口产品额必须达 50% 以上），这些企业的软件出口占印度软件行业出口总额的一大半。园区内的企业可以享受一系列优惠政策与措施，这些政策和措施为软件技术园区创造了优良的工作和生活环境，吸引了包括微软、英特尔、苹果、IBM、摩托罗拉、惠普等很多世界著名的信息业公司在印度软件技术园区投资，并在印度软件技术园区建立研发中心、生产基地等。最终形成了以班加罗尔为先导，先后建立起马德拉斯、海得拉巴等软件技术园区，同班加罗尔一起，构成著名的印度软件产业"金三角"。

为进一步发展印度软件产业，印度政府将软件技术园区由南向北推进，发展成由全国各地 22 个计算机软件技术园区组成的超级规模的软件产业集群网络。集群网络的形成推动着印度软件产业向更高的目标迈进：

（1）优化产业创新氛围。在印度软件技术园区中，有着一流的基础设施，优良的信息通信网络，以及一系列技术咨询服务等，使得软件技术开发人员有着很好的生活工作环境，提高了软件技术开发人员的工作效率。同时，印度政府在软件技术园区建立了一大批重点实验室，包括军事科研实验室，都向民间开放，创造了非常宽松的科研开发环境。

由于产业集群中成员企业相互之间互通有无，企业的创新可见性很高，成员企业之间的市场竞争能力差异不大，所以成员企业不得不断地改进技术，提高自主创新能力，从而去获得更大的竞争优势。

（2）集群内部的知识外溢与技术扩散。由于在印度软件产业集群中，相互关联度高、高度专业化、合作紧密的企业集中在一起。使得印度产业集群的企业空间上比较接近并有着共同的文化背景，加强了知识与技术的扩散。企业在不断提升自身创新能力的同时，也促使各个企业的员工不断地进行学习与交流，掌握最新的技术和知识。当有核心的技术获得创新性突破时，产业集群内的企业会相互协作，共同开发，相互交流技术与知识。

班加罗尔软件技术园区的企业经常组织员工培训，培养出了大批的管理人员和技术人员，当这些人员在软件技术园区流动时，就会把已经掌握的技术和知识扩散出去，从而实现软件技术园区内的技术创新与交流。

8.3.3　印度软件产业跨越价值链低端的策略

印度软件产业正逐步改变原来的价值链低端定位，为改变低端锁定的分工地位，印度软件产业从以下几个方面着手突破。

（1）企业国际化道路。印度软件企业一直坚持国际化道路。从软件业发展之初的"现场服务"和"离岸开发"到印度软件企业纷纷在北美、欧洲、亚洲等地设立办事处或子公司，软件业国际化进程不断加快。印度软件企业还与国外硬件企业建立合作关系，包括 TCS - Burroughs、TUL - Unisys 等，一些有实力的软件企业在美国等国家的证券交易所上市，在人才、管理等方面不断与国际接轨，推动印度软件企业的国际化进程不断深入。

印度软件产业实现了与国际分工"融合式"的发展战略，这种战略是使自己在国际市场上起始阶段顺应欧美高端企业制定的垂直分工以及游戏规则下为欧美大公司提供分工的优质服务和中低端产品，而不会和欧美企业直接竞争高端产品。印度的软件企业基本都是向外看的，参与国际分工能力很强，印度软件产业四分之三的产值由出口创造，从而克服了国内市场需求有限的制约因素。

（2）进入高端市场。印度软件产业通过提供专业化服务和出口套装软件，逐步实现从"单一技术"支持的代工加工到"一站式服务"的产业发展和高端市场的转型，其在世界上领先的方面主要是银行、保险、金融服务等。印度在系统软件和数据库等上游环节已经实现了较快的发展，在提供出口服务的软件企业中该环节的企业比例达 12.84% 。

（3）借助跨国公司增强研发能力。印度软件业的研发力量一方面来自印度自身雄厚的研发实力，如塔塔基础研究所、原子能委员会、孟买理工学院等，其在 UNIX 和 WinNT 平台上的工作能力几乎与美国相当；另一方面众多世界知名企业在印度设立研发中心，如 Intel 和 ORACLE 分别在印度进行最先进的芯片、管理软件和数据库研发。

（4）高品质质量保证体系。印度软件产业具有高品质的质量管理体系。人力资源英语基础好、成本低是印度吸引美欧软件企业的诱发因素，而高质量的软件产品生产则是印度软件产业持续发展的重要原因。美国卡耐基大学开发的能力成熟度认证（CMM）中，全球有 62 家软件企业获得了最高水平的 CMM5 认证，其中 35 家是印度公司。印度厂商软件项目按合同完成率高达 96％以上，这种对时间、质量、成本控制能力的有效把握是其对接国际产业发展的重要环节。

8.3.4　印度软件外包发展对中国的启示

在案例中，印度有限发展本国软件产业且成长十分迅速，表现出较强的发展后劲。对于后发国实现外包产业发展的启示应包括：

实现技术跨越。对于新兴战略性产业，由于其产业带动效应十分明显，需要借助政府全方位的政策扶持及相关配套机制，与企业互动以共同分析和预测产业未来技术前景以实现技术跨越。培养优秀的、成本低的人力资源优势，有利于后发国在全球价值链中稳定自己的竞争优势，同时为储备将来产业的技术跨越能力。大型企业在产业技术跨越实现过程中，可以起到较强的带领作用，通过自身技术进步带来更广范围的技术扩散效应，从而创造出更大的市场需求。中小企业在产业技术跨越过程中可以采用以软件科学园区等形式为特征的集群发展模式，产业集群中特有的技术溢出与分享机制，对于中小企业技术能力的提高以及培育国内完整产业价值链、带来集群整体技术跨越能力的积累具有十分重要的意义。

当国内市场有限、低端嵌入等因素导致外包产业国内价值链不完整，后发国在实现技术跨越的过程中应充分利用全球价值链嵌入带来的广阔的海外分包市场所提供的需求，不断提高自身技术能力。为突破高端由欧美国家锁定的问题，本国企业应坚持走国际化道路，借助全球价值链中跨国公司的技术溢出，发展高端产品，并对自身产品进行严格生产及管理的要求。

第 9 章

结论与展望

中国制造业外包在全球经济迅速发展的背景下开始蓬勃发展，在全球价值链不断演变的背景下开始全面融入世界经济领域。但是中国制造业外包在发展过程中还存在很多问题，在融入全球价值链的过程中实现全面转型升级势在必行。在全球价值链背景下对于中国制造业外包升级的研究具有重要意义。通过本书研究，得出以下结论：

9.1 中国制造业外包在发展过程中对制造业发展的促进作用并不稳定

在文献梳理过程中可以看出部分学者认为在全球价值链下中国制造业外包有利于中国全面融入国际分工并获得技术进步，而还有部分学者则认为中国制造业选择外包这种模式容易被外国企业紧紧套牢从而不利于产业的全面升级发展；通过实证研究进一步证实了制造业外包发展对于中国制造业的促进作用度并不稳定，虽然对制造业外包存在促进作用，但是波动幅度较大，不能成为促进制造业长期发展的有效路径。所以，在此情况下必须进一步促进制造业外包的转型升级。

9.2 中国制造业外包在融入全球价值链分工过程中仍存在许多问题

在产品内分工不断深化的背景下，中国制造业外包发展存在区域结构不合理、行业结构不合理以及外资企业在承接外包过程中占主导地位等问题，同时中国制造业企业在价值链上还处于低端位置，此研究对于进一步分析影响制造业外包升级的因素具有重要意义。

9.3 中国制造业外包升级受到企业内部以及外部因素的共同影响

本书结合了理论研究及实证研究两种方法翔实地分析了影响中国制造业外包升级的众多因素。首先对影响制造业外包升级的内部因素进行理论分析；在探讨影响制造业外包升级的外包因素时，本书除分析了影响制造业外包升级的市场、政府、产业以及要素适宜度因素外，本书系统分析了全球价值链演变对制造业外包升级的影响，通过分析可以看出，全球价值链演变不仅有利于中国制造业外包企业降低成本，还可以使其进一步提高效率，所以中国制造业外包企业要不断升级全面融入全球价值链中。目前，更多学者研究的是中国制造业与全球价值链的关系，而更加具体地去研究中国制造业接包与全球价值链演变关系的学者则较少，所以该研究在视角上具有新颖性。然后通过建立固定效应模型对影响制造业外包升级的因素进行实证分析，通过构建动态模型验证了文中分析的各影响因素确实对制造业外包升级具有影响，且影响程度不同，这一研究方法进一步充实了对制造业外包升级影响因素的研究。

9.4 为实现中国制造业外包蜕变和升级必须建立适合不同行业发展的路径并构建制造业外包升级机制

本书从多个角度探讨了中国制造业外包升级机制以及如何实现制造业外包升级的路径。并认为，各行业在实现制造业外包转型升级过程所选择的路径不能一概而论，不同行业的要素适宜度存在差异，应依据相应因素影响程度的不同而进行选择，故在此基础上为不同行业制造业外包升级分别设计了实现路径并提出自主成长路径是实现制造业外包升级的最佳选择；同时认为，构建中国制造业外包全面升级机制是确保制造业外包发展的关键。

9.5 政府、企业及行业"三位一体"实现
全球价值链下中国制造业外包升级

在全球价值链不断演变背景下，实现制造业外包升级不能仅仅依靠政府或企业单方面的努力，而是应该加强政府、行业、企业等几个层面的共同作用促进制造业外包核心竞争力增强、培育国家价值链并向全球价值链转化，实现制造业外包的转型升级。

制造业外包作为产品内分工的具体体现备受国内外学者关注。随着对于制造业外包研究的不断扩大，以及国际贸易理论、产业经济理论以及其他相关理论的进一步发展，本书研究内容还存在一定不足及需进一步改进之处。首先，由于制造业外包统计数据较少、资料有限，本书部分数据采用了加工贸易取代了制造业外包，这在研究过程中具有一定的狭隘性；其次，由于研究的是中国制造业外包升级，更多使用的是国家层面的宏观数据，对于更加具体的行业发展没能给出更加详尽的建议。

对于制造业外包的研究是继加工贸易研究之后又一次兴起的研究领域，在该领域还有很多问题待解决。首先，随着制造业外包不断融入全球价值链体系，对于能够规范制造业外包的国际法规、国际公约等没有系统分析，特别是在制造业外包契约达成以及市场准入方面还相对较少；其次，由于不同行业制造业外包在区位、优势、工序之间存在差异，对于具体行业外包升级应给予更加具体的对策建议；最后，随着全球价值链的不断演变，中国制造业外包企业如何变被动为主动，如何实现由接包到发包的具体发展机制和实现路径有待进一步研究。

本书研究所涉足的问题仅仅是制造业外包发展过程中的一部分，很多该领域的问题研究不够深入或还没有论及，希望在以后的研究中继续钻研，深入研究该领域的问题。

参 考 文 献

［1］K. 马克思：《马克思恩格斯全集》（第5卷），人民出版社1972年版。

［2］张辉：《全球价值链下地方产业集群转型和升级研究》，经济科学出版社2006年版。

［3］迈克尔·波特著，陈小悦译：《竞争优势》，华夏出版社2002年版。

［4］联合国工业发展组织：《工业发展报告2002/2003：通过创新和学习提高竞争力》，中国财政经济出版社2003年版。

［5］邵祥林、王玉梁、任晓薇：《未来国际贸易的主流：加工贸易》，对外经济贸易大学出版社2001年版。

［6］严正：《台湾产业结构升级研究》，九州出版社2003年版。

［7］冯雷、王迎新：《加工贸易：更宽视角下的评判与分析》，社会科学文献出版社2001年版。

［8］亚当·斯密著，郭大力、王亚南译：《国民财富性质和原因的研究》，上海三联书店2009年版。

［9］苏东水等：《产业经济学》，高等教育出版社2000年版。

［10］梁琦：《产业集聚论》，商务印书馆2003年版。

［11］G. J. 斯蒂格勒：《产业组织和政府规制》，上海人民出版社1996年版。

［12］泰勒尔：《产业组织理论》，中国人民大学出版社1997年版。

［13］张鸿：《国际贸易、契约安排与交易博弈》，西南财经大学出版社2006年版。

［14］张幼文：《价值增值论——国际经济分析的价值理论》，上海人民出版社2014年版。

［15］路易斯·A. 里维拉－巴提兹著，刘清林等译：《国际贸易学：理论、战略与实证》，人民邮电出版社2014年版。

［16］顾建清：《中国加工贸易研究》，复旦大学出版社2008年版。

［17］ 刘德学等：《全球生产网络与加工贸易升级》，经济科学出版社 2006 年版。

［18］ 隆国强等：《加工贸易——工业化的新道路》，中国发展出版社 2003 年版。

［19］ 沈玉良、孙楚仁、凌学龄：《中国国际加工贸易贸易模式研究》，人民出版社 2007 年版。

［20］ 赵忠秀、吕智：《国际贸易理论与政策》，北京大学出版社 2009 年版。

［21］ 王怀民：《新兴工业化之路——我国加工贸易的基础、模式与利益分配研究》，中国财政经济出版社 2007 年版。

［22］ 金芳：《全球化经营与当代国际分工》，上海人民出版社 2006 年版。

［23］ 王益民、宋琰纹：《能力构型、交易成本与治理模式的协同演化——一个内生性全球价值链治理模式的分析框架》，载于《中南大学学报》2009 年第 2 期。

［24］ 刘志彪：《全球化背景下中国制造业升级的路径及品牌战略》，载于《财经问题研究》2005 年第 5 期。

［25］ 隆国强、张丽平、胡江云：《加长产业链：外商投资机电产品出口企业中间投资品采购行为研究》，载于《国际贸易》2001 年第 2 期。

［26］ 杨立强：《中国制造业的代工发展模式：国际比较与发展路径》，载于《经济问题探索》2011 年第 10 期。

［27］ 姚博、魏玮：《异质性外包的生产率效应》，载于《产业经济研究》2013 年第 1 期。

［28］ 郑江淮、高春亮：《国际制造业资本转移、最优产业配套与政策转变》，载于《中国工业经济》2005 年第 2 期。

［29］ 江霈、王述英：《外包生产模式及其对市场结构影响的分析》，载于《中国工业经济》2005 年第 6 期。

［30］ 杨书群、汤虹玲：《基于全球价值链视角的中国制造业国家价值链的构建》，载于《中国发展》2013 年第 1 期。

［31］ 赵奎、张蓉、姜胜利：《论当代全球供应链下的中国制造》，载于《全国商情》2011 年第 9 期。

［32］ 向吉英、危旭芳：《国际经济一体化背景下跨国供应链的发展与应对策略》，载于《中共云南省委党校学报》2013 年第 3 期。

［33］ 田文：《产品内贸易的定义、计量及比较分析》，载于《财贸经济》

2005 年第 5 期。

[34] 卢锋：《产品内分工》，载于《经济学季刊》2004 年第 14 期。

[35] 张学敏、王亚飞：《我国制造业企业价值链升级对策研究》，载于《现代管理科学》2008 年第 5 期。

[36] 廖红兵：《略论业务外包与核心竞争力》，载于《江西行政学院学报》2010 年第 3 期。

[37] 皮建才：《企业理论的进展：交易成本与自生能力》，载于《经济社会体制比较》2005 年第 2 期。

[38] 王建军：《企业信息系统外包机理研究》，载于《大连理工大学学报》2006 年第 9 期。

[39] 鲍晓华、张莉：《中国制造业外包的水平的测度》，载于《统计研究》2011 年第 4 期。

[40] 杜晓英：《中国加工贸易增值率影响因素的实证研究——基于 2001 年~2010 年省际面板数据的分析》，载于《经济经纬》2014 年第 3 期。

[41] 刘忠远：《FDI 对我国加工贸易影响的实证研究》，载于《山东理工大学学报》（社会科学版）2009 年第 6 期。

[42] 金相郁：《空间收敛第一规律与空间收敛第二规律》，载于《南开经济研究》2001 年第 3 期。

[43] 严家明：《社会机制导论》，载于《江汉论坛》1992 年第 6 期。

[44] 许统生、陈瑾、薛志韵：《中国制造业贸易成本测度》，载于《中国工业经济》2011 年第 7 期。

[45] 刘海云、唐玲：《国际外包的生产率效应及行业差异》，载于《中国工业经济》2009 年第 8 期。

[46] 徐毅、张二震：《外包与生产率：基于工业行业数据的经验研究》，载于《经济研究》2008 年第 1 期。

[47] 詹宇波、张卉：《修正的 E - G 指数与中国制造业区域集聚度量》，载于《东岳论丛》2010 年第 2 期。

[48] 杨立强：《中国制造业参与国际生产的外包承接策略》，载于《国际经贸探索》2008 年第 1 期。

[49] 张荣楠：《什么在倒逼"中国制造"转型》，载于《中国经济和信息化》2012 年第 4 期。

[50] 张少军、李东方：《生产非一体化与能源利用效率》，载于《中国工

业经济》2009 年第 2 期。

[51] 张为付:《国际产业资本转移的基础、规律及趋势》,载于《国际贸易问题》2005 年第 3 期。

[52] 张海梅:《加工贸易的非均衡结构及其负效应》,载于《国际经济合作》2002 年第 8 期。

[53] 杨丹辉:《中国成为"世界工厂"的国际影响》,载于《中国工业经济》2005 年第 9 期。

[54] 徐进亮:《搜寻提高我国加工贸易水平的有效途径》,载于《财贸经济》2000 年第 2 期。

[55] 吴福象:《经济全球化中制造业垂直分离的研究》,载于《财经科学》2005 年第 3 期。

[56] 王然、燕波、邓伟根:《FDI 对我国工业自主创新能力的影响及机制》,载于《中国工业经济》2010 年第 11 期。

[57] 陈建军、陈菁菁:《生产性服务业与制造业的协同定位研究》,载于《中国工业经济》2011 年第 6 期。

[58] 刘志彪、吴福象:《全球化经济中的生产非一体化:基于江苏投入产出表的实证研究》,载于《中国工业经济》2005 年第 7 期。

[59] 刘志中、王耀中:《加工贸易对我国经济增长作用的实证研究》,载于《财经理论与实践》2003 年第 6 期。

[60] 隆国强、张丽平、胡江云:《加长产业链:外商投资机电产品出口企业中间投资品采购行为研究》,载于《国际贸易》2001 年第 2 期。

[61] 罗兴武、蔡宜斌:《加工贸易对我国经济增长作用的实证研究》,载于《黑龙江对外经贸》2002 年第 5 期。

[62] 朱东平:《外商直接投资、知识产权保护与发展中国家的社会福利:兼论发展中国家的引资策略》,载于《经济研究》2004 年第 1 期。

[63] 何映昆、曹刚:《跨国并购与东道国的产业发展》,载于《世界经济与政治》2003 年第 4 期。

[64] 胡景岩:《开放市场与外资和技术的引进》,载于《国际经济合作》2003 年第 9 期。

[65] 胡军、陶锋、陈建林:《珠三角 OEM 企业持续成长的路径选择:基于全球价值链外包体系的视角》,载于《中国工业经济》2005 年第 8 期。

[66] 黎继子、刘春玲、蔡根女:《全球价值链与中国地方产业集群的供

应链式：以苏浙粤纺织服装产业集群为例》，载于《中国工业经济》2005 年第 2 期。

[67] 李海舰、原磊：《基于价值链层面的利润转移研究》，载于《中国工业经济》2005 年第 6 期。

[68] 廖涵：《论我国加工贸易的中间品进口替代》，载于《管理世界》2003 年第 1 期。

[69] 陈柳钦：《有关全球价值链理论的研究综述》，载于《南都学坛》2009 年第 5 期。

[70] 吴建新、刘德学：《全球价值链治理研究综述》，载于《国际经贸探索》2007 年第 8 期。

[71] 张剑、袁洪飞、吴解生：《全球价值链视角下中国制造业地位的提升》，载于《企业经济》2007 年第 6 期。

[72] 罗勇、曹丽莉：《全球价值链视角下我国产业集群升级的思路》，载于《国际贸易问题》2008 年第 11 期。

[73] 耿凤英：《理性看待中国的"世界工厂"地位》，载于《特区经济》2011 年第 6 期。

[74] 齐志强、张干、齐建国：《进入 WTO 前后中国制造业部门结构演变研究——基于制造业部门与工业整体经济增长的灰色关联度分析》，载于《数量经济技术经济研究》2011 年第 2 期。

[75] 罗珊：《基于创新视角的中国制造业投入与产出研究》，载于《科技与经济》2010 年第 4 期。

[76] 叶振宇、叶索云：《要素价格与中国制造业技术效率》，载于《中国工业经济》2010 年第 11 期。

[77] 贺灿飞、潘峰华：《中国制造业地理集聚的成因与趋势》，载于《南方经济》2011 年第 6 期。

[78] 雷鹏：《制造业产业集聚与区域经济增长的实证研究》，载于《上海经济研究》2011 年第 1 期。

[79] 胡兵、乔晶：《加工贸易发展与中国经济增长》，载于《山西财经大学学报》2009 年第 7 期。

[80] 王正明、王方方：《全球价值链视角下江苏加工贸易升级研究》，载于《特区经济》2011 年第 5 期。

[81] 曾贵、钟坚：《全球生产网络中加工贸易转型升级的路径探讨》，载

于《软科学》2011 年第 2 期。

[82] 王雷：《长三角本土代工企业竞争战略演变驱动力及实现路径——基于全球价值链的视》，载于《中央财经大学学报》2009 年第 11 期。

[83] 王子先、杨正位、宋刚：《促进落地生根——我国加工贸易转型升级的方向》，载于《国际贸易》2004 年第 2 期。

[84] 杨桂菊：《本土代工企业竞争力构成要素及提升路径》，载于《中国工业经济》2006 年第 8 期。

[85] 王建、陈宁宁：《韩国加工贸易政策及对山东省加工贸易转型升级的启示》，载于《山东经济》2007 年第 4 期。

[86] 傅钧文：《加工贸易发展战略及中国的选择》，载于《世界经济研究》2008 年第 7 期。

[87] 兰勇、杜红梅：《论我国加工贸易升级的内涵与路径》，载于《科技进步与对策》2006 年第 7 期。

[88] 张燕生：《我国加工贸易未来转型升级的方向》，载于《宏观经济研究》2004 年第 2 期。

[89] 陈晓东：《透析台湾制造业国际竞争力的衰退》，载于《国际贸易问题》2002 年第 12 期。

[90] 李海莲：《转变我国加工贸易增长方式的税收政策选择》，载于《税务研究》2008 年第 11 期。

[91] 许强：《国外激励企业技术创新的税收政策及对我国的启示》，载于《中国财政》2014 年第 2 期。

[92] 徐春祥、宫颖：《承接制造业外包对辽宁经济增长的贡献研究》，载于《社会科学辑刊》2010 年第 3 期。

[93] 宫颖：《辽宁省制造业外包的竞争力研究》，载于《商业经济》2009 年第 22 期。

[94] 黄庆波、姜丽、王柏玲：《辽宁承接制造业外包对产业结构影响的实证研究》，载于《东北大学学报》2009 年第 6 期。

[95] 张莉、鲍晓华：《中国制造业外包影响因素的实证分析》，载于《科研管理》2013 年第 8 期。

[96] 陈清萍：《我国制造业外包的影响因素分析——来自 15 个行业的数据》，载于《国际贸易问题》2012 年第 12 期。

[97] 袁欣、张辰利：《加工贸易的本质——从产业链和生产要素的分析

视角》，载于《国际经贸探索》2014 年第 6 期。

[98] 迟旭蕾、李延勇：《加工贸易的技术溢出效应及其转型升级——来自广东、上海、江苏的实证分析》，载于《山东社会科学》2014 年第 5 期。

[99] 叶华光：《产业链的形成机制与我国加工贸易的转型升级》，载于《甘肃理论学刊》2014 年第 6 期。

[100] 范子英、田彬彬：《出口退税政策与中国加工贸易的发展》，载于《世界经济》2014 年第 4 期。

[101] 秦兴俊、王柏杰：《产品内分工、加工贸易与我国对外贸易结构升级》，载于《国际经贸探索》2014 年第 7 期。

[102] 梅述恩、聂鸣：《嵌入全球价值链的企业集群升级路径研究——以晋江鞋企业集群为例》，载于《科研管理》2007 年第 4 期。

[103] 吕文栋、张辉：《全球价值链下的地方产业集群战略研究》，载于《中国软科学》2005 年第 2 期。

[104] 孙志燕：《从全球价值链的角度探讨我国产业升级及政策调整取向》，国务院发展研究中心，2005 年版。

[105] 张平：《全球价值链分工与中国制造业成长》，辽宁大学博士论文，2013 年版。

[106] 杨立强：《中国制造业产业成长中的外包因素研究——兼论中国企业融入全球生产分工体系》，对外经济贸易大学硕士论文，2006 年版。

[107] 郑如霞：《外包：现代企业经营的新理念》，载于《商业经济与管理》2001 年第 12 期。

[108] 李芊蕾：《IT 业国际外包趋势与中国 IT 服务业发展》，载于《上海工程技术大学学报》2004 年第 4 期。

[109] 严勇、王康元：《业务外包的迅速发展及其理论解释》，载于《南方经济》1999 年第 9 期。

[110] 吕巍、郑勇强：《外包战略：企业获得竞争优势的新途径》，载于《经济理论与经济管理》2001 年第 8 期。

[111] 张强：《全球信息通信制造业外包市场动向及启示》，载于《世界电信》2003 年第 4 期。

[112] 张明志、李敏：《国际垂直专业化分工下的中国制造业产业升级及实证分析》，载于《国际贸易问题》2011 年第 1 期。

[113] 吴解生：《中国制造业的全球价值链融入及其区位优势提升》，载

于《国际贸易问题》2005年第4期。

[114] 王爱虎、钟雨晨：《中国吸引跨国外包的经济环境和政策研究》，载于《经济研究》2006年第8期。

[115] 李平、鲁婧颉：《进口贸易对我国各地区全要素生产率增长的实证分析》，载于《经济问题探索》2006年第2期。

[116] 王洪庆：《我国加工贸易的技术溢出效应研究》，载于《世界经济研究》2006年第7期。

[117] 卓越、张珉：《全球价值链中的收益分配与"悲惨增长"——基于中国纺织服装业的分析》，载于《中国工业经济》2008年第7期。

[118] 刘志彪：《生产者服务业及其集聚：攀升全球价值链的关键要素与实现机制》，载于《中国经济问题》2008年第1期。

[119] 文东伟、冼国明：《垂直专业化与中国制造业贸易竞争力》，载于《中国工业经济》2009年第6期。

[120] David Romer著，王根培译：《高级宏观经济学（第三版）》，上海财经大学出版社2009年版。

[121] 郝大江：《基于要素适宜度视角的区域经济增长机制研究》，载于《财经研究》2011年第2期。

[122] 张茉楠：《实施全球价值链战略推动产业全面升级》，载于《发展研究》2014年第7期。

[123] 张杰、刘志彪：《全球化背景下国家价值链的构建与中国企业升级》，载于《经济管理》2009年第2期。

[124] 张杰、刘志彪：《套利行为、技术溢出介质与我国地方产业集群的升级困境与突破》，载于《当代经济科学》2007年第3期。

[125] 张五常：《经济解释：张五常经济论文选》，商务印书馆2001年第3期。

[126] 龚三乐：《产业升级、全球价值链地位与企业竞争力》，载于《北方经济》2006年第8期。

[127] 韩太祥：《企业成长理论综述》，载于《经济学动态》2002年第5期。

[128] 罗仲伟：《网络组织的特性及其经济学分析（上）》，载于《外国经济与管理》2000年第6期。

[129] Aiyken, B. J., G. Hanson, and A. E. Harrison, "Spillovers, Foreign Investment, and Export Behavior", *Journal of International Economics*, 1997

(43): 103 - 132.

[130] Altonji, J. G. and D. Card, "The Effects of Immigration on the Labor Market Outcomes of Less – skilled Natives", Chicago: University of Chicago Press, 1991.

[131] Anderson, J. E. , "A theoretical Foundation for the Gravity Equation", *American Economic Review*, 1979 (69): 106 – 116.

[132] Ang, S. , and Straub, D. , "Production and Transaction Economics and IS Outsourcing: A Study of the U. S. Banking Industry," MIS Quarterly (22: 4), December, 1998: 535 – 552.

[133] Antras P, Chor D. , "Organizing the Global Value Chain", *Econometrica*, 2013, 81 (16): 2127 – 2204.

[134] Arndt. S, and Kerzkowski. H. , "Fragmentation: New Production Patterns in the World Economy", Oxford: Oxford University Press, 2001.

[135] Arndt, S. W. , "Globalization and the Open Economy", North American Journal of Economics and Finance. 1997 (8): 71 – 79.

[136] Arora, A. , Fosfuri, A. , and Gambardella, A. , "Specialized Technology Suppliers, International Spillover and Investment: Evidence from the Chemical Industry", *Journal of Development Economics*, 2001 (65): 31 – 54.

[137] Bagwell, K. , "Optimal Export Policy for a New – product Monopoly", *American Economic Review*, 1991 (8): 1156 – 1169.

[138] Barro R. J. and X. Sala – i – Martin, "Economic Growth", MIT press, 1998.

[139] Becher, G. S. , "Human Capital: A Theoretical and Empirical Analysis, with Special Reference to Education", New York: Columbia University Press, 1964.

[140] Birger Wernerfelt. , "A Resource – Based View of the Firm", *Strategic Management Journal*, Vol. 5, No. 2 (Apr. – Jun. , 1984), pp. 171 – 180.

[141] Bernard, A. B. , J. Eaton, J. B. Jensen, and S. Kortum, "Plants and productivity in international trade", NBER Working Paper No. 7688.

[142] Binmore, K. , A. Rubinstein, and A. Wolinsky, "The Nash Bargaining solution in economic modeling", *Rand Journal of Economics*, 1986 (17): 176 – 188.

[143] Blomstrom, M., "Foreign Investment and Spillover", Routledge, London, 1989.

[144] Blomstrom, M., A. Kokko, "Policies to Encourage Inflows of Technology Through Foreign Multinationals", *World Development*, 1995 (23): 459 – 468.

[145] Bloomstrom, M., A. Kokko, "Multinational Corporation and Spillovers", *Journal of Economic Surveys*, 1998 (12): 247 – 277.

[146] Bowen, H. P., A. Hollander, and Jean – Marie Viaene, "Applied International Trade Analysis", Ann Arbor: University of Michigan Press, 1998.

[147] Brander, J. A., "Intra – industry trade in identical commodities", *Journal of International Economics*, 1981 (11): 1 – 14.

[148] Browning L. D., and J. C. Bhagwati and R. E. Hudec, "Fair Trade and Harmonization", Cambridge: MIT Press, 2000.

[149] Brulhart, M. and J. Toestensson, "Regional Integration, Scale Economies and Industry Location", Center for Economic Policy Research: CEPR Discussion Paper 1435, 1996.

[150] Buckley, P. J., Casson, "The Future of Multinational Enterprise", Macmillan, 1976: 88 – 90.

[151] Campa, J. and L. Goldberg, "The Evolving External Orientation of Manufacturing Industries: Evidence from Four Countries", Federal Reserve Bank of New York Economic Policy Review, 1997 (4): 79 – 99.

[152] Cassing, J. H. and A. L. Hillman, "Shifting Comparative Advantage and Senescent Industry Collapse", *American Economic Review*, 1986 (76): 516 – 523.

[153] Caves, R. E., "Multinational Enterprise and Economic Analysis", Cambridge: Cambridge Press, 1996, 2nd.

[154] Clerides, S., S. lach, and J. Tybout, "Is Learning – by – Exporting Important? Micro – Dynamic Evidence from Colombia, Mexico and Morocco", *Quarterly Journal of Economics*, 1998 (113): 903 – 947.

[155] Coase, R., "The Problem of Social Cost", *Journal of Law and Economics*, 1960 (3): 1 – 44.

[156] Coe, D. E. Helpman, "International R&D Spillover", *European Eco-*

nomic Review, 1995 (39): 859 – 887.

[157] Daniele Archibug, Joanthan Michie, "Technology Globalization or National System of Innovation", Futures, 1997 (29): 121 – 137.

[158] Deardorff, Alan V., "Rich and Poor Countries in Neoclassical Trade and Growth", The Economic Journal, 2001 (111): 277 – 294.

[159] Dekle, R. and J. Eaton, "Agglomeration and Land Rents: Evidence from the Prefectures", Journal of Urban Economics, 1999 (46): 200 – 214.

[160] Dinopoulos, E., "Quid Pro Quo foreign investment", Economics and Politics, 1989 (1): 145 – 160.

[161] Dumais, G., G. Ellison and E. Glaeser, "Geographic Concentration as a Dynamic Process", Review of Economics and Statistics, 1997 (84): 193 – 204.

[162] Dornbusch, R. S. Fischer, and P. A. Samuelson., "Comparative Advantage, Trade, and Payments in a Ricardian Model with a Continuum of Goods", American Economic Review, 1997 (67): 823 – 839.

[163] Egger, Perter and Robert Stehrer, "International Outsourcing and Skill – Specific Wage Bill in Easten Europe", The World Economy, 2003 (6): 161 – 172.

[164] Ellingsen, T. and K. Warneryd, "Foreign Direct Investment and Political Economy of Protection", International Economic Review, 1998 (40): 1112 – 1125.

[165] Ethier, W., "National and international returns to scale in the Modern Theory of International Trade", American Economic Review, 1982 (72): 389 – 405.

[166] Farrel, J. and C. Shairo, "Horizontal Mergers an Equilibrium Analysis", American Review, 1990 (801): 107 – 126.

[167] Feenstra, Robert C. and Gordon H. Hanson, "Foreign Investment, Outsourcing and Relative Wages", The Political Economy of Trade Policy: Papers in Honor of Jagdish Bhagwati, MIT Press, 1996, 89 – 127.

[168] Fosfuri, A., M. Motta, and T. Ronde, "Foreign Direct Investment and Spillovers Through Workers' Mobility", Journal of International Economics, 2001 (53): 205 – 222.

[169] Gereffi Gary, Humphrey and Sturgeon Timothy, "The Governance of Global Value Chains", Review of International Political Economy, 2003, 11 (4):

5 - 11.

[170] Gilbert, M. and M. Cordy - Hayes, "Understanding the Process of Knowledge Transfer to Achieve Successful Technological Innovation", *Technovation*, 1996 (16): 301 - 302.

[171] Girma, Sourafel and Holger Gorg, "Outsourcing, Foreign Ownership, and Productivity: Evidence from UK Establishment - level Data", *Review of International Economics*, 2004 (12): 817 - 832.

[172] Gorg, Holger and Aoife Hanley, "Does Outsourcing Increase Profitability?", *The Economic and Social Review*, 2004 (35): 367 - 387.

[173] Greenaway, D. , R. C. Hine, and C. R. Milner, "Adjustment and the Measurement of Marginal Intra - industry Trade", Weltwirtschaftliches Archiv, 1994 (130): 418 - 427.

[174] Hanson, G. , "Increasing Returns, Trade and the Regional Structure of Wages", *Economic Review*, 1997 (107): 113 - 133.

[175] Harberger, A. C. , "Using the Resources at Hand More Effectively", *American Economic Review*, 1959 (49): 134 - 146.

[176] Helpman E. , "Trade, FDI and the Organization of Firms", NBER Working Paper, No. 12091, 2006.

[177] Helpman, Elhanan, "A Simple Theory of International Trade with Multinational Corporation", *Journal of Political Economy*, 1984, (92): 451 - 471.

[178] Hillman, A. , "Declining Industries and Political - support Protectionist Motives", *American Economic Review*, 1982, (72): 1180 - 1187.

[179] Hummels, D. , Jun Ishii, Kei - MuYi, "The Nature and Growth of Vertical Specialization in World Trade", *Journal of International Economics*, 2000, (54): 75 - 96.

[180] Humphrey, J. , Schmitz, H. , "Governance and Upgrading: Linking Industrial Cluster and Global Value Chain Research", IDS Working Paper 120, Bright on: Institute of Development Studies, 2000.

[181] Humphrey J, Schmitz H. , "Governance and Upgrading in Global Value Chains", Duisburg: University of Duisburg, 2000.

[182] Jacob Toring, "Path - Dependent Danish Welfare Reforms: The Contribution of the New Institutionalisms to Understanding Evolutionary Change", Scan-

dinavian Political Studies, 2001, 24 (4).

[183] Jovanovic, B., "Selection and the evolution of industry", *Econometrica*, 1982, (50): 649 – 670.

[184] Kaplinsky R and Morris M., "Governance Matters in Value Chains", Developing Alternatives, 2003, 9 (1): 11 – 18.

[185] Karsten Bjerring Olsen, "Productivity Impacts of Offshoring and Outsourcing: A Review", STI Working Paper, 2006.

[186] Katrak, H., "Multinational Monopolies and Commercial Policy", Oxford Economic Papers, 1977 (29): 283 – 291.

[187] Kern, T. and Willcocks, L., "The Relationship Advantage: Information Technologies, Sourcing, and Management", Oxford University Press, Oxford; New York, 2001: 397.

[188] Kogut, B., "Designing Global Strategies: Comparative and Competitive Value added Chains", *Sloan Management Review*, 1985, 26 (4): 15 – 28.

[189] Krugman, P. R., "What should trade negotiators negotiate about?", *Journal of Economic Literature*, 1997 (35): 113 – 120.

[190] Krugman Paul, Anthorny Venables, "Globalization and Inequality of Nation", *Quarterly Journal of Economics*, 1995, (12): 19 – 22.

[191] Krugman. Increasing Returns, "Monopolistic Competition and International Trade", *Journal of International Economics*, 1979, (9): 469 – 479.

[192] Krugman, Paul, "Growing World Trade: Causes and Consequences", Brooking Papers on Economic Activity 25th Anniversary Issue1995: 327 – 377.

[193] Lemoine, F., D. Unal – Kesenci, "China in the International Segmentation of Production Processes", 2002: CEPII.

[194] Lovell. C. A. K., "Production Frontier and Productive Efficiency", London: Oxford University Press. 1993: 102 – 105.

[195] Ludema, R., "International Trade Bargaining and the Most – Favored – Nation Clause", Economics and Politics, 1991 (3): 1 – 20.

[196] Markusen, James R. and Anthony J. Venables, "The International Organization of Multi – Stage Production", CEBR Discussion Paper 2003: 24.

[197] Marjolei, C. J. Caniels, Bart Verspagen, "Barriers to Knowledge and Regional Convergence in an Evolutionary Model", *Journal of Evolutionary Economics*,

2001（11）：307 – 329.

［198］Mas – Colell, A. , M. D. Whinston, and J. R. Green, "Micro – economic Theory", Oxford: Oxford University Press, 1995.

［199］Mathews JA, Cho D S. , "Tiger Technology: The Creation of a Semi – conductor Industry in East Asia", Cambridge: Cambridge University Press, 2000: 127.

［200］Morrison, A, Pietrobelli, C, and Rabellotti, R. , "Global value chains and Technological capabilities: A framework to study industrial innovation in developing countries", *Oxford Development Studies*, 2008, 36（1）：39 – 58.

［201］Mundell, R. , "International trade and factor mobility", *American Economic Review*, 1957（47）：321 – 335.

［202］Ohllin, B. G. , "International and Interregional Trade", Cambridge: Harvard University Press, 1933.

［203］Porter ME. , "The Competitive Advantage", New York Free Press, 1985, page 128.

［204］P, T. A. , E. S. Kragas and Y. Kimura, "Further evidence on Japanese direct investment in US manufacturing", *Review of Economics and Statistics*, 1996（78）：208 – 213.

［205］Romer, P. M. , "Endogenous technological change", *Journal of Political Economy*, 1990（90ss）：71 – 102.

［206］Rodrik, D. , "What Is So Special about China's Exports?", *China and World Economy*, 2006, 14（5）：1 – 19.

［207］Ronald Coase, "The Nature of the Firm", Economica, 1937（4）：386 – 405.

［208］Sanyal, Kalyan K. and Ronald W. Jones, "The Theory of Trade in Middle Products", *American Economic Review*, 1982（72）：16 – 31.

［209］Schmitz, H and Knorringa, P. , "Learning from global buyers", *Journal of Development Studies*, 2000, 37（2）：177 – 205.

［210］Schott, P. K. , "The Relative Sophistication of Chinese Exports", *Economic Policy*, 2008, （1）：5 – 49.

［211］Stigler, G. , "The Theory of Economic Regulation", *Bell Journal of Economic Management and science*, 1971（2）：3 – 21.

[212] Sturgeon, T. and Lee, J. , "Industry Co – Evolution and the Rise of a Shared Supply Base for Electronics Manufacturing", paper presented at Nelson and Winter Conference, Aalborg, 2001: 5 – 7.

[213] Timothy J. Coelli, et al. , "An Introduction to Efficiency and Productivity Analysis", London: Cambridge University Press, 2004: 95 – 98.

[214] Tornell, A. and G. Esquivel, "Political economy of Mexico's entry into NAFTA", Chicargo: Chicargo University Press, 1997.

[215] Ventura, J. , "Growth and interdependence", *Quarterly Journal of Economics*, 1997 (12): 57 – 84.

[216] Vernon, "International Investment and International Trade in the Product Cycle", *Quarterly Journal of Economics*, 1966, (80): 190 – 207.

[217] Williamson O. E. , "Transaction – cost Economics: the Governance of Contractual Relations", *Journal of Law and Economics*, 1975, 22: 230 – 256.

[218] Wang Jianmao, Bin Xu, "Trade, FDI, and International Technology Diffusion", *Journal of Economic Integration*, 2000 (12): 585 – 601.

[219] Wolfgang Keller, "Are International R&D Spillovers Trade – Related? Analyzing Spillovers among Randomly Matched Trade Partners", *European Economic Review*, 1998 (42): 1469 – 1481.

[220] Wolfgang Keller, "Trade and the Transmission of Technology", *Journal of Economic Growth*, 2002 (3): 5 – 24.

[221] Wolfgang Keller, "International Technology Diffusion", *Journal of Economic Literature*, 2004 (42): 752 – 782.

[222] Yang Yung kai, "The Taiwanese Notebook Computer production Network in China: Implication for Upgrading of the Chinese Electronics Industry", Personal ComPuting Industry Center working Paper (The Paul Merage School of Business, University of California, Irvine), 2006.

[223] Yi, K. – M. , "Can vertical specialization explain the growth of world trade?", *Journal of Political Economy*, 2003 (111): 52 – 102.

致　谢

感谢郭振教授的悉心指导及鼓励、感谢郭老师提出的宝贵建议及对我学术科研的支持；感谢项义军院长、郝大江副院长、张金萍、杨慧瀛等同事对我的关心与鼓励，为本书写作思路提出建议，为我提供数据查询资源，并帮助我分担一些教学任务。感谢符建华、刘福香对于研究中数理模型构建给予的帮助和建议；感谢吕佳、俞海峰等在论文写作期间给予我的支持和帮助；感谢黑龙江省普通本科高等学校青年创新人才培养项目（UNPYSCT－2016052）对于本书出版的经费支持，感谢哈尔滨商业大学青年创新人才支持项目（2016QN023）以及哈尔滨商业大学博士科研启动项目（2017BS016）为本书提供写作基础。

感谢我的家人对于我的支持，感谢我年迈的父母为我照看儿子，让我专心写作；感谢我的丈夫，对我的理解、支持和帮助，给我精神支持，让我写作充满动力和信心。

感谢该领域学者的研究，为我进行该课题研究提供了借鉴。

张秋平

2018 年 3 月 20 日